現在の日吉キャンパス

日吉キャンパス全景［慶應義塾広報室提供］
銀杏並木を中心軸に、右に陸上競技場、左に大学の校舎群が、中央奥に日吉記念館がある。その右が第一校舎、左が第二校舎。日吉の街は駅を中心に放射状に広がる。（第一章）

キャンパスのシンボル、銀杏並木
［慶應義塾広報室提供］
正面に日吉記念館がある。

2020年3月に竣工した
新しい日吉記念館
［慶應義塾広報室提供］
右が第一校舎、左が第二校舎。銀杏並木の先は列柱の空間となる。（第一章）

「2594」（皇紀）［筆者撮影］

「1934」（西暦）［筆者撮影］

第一校舎［慶應義塾広報室提供］

設計は曾禰中條建築事務所の網戸武夫（1934 年竣工）。大学予科の校舎は戦時中に海軍、敗戦後に米軍によって使われた。1949 年に慶應義塾高等学校が入り、現在に至る（第七章・第八章）。校舎北側の柱廊には「1934」「2594」の数字が刻まれたコンクリート製の台座があり、この校舎の竣工年を表す。

第一校舎正面玄関
［慶應義塾広報室提供］
古典主義とモダニズム、アール・デコが融合した昭和初期を代表する学校建築。（第一章・第二章）

第二校舎［筆者撮影］
1936 年竣工。南向きのこの柱廊で米軍からのキャンパス返還式が行われた。（第八章）

第一校舎の北側出入口から第二校舎を見る。本書カバー写真の現在。
［筆者撮影］

日吉陸上競技場［慶應義塾広報室提供］
この競技場で、報国隊結成式や予科の出陣学徒壮行会が行われた。（第四章・第五章）

日吉チャペル（基督教青年会日吉ホール）
［慶應義塾広報室提供］
設計はウィリアム・メレル・ヴォーリズ（1937年竣工）。祈りの場は、海軍によって戦争のために使われた。（第四章・第七章・第八章）

現在の浴場棟
［慶應義塾広報室提供］

日吉寄宿舎の南寮［慶應義塾広報室提供］
設計は谷口吉郎（1937年竣工）。現在も学生寮として使われている。左に中寮・北寮が並ぶ。奥に見えるのは浴場棟（通称・ローマ風呂）。ここに連合艦隊司令部が入った。（第四章・第七章・第八章）

連合艦隊司令部地下壕の通路を奥へ進む［筆者撮影］

連合艦隊司令部地下壕の入り口
［慶應義塾広報室提供］

連合艦隊司令部地下壕［慶應義塾広報室提供］
右の広い空間が地下作戦室。（第七章）

連合艦隊司令長官室［慶應義塾広報室提供］

地下壕見学会［筆者撮影］
地下作戦室で日吉台地下壕保存の会のガイドの解説を聞く慶應義塾高校の生徒たち。キャンパスの戦争遺跡は貴重な研究・教育の資源でもある。（第八章）

キャンパスの戦争
慶應日吉 1934−1949

阿久澤武史
Takeshi Akuzawa

慶應義塾大学出版会

はじめに

慶應義塾の歴史は日本の近現代史そのものであり、日吉キャンパスには激動の昭和史が凝縮されている。一九三四年に「理想的学園」として開かれたキャンパスは、戦争の時代に翻弄され、学生を戦場に送り出す場となり、帝国海軍の中枢機関がここに移った。空襲で校舎が燃え、日吉の街が燃えた。戦後は米軍に接収され、学びの場を再び取り戻すまでにさらに四年の月日を要した。今、当たり前のように目の前にあるキャンパスの日常は、最初から変わらずそこにあったものではない。たとえば私たちは、自分の足元にある地下軍事施設の遺構に足を踏み入れるとき、当たり前の日常の風景が否応なく揺さぶられる体験をするだろう。

現在、日吉キャンパスには慶應義塾大学の七つの学部の一・二年生、三つの研究科の大学院生、高等学校の生徒が通い、活気に満ちた若々しい雰囲気に溢れている。ここには「門」というものがない。学問の権威を象徴する時計塔のようなものもない。代わりにキャンパス入口からまっすぐにのびる銀杏並木が、四季折々に表情を変える学園の顔となっている。銀杏は天空に向かって伸び、自由で開放的なキャンパス空間の象徴であるとともに、ここで起こった出来事を静かに見つめ続けてきた。九十年近い時間が流れた中で、本書で取り上げることができたのは、わずかに最初の十五年でしかない。人で言えば生まれてから中学校を卒業するまで、まだ青春の入り口に立ったばかりの年齢である。しかしながらここには、戦前・戦中・戦後の激動の昭和史が詰まっている。

日吉キャンパスの内と外（広く言えば、横浜市港北区の「日吉」という地域）には、全長五キロメートル以上に及ぶ旧海軍の地下軍事施設群が存在している。現在それらは総称して「日吉台地下壕」と呼ばれている。私は市民団体である日吉台地下壕保存の会のメンバーとして、戦争遺跡を巡る見学会のガイド活動を行っている。「日吉」の戦争遺跡と言えば、一般に地下壕（特に唯一見学可能な「連合艦隊司令部地下壕」）

が念頭に浮かぶが、キャンパスの戦争遺跡はそれだけではない。戦前から残る第一校舎や第二校舎、寄宿舎、チャペルなどの地上の施設もまた戦争に深く関わる過去をもつ。第一校舎は私が勤務する慶應義塾高等学校の校舎である。本書を構成する各章は、二〇一四年から二〇二一年にかけて勤務校の研究紀要（『慶應義塾高等学校紀要』）に発表した拙稿「日吉第一校舎ノート」の（一）～（八）を土台にしている。当初は、自分が教壇に立つ学校の校舎を調べ、地下壕見学のガイド活動に役立てる目的で一度だけのつもりで書いたが、知れば知るほど関心の範囲が広がり、結果的に計八回（八年）の連載となった。その原動力となったのは、自分が今いるこの場所で何があったのかを知りたいという気持ちである。自分が教える教室で、この古い校舎で、いったい何があったのか、どのような人々がいて、どのような言葉が残されているのか。過去と現在を行き来しながら自分の足元を見つめる作業は、必然的にアジア・太平洋戦争という大きなテーマに広がっていった。一貫しているのは「第一校舎」に足場を置いて、校舎からキャンパスの歴史を、校舎からそこにいた人々を、校舎から戦争を考えるという試みである。したがって私の取り組みをひとことで言えば、「校舎論」ということになるだろう。研究の範囲はきわめて狭いが、そこから広がる問題は大きなものになった。その意味では特異《ユニーク》な論考と言えるかもしれない。

考察を進める中でしばしば途方にくれたのは、先行研究の不在である。日吉キャンパスの研究史で言えば、もちろん慶應義塾による『慶應義塾百年史』があり、通史として最も信頼できる研究の道しるべとなっている。近年では慶應義塾福澤研究センターを中心に調査と研究が進められ、その成果は『慶應義塾史事典』において項目別に整理されている。手に取りやすいもので言えば、『慶應義塾歴史散歩』もあり、キャンパスの歴史案内として大変読みやすいものである。日吉台地下壕に関しては、日吉台地下壕保存の会による『戦争遺跡を歩く　日吉』や『フィールドワーク　日吉・帝国海軍地下壕』があり、前者は見学会で配付する小冊子として、後者は中高生の調べ学習用のガイドブックとしてまとめられたものである。本格的な学術調査には、慶應義塾大学文学部民族学考古学研究室の『慶應義塾大学日吉キャンパス一帯の戦争遺跡の研究』があり、考古学的なアプローチによる精緻な調査報告書であるが、一般に手に入りやすいものではない。本書は、これまでほとんど注目されることのなかったキャンパスの基本構想や第一校舎の建築史的な特徴に光を当て、そこで行われた旧制予科の教育やそこで学んだ人々に目を向けた。開戦時の興奮から学徒出陣、特攻出撃へと向かう一青年の心の揺らぎと思考の跡を見つめ、戦争による抗いがたい負の連鎖の中で、「日吉」が滅びゆく帝国海軍を象徴する場になっていく経緯を辿った。そこから見えてきたものは、結果的に既存のキャンパス史や大学史の枠組みから大きく離れ、この国が経験した戦争そのものを考えることにつながった。

述べたように、本書は一九三四年から一九四九年までの十五年間の、校舎を中心としたキャンパスの記録であり、その原型は「ノート」というタイトルで書き継いだものである。その意味では通史ではなく時代史、論文ではなく研究ノート、歴史ではなく記録と呼ぶのがふさわしいかもしれない。私の本来の専門は文学研究であり、約八年にわたって書き続けてきた心持ちから言えば、キャンパス空間にあるモノ（建築物／施設）、そこであったコト（出来事）、そこにいたヒト（人々）、残されたコトバ（言葉）を、ひとつの大きなテクストとして読み解く試みを続けてきたということになる。日吉キャンパスが抱えこむ記憶の底は深い。記憶は思い出すことで意味をもつ。まずは本書がそのための備忘録になり、より本格的な研究を始める若い世代のための叩き台になればと思う。あるいは慶應義塾や日吉キャンパス、日吉の街に関心をもつ多くの人たちの道案内（ガイド）としてご活用いただければ幸いである。

二〇二二年二月、ロシアがウクライナに軍事侵攻し、私たちは私たちの国がかつて辿った道を追体験するような感覚にとらわれている。ミサイル攻撃や砲撃によって住宅が破壊され、地下シェルターで避難生活を強いられている人々の姿が報道で繰り返し映し出される。世界で現在起こっている理不尽な現実を目にして、日吉の地下壕を歩く私たちの感覚は、ウクライナ侵攻の以前と以後で確実に変わった。戦争遺跡の見学ガイドとしては、自分が語る言葉の一つ一つに以前とは違う緊張感を伴うようになった。それ以上に強く感じるのは、見学者がそれぞれの感覚で、地下壕を戦争に直結するリアルな場所としてとらえていということである。壕内の闇の深さや湿気の重さ、迷路の中にいるような閉塞感は、ウクライナの人々が息をひそめて暮らす地下空間とおそらく共通している。私たちは知識やイメージではなく五感を通した現実感覚で、時空を超えて現代と過去の戦争につながっていく。

ただし、そこには決定的な違いもある。日吉の地下壕は、市民が避難するための場所ではなく、戦争を遂行するために作られた軍事施設だということである。戦争末期で資材が不足する中、膨大な量のセメントを投入し、海軍の設営部隊が驚くほど堅固な地下空間を作り、その過程で近隣の住民に多大な犠牲を強いた。ここで戦争を指導し、ここで立案し、発せられた命令によって数えきれないほどの将兵が命を落とした。この事実をしっかりと見据えたうえで、私たちはいったい何を感じ、何を考えればいいのか。「日吉」という場所で向き合うべきことの本質は、まさにそこにあるように思う。それは過去であると同時に現在の問題なのである。

地上の校舎は眩しい陽の光を受けて、学びの場として変わらずそこにあり続けている。かつてその廊下を海軍の軍人が歩き、教室には米軍の兵士がベッドを並べた。日常の当たり前の毎日の中で、古い記憶をよみがえらせようとする者はいない。この校舎は、使われながら保存されている「リビングヘリテージ」（生きている遺産）である。いまに生きるものである以上、その記憶もまた生き続けなければならない。軍事施設としての地下壕は、私たちがそこに足を踏み入れない限り、漆黒の闇の中で静かに眠ったままである。それは大学のキャンパスに本来存在する必要のないもの、戦争が残した「負の遺産」である。しかしながらそれは、慶應義塾にとって未来の社会を担う若い人たちのための、豊かな可能性を秘めた教育の資源でもある。

銀杏並木のゆるやかな坂道をのぼり、キャンパスを地上と地下の合わせ鏡で見つめると、思いもよらない風景が見えてくるだろう。これほど激しく戦争の時代に翻弄され、これほど大きく本格的な戦争の遺跡をもつキャンパスは他にあるだろうか。

キャンパスの戦争　慶應日吉1934―1949　目次

＊本文中の引用文の旧字は新字に改めた。また文学作品中のルビは原文の通りに付した。その他の文献では読みやすさを鑑み新たにルビを付した箇所もある。

キャンパスの戦争

慶應日吉
1934―1949

第一章　理想的学園の建設　1923―1934

「流行による創作はすたれる。時の流れに耐えるものこそ、価値がある。」[*1]

（A・レーモンド）

一　はじまりの日

日吉キャンパスの第一校舎（現・慶應義塾高等学校校舎）で初めて授業が行われたのは、昭和九（一九三四）年五月一日のことである。この日、文・経済・法学部の予科第一学年、約千名の授業が始まった。新しい学園建設の構想のもと、三田・四谷（現在の信濃町）に続く慶應義塾三番目のキャンパスとしての日吉の、記念すべきはじまりの日である。

この時、すでに陸上競技場は完成していたが、広大な敷地に点在する施設はまだ建設途上にあり、駅から校舎に向から銀杏並木の道路工事は進んでいなかった。雨の日は悪路に足を取られ、難渋したとのことである[*2]（写真1）。

日吉開校に関し、昭和九年五月の『三田評論』第四四一号では、「日吉台第一期校舎竣工す」と題して、次のように報告されている。

曾《かつ》ては先住民族の遺蹟として貝殻や石鏃《せきぞく》などを掘出したあたりに、今は雪白厳然たる近世アメリカンスタイルの鉄筋コンクリート三階建、延坪三千余坪の大校舎がそそり立ち、その前面には隋円形擦鉢形のトラック・フィールド、後方低地には本試合用及び練習用のテニスコート九箇が完成し、其他の運動設備も著々《ちゃくちゃく》工事が進められている。

日吉開設に先立って、三田史学会を中心に数次にわたる発掘調査が行われ、校地およびその周辺から複数の古墳が

〈写真1〉開設当時の慶應義塾大学予科第一校舎、1934年5月［慶應義塾福澤研究センター蔵］
開校時はまだ造成中で、銀杏は植えられておらず、舗装もされていない。

発見・発掘された。土木工事が進むにつれて、弥生式竪穴住居跡が次々に確認され、日吉の丘の上には、かなり広範囲にわたって弥生時代の一大集落が存在していたことがわかった。その一部は、いま寄宿舎手前のテニスコート横にコンクリートで固められて保存されている。第一校舎の建設地では、地ならし工事の際に八基の住居跡が発見され、昭和七（一九三二）年五月に行われた発掘調査では青石卒塔婆（板碑）八枚・舞鳳狻猊鑑一面・宋銭二個・人骨一体も発見されている。[*3]

この日吉の台地では、はるか古代より人々の生活が営まれていた。その土地の上に建てられた「雪白厳然たる近世アメリカンスタイルの鉄筋コンクリート三階建の大校舎」――。古代から現代までの土地の記憶の上で、竣工以来長い時間を重ね、今もなお二千名を超える高校生が同じように学んでいる。この校舎の、「建物の記憶」をたどってみたい。

小林秀雄は、歴史とは上手に「思い出す」ことだと言う。「思い出す」ものである以上、いまを生きる心の中に存在していなければ歴史ではなく、歴史をよく知るということは、自分自身をよく知ることと同じである。[*4]この建物の「記憶」をたどるということは、つまるところ、いまここに在る私たち自身の内側をさかのぼることにつながるだろう。

日吉開設の前年、昭和八（一九三三）年の『三田評論』十月号（第四三四号）「日吉建設工事の概要」では、第一校舎の建築工事の進捗状況が次のように記されている。

全計画に於ては、此処に大学予科、普通部、商工学校、大講堂及び寄宿舎を建設し、これに加ふるに体育の諸設備を遺憾なからしめ、此の至良の環境の裡に理想的一大学園を建設しようとするのであるが、現に建築中の校舎は予科校舎の第一部で、台地の殆ど中央部に位し、近世式鉄筋コンクリート造三階建、延坪三千余坪、最新式の構造で、三月十五日に地鎮祭を執行してより工事は著々進捗し、既に基礎及び二階床のコンクリート打を終了し、窓サッシュ石材工事等は下拵中で、付帯工事たる電気、衛生、暖房等の配線及び配管工事も進捗中である。本工事は昭和九年二月末日竣工の予定となつてゐる。

新しいキャンパスの構想には、予科のみならず普通部・商工学校の移転も含まれていた。それは寄宿舎および体育施設の建設とあわせ、まさに「理想的一大学園」の建設と呼ぶにふさわしい規模のものであった。その中央に位置する「最新式の構造」による第一校舎は、理想的な新しい学園の象徴として建設されたのである。

では、その「理想」とは何か、また「最新式の構造」とは如何なるものか。少しずつ稿を進めていきたい。

二　日吉開設まで

大正十二（一九二三）年九月一日の関東大震災によって、慶應義塾は甚大な被害を受けた。三田の大講堂や図書館の煉瓦には大きな亀裂が生じ、最も破壊が大きかった塾監局は建て直しを余儀なくされることになる。義塾は震災復興資金の調達のために塾債の募集を開始し、塾監局の再建を含めた復旧工事を進めていった。これと並行して、三田からの一部移転も本格的に議論されることとなった。大正十五（一九二六）年九月には、曾禰中條建築事務所設計による新しい塾監局が竣工、塾長林《はやし》毅陸《きろく》は『三田評論』同年八月号（第三四八号）において震災復旧事業の進捗状況を報告しつつ、移転の構想をはじめて公にしている（「三田丘上の復旧及整理」）。

それによれば、この時期の大学生の総数は二、九三七名、大学予科は三、三九二名、加えて高等部・普通部・幼稚舎・商工学校等をあわせると塾生の総数は一〇、八九二名に及び、医学部はすでに移転していたものの、三田山上は敷地・施設ともに限界に達していた。何より教育課程と年齢が大きく異なる学生・生徒が狭い敷地に混在していること自体、教育的な見地から好ましいことではない。このような理由から、大学以外の諸学校、特に予科の移転が構想されることになった。この点に関し、林は具体的に次のように述べている。

予科は高等中学とも称すべく、教育の程度より云ふも、学生の年齢より云ふも、大人の本科学部と雑然同居せざるを以て、相互の為に得策と為す。若し郊外に適当の地を得て予科を移さんには、青春発育の最盛期に在る彼等中少年の学生に取り、体育上、訓育上、一般教育上、非常に有益であるに相違ない。同時に三田丘上は現在の窮屈と混雑とより救はれ、大学学徒の研究思索に相応はしき場所となり、其の一事直ちに大学教育の上に、偉大なる好影響を与ふるに相違ない。

「青春発育の最盛期」にある青年のために「郊外に適当の地」を求める。ここには現在にまで続く「日吉」というキャンパスの特質と位置づけが、すでに十分に構想されてい

〈写真2〉造成前の日吉台（駅周辺の風景）［慶應義塾福澤研究センター蔵］
日吉駅の駅舎は小さく、電車が停まっている。後ろの丘の上にキャンパスを作った。綱島街道はまだない。

〈写真3〉造成前の日吉台（昭和7年頃）［慶應義塾図書館所蔵資料］
キャンパス裏手の通称「蝮谷」の風景で、水田が広がっている。現在ここにはテニスコートなど大学体育会の施設が並んでいる。大学や高校の校舎は右手の丘の上に、左手の丘には野球場やアメリカンフットボールのグラウンドがある。

るように見える。このような理由と目的で移転のための準備が始められることになった。

この間の事情は、『慶應義塾百年史』中巻（後）の「第二章　日吉建設」に詳しい。昭和二（一九二七）年十二月六日の大学評議会において敷地拡張と設備改善問題に関する特別委員を選出し、翌三（一九二八）年五月十五日の評議員会で設備改善委員会を設置。ここで「郊外より離れたる所に成るべく広き土地を買入るる」方針を決め、六月十九日の評議員会で「主として大学予科を移転する」方針を可決。六月二十八日には候補地を神奈川県下に求めることとし、横浜市神奈川駅付近の土地を検分している。このような中、八月十五日に東京横浜電鉄株式会社（現・東京急行電鉄）から日吉台の土地七万二千坪を無償提供するという申し入れがあり、実地検分のうえで他の候補地を含めて検討した結果、十月十六日の評議員会において日吉への移転を正式決定するに至った。

その後、義塾が購入する三万六千坪分の土地の地価の確定と買収総額の調整で時間を要している間に、小田原急行電鉄から相模原の土地十万坪の無償提供の申し込みと、箱根土地株式会社から小金井付近の候補地の申し込みがあったが、昭和五（一九三〇）年二月に土地の買収がようやく終了し、東京横浜電鉄株式会社との間に本契約が結ばれた。これによって無償提供分の七万二千坪に隣接の借地一万七千坪をあわせた約十三万坪に及ぶ広大な敷地に、新しいキャンパスが建設されることになった。この時、もしも他の候補地、たとえば神奈川駅周辺、相模原、小金井が選ばれていたとすれば、日吉の丘の歴史はまったく違ったものになっていたに違いない（写真2、3）。

三　「理想的新学園」の建設

塾長林毅陸が日吉への移転を『三田評論』に発表したのは、昭和四（一九二九）年八月号（第三八四号）である（「日吉台の新用地と吾人の計画」）。そこで林は、決定に至るまでの経緯を説明しつつ、「日吉に広大なる新用地を得ることとなり、予が五年来の宿望漸く実現に向はんとするは、実に満足の至りである」と述べている。その土地は「全然独立の小山を成し、樹木多く、眺望絶佳」であり、このような場所に「義塾新発展の基礎を置く」に至ったことに感謝の意を表し、今後の建設工事に向けて義塾関係者に巨額の資金援助を求める一文を付している。

昭和五（一九三〇）年二月に義塾が東京横浜電鉄株式会社との間に本契約を結んだ際に、二年以内に工事に着手することが約束されていた。同年六月には日吉台の考古学調査が始まり、数基の古墳を発掘、昭和七（一九三二）年には第一校舎建設の地ならし工事の際に発見された弥生式竪穴住居址の発掘調査が行われた。この時期、日吉の丘ではすでに本格的な造成工事が着々と進められていたことになる。こうした中で、義塾は昭和七年五月に創立七十五年記念祝典を挙行、記念式と祝賀会の来賓に『慶應義塾七十五年史』と記念はがきに添えて、『日吉台敷地一覧』のパンフレットが配布された。また三田史学会主催で「過去及び将来の日吉台」と題する展覧会が開かれ、日吉発掘の遺物が展示されている。

林が塾長として正式に日吉建設資金の募集をするのは、翌昭和八（一九三三）年十月の『三田評論』（第四三四号）「日吉建設資金募集に就て」である。林は福澤以来の義塾の教育の理想に言及しつつ、日吉のみならず三田を含めた義塾全体の将来像を示し、日吉移転の意義と目的を次のように述べている。

> 日吉台は学校敷地として最も好適のものであり、其の実地を検分した人は、皆満足の意を表して居る。其の広大なる敷地内に、先づ大学予科の校舎を建築し、運動設備を整へ、又新工夫を加へたる寄宿舎を設け、其他順次計画を進むる中には、必ずや理想的新学園の出現となり、教育上に新生面を開き来るべきを疑はない。而して他方三田本塾に於ても、大学々部を中心として諸設備の改善を図るを要するは、言ふ迄もない。日吉台建設は、究極するところ、義塾教育の最高中枢たる大学々部の充実向上を以て、最後の目的と為すこと勿論である。

これとあわせて「日吉建設資金募集趣旨書」が初めて掲載され、募集総額は「金参百万円」、うち予科教室建築費（第一校舎）として「七拾万円」が示された。

日吉に「理想的新学園」を建設する——。林のこのビジョンは、「趣旨書」では次のように表現され、日吉開校後の昭和九（一九三四）年十一月号まで一年間にわたって『三田評論』に毎号掲載されることになる。

> 日吉台は土地高燥眺望開濶、青少年子弟の教育に最も好適の地にして、其至良の環境の中に完備せる校舎並に寄宿舎を建築し運動設備を整へ大学予科其他を之に移して理想的学園を建設する

さかのぼって、林が予科移転の構想を『三田評論』で初めて公にしたのは、大正十五（一九二六）年八月号（第三四八号）であった（「三田丘上の復旧及整理」）。ここを起点

に昭和八（一九三三）年の建設資金の募集まで、八年の歳月を経ている。すでに見たように、林はそこで、郊外の適当の地に予科を移せば「青春発育の最盛期に在る」学生にとって「体育上、訓育上、一般教育上、非常に有益であるに相違ない」と述べていた。体育・徳育（訓育）・知育（一般教育）の育成のうえで、青春発育の只中にある青少年に益する最適の地、しかもそこは眺望はるかに開けた高台にあり、都心の喧騒を離れた郊外の広大な敷地の中に最新の設備をもった校舎・運動施設・寄宿舎を建設する。それはまさに義塾の未来を拓く「理想的新学園」の建設にふさわしい一大事業であり、林の当初の理念をそのままに形にした新キャンパスの建設が、一面に田園風景の広がる日吉の地で、いままさに進められようとしていたのである（写真4）。

〈写真4〉日吉台慶應義塾鳥瞰図、昭和7年5月［慶應義塾福澤研究センター蔵］
中央の道路は幅が広く、現在の形よりゆったりしている。正面奥にはパルテノン神殿のような列柱をもつ白い校舎群が描かれている。

四　「田園家塾」の理想

林が掲げた「新学園建設」の理想に具体的な形を与えようとしたのは、小林《こばやし》澄兄《すみえ》である。小林は文学部教授として欧米の「新教育運動」を日本に紹介した著名な教育学者であり、すでに慶應義塾幼稚舎と普通部の主任（校長）を歴任、昭和八（一九三三）年には予科主任となり、日吉初代主任として開校の日を迎えた。

教育学者として、小林はこの新しいキャンパスにどのような命を与え、どのような絵を描こうとしたのか。日吉開校を記念する昭和九（一九三四）年五月の『三田評論』（第四四一号）で、自らの理想とする学園のイメージを具体的に語っている。まず『予科第一学年入学志願者心得書』の冒頭の一文、「予科を日吉台の新敷地に移転し此処に完備せる校舎並に寄宿舎を設け運動設備を整へ都塵を離れたる至良の環境の中に理想的新学園を建設せんとする」を引き、次のように述べる（「日吉予科の始業」）。

> 日吉予科が樹木に恵まれた十三万坪の広き丘陵に白亜の巨姿を現出し、トラック、テニスコートの新設備も終り、今後更に体育施設の追加されるものがあり、数年を出でずして第二校舎、寄宿舎、講堂等の完備を見るの予定にあるのは、やがて三田本塾が大に面目を一新するのと相俟つて、義塾にとり最も愉快なことであつて、これに必然的に伴ふべきものが学事内容の充実でなければならぬことはいふまでもない。
>
> 欧米諸国に学園らしき学園の乏しからざるは周知のことに属する。オクスフォード、ケムブリッヂの両大学は固《もと》より、我が日吉予科の如きコレヂ程度の学校に於て、近来特に注目されるものに「田園家塾《ランドエルチーウングスハイメ》」なるものがある。私は嘗て英、仏、独に於て、その代表的なるもの数種を視察して得る所が少くなかつた。新学校は田園に広き敷地を選び、よき自然の環境の中に学生を起居せしめなければならぬ。さうして家塾的の「労作協同体《アルバイツゲマインシャフト》」を形成しなければならぬ。といふのがこの「田園家塾」運動の根本趣旨に外ならぬのであつて、多くは僻陬《へきすう》の地にこの運動の結実である所の理想的学園の営為を見出すのは、私にとり真に心にくきことであつた。

日吉予科主任として晴れの開校の日を迎え、小林が新しいキャンパスに重ねようとした理想的学園のイメージは、ドイツの「田園家塾」であった。

「田園家塾」（「田園教育舎」「田園教育塾」）は、一八九八年にヘルマン・リーツによって設立された私立学校である。その名が示すように都会から離れた田園に寄宿舎を作り、共同生活を通して青少年に全人的な教育を行う。小林は、大正三（一九一四）年から六年まで、義塾派遣の留学生としてドイツ・イギリス・フランス・スイスで最新の教育学を学んだ。それはちょうど十九世紀末からヨーロッパを中心に展開された教育改革の運動、いわゆる「新教育運動」が国際的な広がりを見せていた時期でもあり、小林はその洗礼を受け、帰国後は日本における新教育の担い手として活躍することとなる。

そもそも新教育運動は、教師主体の画一的・一方向的な従来の教育方法に対する批判から生まれたもので、自主的・主体的な活動を通して一人一人の個性を伸ばそうとする児童中心主義の考え方が根底にある。「田園家塾」は、その代表的な実践の一つであり、創始者リーツの理想は、次のような言葉に集約される。

肉体と魂において健全で、感受性の豊かな、明晰に思考し、実行力のある青少年が、町から離れた森と山と静けさのなかで育成されるであろう。神と郷土と同胞を愛し、とりわけすぐれたもの、高貴なもの、すべての美しきもの、善きものに喜びを見いだす青年が育成されるであろう。[*5]

都会の喧騒を逃れ、外界と遮断された寄宿舎での共同生活を通して、自然への愛と健全な心身を育み、教科の学習のみならず課外での活動によって自己規律と自治の精神を養う。そのための取り組みとして最も特徴的なのは、訓育の重視と、自然の中で鍬や鋤を使う労働と手仕事の重視、いわゆる「労作教育」である。

ドイツのケルシェンシュタイナーが主導した「労作教育」は、教師中心・書物中心の教育に対して、子供の能動的で身体的な活動を重視し、教育を生活に密着したものにしようとした試みである。手仕事とはこの場合、動物の飼育や植物の栽培、図画工作や実験などを意味し、学校は「労作共同体」であり、そこでの共同作業を通して、道徳性や社会性を芽生えさせようとした。そして、ドイツ語のArbeit（アルバイト）に「労作」という訳語を与え、全人的な教育として日本に紹介したのが、小林澄兄であった。小林はその代表的著作『労作教育思想史』において、西洋の労作教育思想を網羅的に検証したうえで、労作教育は「全人陶冶」そのものであり、義務心・公正・協力・友愛等の「社会的道徳性」を獲得することができるとする。[*6]この『労作教育思想史』は昭和九年に刊行され、ちょうど日吉開設の時期に重なる。初代日吉主任・小林澄兄の教育学者としての学問的関心と教育の理想は、この時期、労作教育思想に集中的に向かっていたことになる。

ただ、日吉の地はドイツ風の「田園家塾」を形成するにはあまりに条件が悪すぎた。「日吉予科の始業」において小林自身が認めているように、「日吉予科の土地柄は田園としては尚浅きに過ぎる憾《うら》みがある。その上、風紀上如何はしとの称ある場所も遠くはない」とあるように、郊外とは言え渋谷や横浜の繁華街に近く、しかも温泉地として当時賑わいを見せていた綱島温泉は隣の駅にある。

小林がイメージした理想的な田園の風景とはかなりの開きがあるものの、義塾には福澤以来の「一種微妙なる気品の内に充満する」塾風があり、「学問と人事とを併せ学ぶ『労作共同体』が立派に成長し来つた」のであるから、日吉予科もこれを継承し、「新学園実現への第一歩を踏み出すこと必ずしも至難ならず」と言う。そして、「義塾教育のルネサンス到来に加勢するに足る熱意ある努力を固く約束したいものである」という情熱的な言葉で、この文章を結ぶのである。

日吉開校の一年後、『三田評論』昭和十（一九三五）年四月号（第四五二号）で、小林は「日吉予科の一ヶ年を回顧して」という文章を発表している。それは文字通り開校以来の一年を振り返った内容であるが、そこでドイツの学校の「専門団体《ファハシャフト》」運動を紹介しつつ、学生主体による課外活動の必要性を説いている。

> 要するにそれは、学生同士が従来のやうにただ受身的に教授されるを俟《ま》たずして、民族社会への奉仕生活を用意する青年運動として、学校内又は大学内に、各自専門研究のグループを組織し、多種多様の研究活動をその団体のみの手によつて遂行すべく盛んに企図しつつある、その団体運動を称してファハシャフトといふのである。

そして、「趣味的にも、体育的にも、また学問的にも、凡て学生の手によつて課外活動《エキストラ・カリキュラー・ムーヴメント》なるものの大に起り来るといふことが、洵《まこと》に現下の急務であるとさへ私には考へられるのである」と述べ、「日吉予科は地理的に独立してゐる」から、「世間のモノトナスな高等学校型に陥る」ことのないよう、注意を喚起している。

ここに明らかなように、小林が理想とした「学園」のイメージは、弊衣破帽で蛮カラを良しとする旧制高校、およびその寮の気風（いわゆる「ストーム」など）に象徴される従来型の学校文化ではなく、規律と自治の精神に溢れ、学問のみならず課外活動を通して知・体・徳のバランスのとれた人格を育成する全人教育にあった。ドイツの「田園家塾」は、日吉開校一年後もなお小林の描く理想として、具体的なイメージを重ねられていたのである。

都心を離れた郊外の地で、知育・体育・徳育の三つの領域にわたって全人格的な教育を行う。知育を担う場は、言うまでもなく第一校舎（および医学部予科の第二校舎）であり、体育は陸上競技場、そして徳育には寄宿舎が重要な役割を果たす。日吉開設の日、陸上競技場はすでに完成し、その他の体育施設も順次完成に向かっていた。谷口吉郎設計による「東洋一」の寄宿舎が、最新式の設備を整えたモダンな三棟の建物として完成するのは、昭和十二（一九三七）年のことである。

このように、小林の「田園家塾」の理想は、寄宿舎の竣工をもって不完全ながらも形を整えるに至った。日本における、より純粋な形での「田園家塾」は、小原國芳が昭和四（一九二九）年に開いた玉川学園であり、そこでは現在もなお全人教育を目的とする労作が実践されている。小林は、大正八（一九一九）年から昭和八（一九三三）年にかけての幼稚舎と普通部の主任時代に、それぞれ「手工科」を設置しており、[*7] これは日本で最も早い労作教育の実践例である。慶應義塾普通部（中学校）では今もなお「労作展覧会」（労作展）が毎年九月に行われ、小林の唱えた労作教育の理想と新教育運動の伝統が脈々と受け継がれている。

五　設計者　網戸武夫

昭和八（一九三三）年十一月、小泉信三が塾長に就任した。以降、日吉建設は小泉の主導のもとで進められていくことになる。前塾長の林毅陸が掲げた「理想的新学園」建設のグランドデザインに基づき、小泉は資金募集のために「全国各地を文字通り東奔西走」[*8] することになる。日吉台の広大な敷地に新キャンパスを建設するというこの一大事業に際し、義塾がその全体設計を依頼したのは、曾禰中條建築事務所であった。

曾禰中條建築事務所は、明治四十一（一九〇八）年に曾禰達蔵と中條精一郎によって開設された近代日本を代表する建築設計事務所であり、東京海上ビルディングや郵船ビルディングなどのオフィスビルを中心に数多くの近代的な建築を残した。慶應義塾との関わりは深く、早く明治四十五（一九一二）年には創立五十年を記念するゴシック様式の図書館を三田山上に竣工、続く大正四（一九一五）年の三田大講堂、大正十五（一九二六）年の塾監局、昭和四（一九二九）年の医学部の予防医学校舎、昭和七（一九三二）年の病院別館、昭和十二（一九三七）年の三田第一校舎と、義塾はこの時期のほとんどすべての記念碑的な建築の設計をゆだねている。

当時の日本を代表するこの建築設計事務所が、新しいキャンパスのシンボルとなるべき校舎の設計担当者に選んだのは、まだ無名の建築家にすぎなかった網戸《あみと》武夫《たけお》であった。網戸は明治三十八（一九〇五）年に韓国仁川に生まれた。生家は輸入家具や建築関係資材などの販売業を営み、関東大震災の年に受験のために上京。大正十四（一九二五）年に新設されたばかりの横浜高等工業学校（現横浜国立大学理工学部）の建築学科に第一期生として入学、ここで生涯の師となる建築家中村順平に学び、昭和三（一九二八）年、卒業と同時に曾禰中條建築事務所に入った。後に独立し、戦後ＧＨＱの家族用住宅（ワシントンハイツ）や関連施設の設計を皮切りに、数多くの集合住宅や企業ビルを設計、他に水の江瀧子や石原裕次郎、長嶋茂雄などの著名人の住宅も次々に手掛け、戦後日本の近代住宅の設計に大きな足跡を残すことになる。

最晩年の網戸が自らの生涯を回想した『建築・経験とモラル』には、日吉開設と第一校舎設計の経緯が詳細に記録されている。これは、第一校舎の歴史と記憶を紐解くうえで、非常に貴重な資料と言える。

私が、建築という形象にデビューした作品は、処女のような清浄無垢の永い助走の果てに厳しく燃えた、慶応義塾大学の日吉台全体計画ということになります。初々しい二八歳（一九三三年）の、しかし汗と野心にたぎった、泥まみれの作品です。[*9]

網戸は一九九九年に九十四歳で逝去した。生涯に設計した作品数は、住宅建築二二五、公共建築二一六の計四四一作を数え、第一校舎はその記念すべき第一号の作品ということになる。彼が横浜高等工業学校の建築学科を卒業して曾禰中條建築事務所に入ったのが昭和三（一九二八）年、ここで日吉台の新校舎に関わる仕事のほとんどすべてを任され、六年後の昭和九（一九三四）年に完成させた。網戸は回想の中で、「誰の手も借りずに、私一人の担当」になり、「造形的な面ばかりでなく、仕様書も構造も、積算も、それから材料の選択から現場監督まで、全部自分から進んで関与しました」と言う。[*10] むろん師である中條精一郎の指示や指導を仰ぎながらであったようだが、建築の規模・質ともに、新進の建築家にとっては、まさに「汗と野心にたぎった、泥まみれ」の、緊張と試行錯誤と多忙をきわめた大きな仕事であった。

日吉台の新キャンパスの全体計画の構想には、中條の「壮大なパルチー（根本方策）」が大きく投影していたと網戸は述べる。

中條精一郎は、この丘の上に五〇年あるいは一〇〇年先の未来を夢みた。中心軸上の中央道路左右に銀杏の並木を配し、これが育っていく未来へ学生達の成長を併せ望んだ。畳二畳ぐらいの全計画の鳥瞰図は、この中條の願望をかけて描かれ、大巻物軸に仕立てられ、その大画面は完成した。[*11]

林毅陸が掲げた「理想的新学園」のグランドデザインは、教育学者小林澄兄によってヨーロッパの新教育運動である「田園家塾」のイメージを重ねられ、建築家中條精一郎がキャンパスの全体像をデザインし、網戸武夫が校舎の設計を手掛けた。新塾長小泉信三はこの計画を形あるものに実現すべく資金集めで全国を東奔西走し、「畳二畳の全計画の鳥瞰図」の中心に、いよいよその最初の校舎が具体的な姿を見せつつあったのである。

六　鉄筋コンクリート打放し

中條精一郎の「壮大なパルチー（根本方策）」と「願望」を投影した建築として、若き網戸武夫は、どのような学び舎を作ろうとしていたのか。

網戸は、昭和三（一九二八）年に曾禰中條建築事務所に入り、昭和十一（一九三六）年に退所しているから、その在籍期間は短い。この間の彼自身の仕事に関して、その著『建築・経験とモラル』で次のように述べている。

> もちろん、曾禰・中條建築事務所では公共や銀行などではなく、住宅の設計もしていますが、これは、宮家や伯爵家の、何千坪の敷地に何百坪の家を建てるというような、大変立派なものばかりで、これは、上の人がきちんとやる。とても、私のような若造が住宅に手を差入れるようなことはできません。ですから、この事務所で私は住宅の設計は一軒もやる機会を持ちませんでした。唯一、私が曾禰・中條建築事務所時代にした仕事というのが、一九三四年の慶応日吉台の全体計画と予科第一校舎です。これは様式から離れて、鉄筋コンクリートという素材を使って、可能な限りの建築表現を果たしたものです。[*12]

第一校舎は鉄筋コンクリート造である。昭和八（一九三三）年十月の『三田評論』（第四三四号）「日吉建設工事の概要」には、予科校舎（第一校舎）の「構造及び仕上概要」が、次のように記されている。

> 地形及び基礎　割栗地形の上に鉄筋コンクリート基礎とす
>
> 軸部及び床　柱、梁、壁梁、壁、床版共総て鉄筋コンクリート造とす
>
> 外壁仕上　コンクリート打ちその儘《まま》とし白セメントスプレー吹付け（ウオーガン）仕上げとす　各出入口踏段は稲田産花崗岩小叩き仕上げ裾付けとす
>
> （以下、略）

工期は、昭和八（一九三三）年三月十五日に起工、昭和

九（一九三四）年五月三十一日に竣工、設計並びに監督は曾禰中條建築事務所であり、建築一般請負は上遠合名会社（上遠組）であった。その建築面積は、

一階	三、五一八・九六㎡	（一〇六四・四八五坪）
二階	三、三九四・一六㎡	（一〇二六・七三三坪）
三階	二、六八九・七二㎡	（八一三・六四〇坪）
屋階	二三六・二八㎡	（七一・四七五坪）
地階	二三七・六七㎡	（七一・八九五坪）
総計	一〇、〇七六・七九㎡	（三〇四八・二二八坪）

教室は、

小講堂	一	三五二席
大教室	十一	各一二一席
教室	五十一	各五十二席

であり、建築面積は三千坪を超え、百人規模の一一の大教室を含んだ計六二の教室、これに三五二人を収容できる小講堂を加えた、当時の学校建築としては非常に大きな建物である。建築費は五二万二四七六円四銭、これに付帯工事費一一万八八七九円三八銭と設備費二万九四五円四七銭をあわせると、計六六万二三九九円八九銭であった。[*13] ちなみに昭和九（一九三四）年の蕎麦（かけそば）は一〇銭、平成十八（二〇〇六）年で五一〇円であることから、[*14] これを基準に現在のおおよその費用を推定すると、第一校舎の建築費総額は約三三億七八〇〇万円ということになる。

　曾禰中條建築事務所は、この大規模な建物の設計に関わる一切を二十代の新進の建築家・網戸武夫に任せた。これはすなわち師である中條精一郎の方針に他ならず、網戸自身も後に大変恵まれていたと述懐するように、このような自由闊達な職場環境の中で、「鉄筋コンクリートという素材を使って、可能な限りの建築表現」を果たそうとしたのである。[*15]

　日本における鉄筋コンクリートの歴史は、決して古くはない。最初の本格的な建築は明治四十四（一九一一）年の三井物産横浜支店が最初と言われ、その後、丸の内のオフィスビル群に徐々に建設されていく。ただ、大正期を通し、この時期のオフィスビルの主流は鉄骨造であった。その様相が一変したのが、大正十二（一九二三）年の関東大震災である。鉄骨造のビルが震災で大きな被害を受けたのに対して、鉄筋コンクリートは揺れにも火にも強かった。そのため震災復興の過程の中で鉄骨造は使われなくなり、昭和初年のこの時期は、オフィスビルのみならず、学校や病院、

役所・橋などの公共建築などに鉄筋コンクリートが進んで採用されていった。網戸が第一校舎を設計したこの時期は、まさにそうした時代相の中にあった。

建築家にとって鉄筋コンクリートが何より魅力的だったのは、「何にでも化けうる変幻自在の材料」としての新しさだった。[*16] 仕上げで石を積めば石造に見え、煉瓦を張れば煉瓦造に見え、コンクリートだけの場合は型枠通り平面にも凸凹にもなる。網戸が第一校舎の設計にあたって鉄筋コンクリート構造を選んだのは、一つには震災以後の学校建築に必要な耐震性の問題があるだろう。それは時代の要請によるものである。しかし、網戸はその選択に彼自身の建築家としての「冒険」を秘めていた。後に自らの処女作を評して、「汗と野心にたぎった泥まみれの作品」と述べているように、鉄筋コンクリートという新しい素材との格闘と挑戦がそこにあったのである。

第一校舎の建設にあたって、網戸が選んだ外部仕上げは、重厚な石積みでも煉瓦張りでもタイル張りでもなく、コンクリート素材そのままの「打放し」であり、「白セメントスプレー吹付け仕上げ」であった。これは網戸が自ら語るように、当時としては画期的なことであり、日本ではまだコンクリート打放しで公共建築を造るという時代は来ていなかった。[*17] わずかにアントニン・レーモンドが、大正十三(一九二四)年に自邸レーモンド邸でコンクリートのざらざらした表面そのままの斬新な外壁を世に問うていた程度に過ぎず、学校建築での施工例はきわめて少なかった。網戸はコンクリートの壁面に、むき出しの地肌そのままではなく、白セメントのスプレーを吹き付けた。その結果、明るくて清潔な、青年の夢を育む場にふさわしい白亜の学び舎を現出させることになったのだが、そこには新しい学園を建設するに際しての網戸のこだわりと「冒険」があった。

私はコンクリートの素材性と可塑性、それと経済性、それから学園であるということから、仕上げ材に化粧をしないという思想が建物の過度なコマーシャルを省き、学園としての機能性を素材のまま実現しようと考えた。実施に当たり、実現に向けて、中條先生や曾禰先生に設計、説得して、あれだけの冒険をさせてもらったのです。[*18]

この試みは、曾禰中條建築事務所としても前例がなく、日本においても例がなかった。日本ではまだこれほど大掛かりな鉄筋コンクリート打放し仕上げの施工例がなかったため、アメリカから関係資料を取り寄せ、コンクリート打放しの技術や型枠などの施工法に関して研究した。それは施工業者(上遠組)にとっても初めての経験であった。ア

〈写真5〉型枠の跡（正面玄関付近）
筆者撮影

メリカでは仮枠にベニヤを使っていたが、日本にはまだベニヤがなかった。そこで型枠は松の八分板合板にし、木目を出すために荒縄タワシでこすり、酸液で表面を洗浄し、松の表面の質感の目立てをした。年輪を起こし、年輪と年輪の間を浮き立たせると、美しい板目が表れる。その型枠にコンクリートを流し込んだのである。ただ、専用の機械の不足からコンクリートの充填や型枠とのなじみがうまくできないため、作業員が竹竿を使ってコンクリートを打ち込んでいったという[*19]。

　これは現代と比べれば気が遠くなるような作業であろう。いずれにせよ、このような過程を経て第一校舎は徐々にその形を現していった。現在でも校舎の白い壁面のほとんどすべての箇所で、松板の型枠の跡がそのまま残っている。これもまた当時の建築技術の貴重な遺物であり、この建物のもつ「記憶」でもある（写真5）。

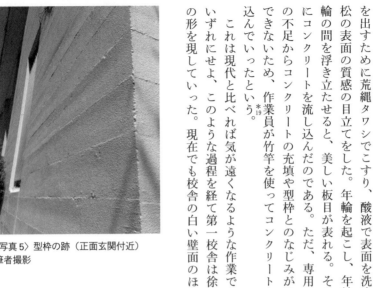

七　古典主義とモダニズム

網戸武夫が、新設まもない横浜高等工業学校の建築学科に第一期生として入学したのは、大正十四（一九二五）年である。ここで生涯の師となる中村順平と出会うことになる。

　中村は曾禰中條建築事務所での活動を経て、大正九（一九二〇）年にフランスに留学、パリのエコール・デ・ボザール（国立高等美術学校）で学び、ギリシア・ローマ建築を範とする伝統的なヨーロッパ古典主義の教育を受けた。帰国後、三十八歳の若さで横浜高等工業学校の建築学科の主任教授となり、「激しく厳しい狂気の教育」を展開することになる。鉛筆の削り方が悪いと製図板の上に叩きつけられ、一週間・二週間は口をきいてもくれない。住宅設計のベースになるような家屋構造や木造建築の細部の納まりや建具など具体的なことは教えてくれない。講義はすべて抽象論で、法隆寺とパルテノンが同次元で講義に入ってくる。社会に出てすぐに役立つことは一切教えられず、外国の建築雑誌なども見ることが禁じられる。初学生の目移りするような眼前の対象はすべて排除して、ただ「建築の精神」のみを教育するものだったという。[20]

このように、網戸は中村からフランスのボザール流の古典主義を徹底して仕込まれることになった。対象はヨーロッパに限らず日本の古典建築も含むものであり、中村の教育は徹底したデッサンにその特徴があった。近代合理主義にもとづくモダニズム建築の思潮には目を向けず、視線はパルテノン神殿に、あるいは法隆寺夢殿に向けられた。網戸による中村の評伝『情念の幾何学』によれば、「捨てられた民族の遺産を掘り起こし、民族の根元的な形象と精神をデッサンを通して探求させながら、構成、比例、構造に亘る建築の一般原則の解明伝授を試みる」ところに中村の建築教育の中核があり、「顧みて自ら眼前の創造行為に対決し得るヒューマンとしての精神」が厳しく鍛えられたという。[21] これこそが中村から学んだ「建築の精神」であった。「眼前の対象は一切、切り捨てられ、古今東西に亘る古典を解析すること以外、何も教えてくれなかった」[22]という「狂気」の三年間を経て、網戸は中村の薦めによって曾禰中條建築事務所に入ることになった。

当時、日本の気鋭の建築家たちはアール・ヌーヴォーに始まるヨーロッパから吹くモダンデザインの風を強く受けていた。ウィーンの「セセッション」、チェコの「キュビズム」、イタリアの「未来派」、ドイツの「表現派」、オランダの「アムステルダム派」と「デ・スティル」、ロシアの「構成主義」、フランスの「ピューリスム」、ドイツの「バウハウス」などの思潮が、ヨーロッパを駆け巡っていた時代だった。[23] 中村によって網戸はそうした流行から距離を置かれ、徹底して古今東西の古典を学ぶ基礎学習の三年を過ごすことになる。

日本における代表的なモダニズム建築として特に知られているのは、大正十三（一九二四）年のレーモンド邸である。そこではデザインの幾何学化が進み、「四角な箱がいくつも喰い合わさり、そこに長方形のパネルが垂直・水平に差し込まれただけの構成」、「鉄筋コンクリートの壁が石もタイルも張られず、白くも塗られず、ざらざらした地肌をむき出し」にしたというきわめて斬新なものであった。[24] その後、デザインの抽象化はさらに進み、建物は単純な箱型になっていく。箱型の建物の、凹凸のない平面的な白い壁一面に縦長の窓が規則正しく連続する、そうした無駄のない「白と直角のデザイン」[25]を特徴とするバウハウス派がモダニズム建築の主流になる。その若き担い手の一人に、谷口吉郎がいた。慶應義塾で言えば、谷口の設計による日吉寄宿舎（一九三七年）、幼稚舎校舎（一九三七年）、普通部

〈写真6〉普通部本校舎写真、1951年［慶應義塾普通部蔵］
谷口吉郎設計によるモダニズム建築

校舎（一九五一年）などが、その代表的な例である（写真6）。

そうしたモダニズム隆盛の背景には、もちろん鉄筋コンクリート技術の普及と活用があった。ただ、網戸自身は、次のように中村から忠告されている。

「今、君達は、鉄筋コンクリートなどという新しい材料に目を注いで、建築は鉄筋コンクリートによってのみ表現できるなどと考えているようだが、それはとんでもない誤りだ。鉄筋コンクリートは、今でこそ新しい素材として面白いかもしれないが、やがて時代は変わるし、素材も変わる。鉄筋コンクリートに淫するな。[*26]」

これはいかにも中村らしい忠告であり、教えであろう。この時期、鉄筋コンクリート建築が近代合理主義に合致して、モダニズムやバウハウスといった流行が「金科玉条のように蔓延し、教育はこの旋風に巻込まれて、身動きできないように」なっていた。網戸はこの時の中村の言葉によって、「目の前がいっぺんに開けたような」強烈なインパクトが与えられたと言う。[*27]

そのうえで、網戸は日吉第一校舎の設計にあたって鉄筋コンクリートを選んだ。そして、コンクリート打放しに白色スプレーを吹き付け、縦長の窓が規則正しく連続する白い箱型のモダニズム的デザインに近似させつつ、それと一線を画し、ギリシア的な列柱を配した古典主義の校舎をデザインした。彼の「曽禰達蔵と中條精一郎」は、日本の近代建築を牽引した曽禰と中條の業績を回顧した文章であるが、その設計事務所で自身が関わった日吉台の計画と第一校舎の設計にふれ、次のように述べている。

近代合理主義の激流に抗して、鉄筋コンクリート架構がヒューマニズムに昇華する願いを、表現の可能性に貫いて、両師匠に献華したことで自負なしとしない。[*28]

幾何学的なモダニズム建築は無機的な形象に傾きすぎるきらいがある。網戸の言う「ヒューマニズムに昇華する願い」とは、やはりギリシア風の列柱を配した様式に集約されていると言ってよい。それは、学生時代に中村の「狂気の教育」によって鍛え上げられたボザール流の古典主義による「建築の精神」が形象化されたものでもあり、同時に卒業後の師である曾禰と中條、そして何より直接の影響を受けた中條の日吉台全体計画の構想の芯にあった「壮大なパルチー（根本方策）」と響きあうものでもあった。

すでに見たように、中條は日吉の丘の上に五十年あるいは百年先の若者の未来を夢み、中心軸上の中央道路左右に配された銀杏並木の育ちゆく若木の未来に、学生たちの成長をあわせ望んだ。ゆるやかな銀杏並木を登り切った先に立つ、それぞれに八本の列柱を持つ左右対称の一対の建物（第一校舎と第二校舎）は、鉄筋コンクリートの堂々たる佇まいと、白セメントスプレーを吹き付けた清潔感ある真っ白な輝きをあわせて、今なお「ヒューマニズム」と呼ぶしかない確かな存在感を感じさせている。

八　列柱のクラシシズム

ヨーロッパ建築における「古典」とは、言うまでもなく古代ギリシアと古代ローマである。古代ギリシアでは均整のとれた建築美が追求され、それは規則正しく配列された円柱を持つ神殿の形象に最も特徴的に表れている。

古代ギリシア建築の基本は、円柱とその上部構造が作る構成の形式であり、これをオーダーと呼ぶ。オーダーは、下から基盤・円柱・エンタブラチュア（円柱上部の水平な帯状部分）・三角破風のペディメントから成り、ドリス式・イオニア式・コリント式に大別される。こうしたオーダーと、建築物全体の論理的な（数学的な）比例関係（プロポーション）から生まれる建築美は、古代ローマに受け継がれ、ヨーロッパの伝統的な様式として継承されていくことになる。それが大きく花開いたのは十七〜十八世紀のフランスにおける「古典主義」である。王政が絶対的な権力を強めるのに伴い、王宮や王室の壮麗な建築物、貴族の邸宅、教会などに、古代ギリシアを規範とする様式が取り入れられた。パリのルーヴル宮が、その代表である。その芸術的伝統を継承する拠点が、中村順平が学んだフランスのエコール・デ・ボザールであった。

古典主義的な建築は、やがて近代市民社会が進展するにつれて、王宮や教会から市庁舎・博物館・図書館・病院などの公共建築に拡大していった。同じ十七～十八世紀にイタリアで隆盛を迎えたバロック建築が、教会による前近代的な人間の支配とつながり、過剰な装飾表現になりすぎたことから、シンプルな造形原理に回帰しようとする動きが生まれることになった。十八～十九世紀の「新古典主義」がそれである。それは民主的な社会制度と合理的な造形原理を生み出した古代ギリシアを「西洋文明の輝かしい原型」と考えて模範にしようとする思潮である。[*29]

この「グリーク・リバイバル」は、ドイツではブランデルブルグ門やベルリン旧博物館（アルテス・ムゼウム）などのような国家的事業の象徴としての威風堂々たる建造物を生み出し、アメリカでは民主主義の精神の象徴として建国期の国家的な建築物に強い影響を与えていくことになる。その代表がホワイトハウスであり、国会議事堂であり、リンカーン記念館である。特にアメリカでは、フランスのエコール・デ・ボザールで学んだ建築家によるアメリカンボザールが主流となり、二十世紀初頭にかけてニューヨークを中心に数多く建造されていく。コロンビア大学やニューヨーク大学などの大学図書館、ニューヨーク公共図書館、グランドセントラル駅など枚挙にいとまがなく、古典主義は国家的なモニュメントから公共の建築物に広がりを見せていった。

日本におけるアメリカンボザールの嚆矢は、ニューヨーク大学図書館を手本にしたと言われる野口孫市設計による明治三十七（一九〇四）年の大阪図書館である。その後、大正末から昭和初期にかけて、東京を中心に大阪・横浜・神戸などで次々にアメリカンボザール流の建築物が建てられていった。そうした中で、特に古代ギリシアの列柱の様式を前面に出して表現したものとして、長野宇平治による大正五（一九一六）年の三井銀行神戸支店があげられる。その特徴について、藤森照信は次のように評している。

小さな建物だけれど、前に立つと、それまでの日本の歴史主義建築にはなかった内側から盛り上がってくるような迫真力にうたれる。ポイントは列柱で、御影石から切り出された長さ十一メートルの一本の柱が六本、リズミカルに展開し、背後の引き退った壁面の影をバックにして、日射しの中にまるでギリシアの白い遺跡のように浮き立つ。一歩近づけば柱のエンタシスの曲線は曲面となってふくらみ、二歩近づけばふくらみながらも先の方はすぼまり、すぼまった先にイオニア式の柱頭飾りの二つの渦巻きが載る。硬い石でありながら、何か生き物のような躍動感を持つ柱。

　ギリシア神殿に始点を持つ古典系様式の肝所を柱とするなら、日本の古典主義は長野宇平治のこのイオニア式の柱を得て、一つの境地に達したといえよう。[*30]

　長野はその後、日本銀行岡山支店・横浜正金銀行下関支店をはじめとする銀行建築を次々に手掛け、昭和七（一九三二）年の大倉精神文化研究所（現・横浜市大倉山記念館）に至る。長野以降、日本の銀行建築は石の列柱を前面に押し出した様式が主流となり、「大正・昭和戦前の銀行建築をリードしたのは石の列柱のクラシシズム」であり、その列柱において特徴的なのは、ドリス式のオーダーであった。[*31]ドリス式は、ギリシアの三大オーダーのうちで最初に生まれたものであり、礎石がなく、「ズングリした柱身が床面から掘立柱のように直接立ち上がり、上に来るキャピタルもつぶれた饅頭のような形をしていて、全体の印象は古拙―アルカイック―」である。[*32]すなわち、日本における古典主義は、本家であるヨーロッパやアメリカ以上に古代ギリシアの古層に深く回帰していく傾向が強く見られたのである。

　日吉第一校舎は、ただ「そのもの」として単独に存在しているのではない。そこには設計者網戸武夫の思想があり、彼を育んだ教育があり、彼が属した設計集団の気風があり、その時代の世界規模の、そして日本という古い文化的伝統をもつ後発の近代国家における、「建築」をめぐるダイナミズムがあった。古典主義とモダニズムとのせめぎあいと融合である。何より関東大震災という未曾有の災害を経験し、安全性という視点から建築に求められる条件も大きく転換していた。そうした一つ一つの要素を丁寧に読み解かなければ、第一校舎という歴史的な建築物の個性に迫ることはできないだろう。当時の日本では、銀行建築を中心に「石の列柱のクラシシズム」が一つのピークを迎えようとしていた。鉄筋コンクリート打放し仕上げの施工がほとんどない時代に、コンクリートの素材そのままの列柱はまた、当時としてはめずらしいものであった。

　キャンパス中央の広場（中庭）に面した校舎北側の側面には八本の円柱が並び、校舎西側の正面玄関には四本の円柱が並ぶ。高さは約八メートル、直径約一メートル、それぞれが床面から直接立ち上がり、基盤もエンタブラチュアもない。あえて言えばドリス式であるが、ドリス式に特有の装飾がいっさいない。一般にこの時代の銀行建築の円柱には、ドリス式にせよイオニア式にせよ、ギリシアのそれに倣って何本もの浅い溝彫りが施されるのが普通である。しかし第一校舎の列柱には何もない。ただ白くて太い柱が

〈写真 7〉日吉台慶應義塾全配置計画図［慶應義塾福澤研究センター蔵］
〈写真 4〉の「日吉台慶應義塾鳥瞰図」では大講堂の列柱は四本を数えるが、ここでは六本にも見える。いずれにせよキャンパス中央の広場は、「将来正面に建設を予定される大講堂の表側入口の柱廊と相俟って、広場を柱の列でかこむ美しい諧調を形づくるように配慮」(『慶應義塾百年史』中巻（後）360 頁)されていた。向かい合って建つ第一校舎と第二校舎は、それぞれの細部のデザインには違いが見られ、完全な左右対称ではない。こうした変化(相違点)も中央広場の風景に深みを与えている。ちなみに第一校舎の列柱(柱廊)を慶應義塾高校の生徒は「パルテノン」もしくは「神殿」と呼んでいる。

〈写真 8〉昭和 11 年頃の航空写真［慶應義塾福澤研究センター蔵］
日吉の街は駅を中心に放射状に広がる。

直立するだけである。日吉キャンパスの当初の全体計画によれば、直線の銀杏並木をのぼったその先に中央広場（中庭）の一画が開け、左右対称に第一校舎と第二校舎を配し、正面には大講堂を建設する予定であった。銀杏並木の直線に対して直角に交差する欅並木、キャンパス中央には左右にそれぞれ八本の列柱を持つ白亜の校舎がシンメトリックに建ち、正面にはやはり四本（あるいは六本）の列柱を持つ大講堂が構える。このような計二十本の列柱に囲まれた空間を中心にして、キャンパスが四方にその世界を広げていく。第一校舎もまた正面玄関の四本の列柱を中心にして、まるで翼を広げたような左右対称のシンメトリックな構造となっている。一方、銀杏並木の始点には日吉駅があり、その向こう側には駅舎を中心点にして放射状に日吉の街が広がる。それは田園都市構想に基づいて計画的に設計された街でもあった。放射直線状に広がる街路網は、ヨーロッパの近代的な都市計画の考えによれば「直線によってどこまでも見通せるという近代の合理的な『まなざし』を実現するもの」[*33]であった（写真7、8）。

　このように「日吉」という空間全体が、論理的な（数学的な）比例関係（プロポーション）によって成立しており、その空間全体を象徴する建築物の造形として、古代ギリシア建築に源流を持つ古典主義は、やはり最もふさわしいものと言えるだろう。藤森照信によれば、規則正しい配列と構造によって作られる古典主義の建築は、一般に「〈威風〉〈秩序〉〈永遠〉〈知性〉の演出に向く」[*34]。ヨーロッパで、アメリカで、そして日本で、古典主義の建築が、国家的なモニュメントや公共の建築物、大学・図書館・博物館・銀行等で採用された理由は、そうした「ギリシア」的なイメージに求められよう。

　古代ギリシア風の列柱を配する第一校舎は、「自由」や「民主主義」、「哲学」「数学」「論理」といった豊かな人間性と知性、そして精神の解放を表象し、コンクリート打放しと白色スプレーの吹付けにこだわった網戸の理想もそこにあったと思われる。銀杏の並木をのぼったその先に現れる巨大な列柱が立ち並ぶ穢れなき純白の「学」の神殿が、彼の中でイメージされていたとしても言い過ぎではあるまい。

　この点について、『情念の幾何学』において、網戸は次のように回想している。長くなるが引用する。ここには、師に対する敬愛の念があり、モダニズムとのせめぎ合いの中に立つ古典主義者としての矜持があり、自らが生み出した作品に対する建築家としての愛着がある。

> しかし強く構想の中に秘められたものは、時代の動

向に没入せず、鉄筋コンクリート構造による表現の可能性を追及することであった。コンクリート施工の上で外壁を打放し仕上げにしたこれほど大規模な建築がなかった当時、これを敢て適用したのも、素材への強い愛着と執念がさせたものであった。唯物主義的合理に組みすることをこばむ中村の鞭撻が、どれほどに励ましとなったか、大役に取り組む弟子への慈愛を身に滲みて味わう私達であった。

丘に向かって緩やかな勾配の学園通りは、現在ではその両側に亭々として銀杏の大樹が続き、やがて五十年の歳月が過ぎようとしている。しかし昔の静かだった丘の上には、現在谷口吉郎設計による校舎が立ち並ぶ。甚だ生産的な風貌を持ったその違和感は、曽禰・中條事務所が構想した理念に対して決定的である。正面に大講堂を構えて左右両翼と列柱でつなぎ、学びの空間のロマンをと希った原案の夢は、儚くも消えて影すらもない。当然ながら教育とは、現在、生産なのであり、建物はよくそれに応え、時代の要請を果していると言えよう。

ともあれ、中條がこの丘に残した昭和の中世主義は、第二次大戦末期、日本海軍壊滅の直前、日本海軍連合艦隊総司令部に占拠され、墨一色に迷彩塗装を施されて、「ペンは剣よりも強し」と願った福沢の精神は踏みにじられたのであった。しかし創建から数えて半世紀、銀杏並木はいま、中條の親和の精神の証言者として、天空高く聳え立っている。[*35]

第一校舎にはこのような作り手の思いが込められている。それは、すでに見たように二十八歳の若き建築家網戸武夫が、「処女のような清浄無垢の永い助走の果てに激しく燃えた」「汗と野心にたぎった、どろまみれの作品」であり、生涯に四百を超える作品を世に出した彼の記念すべき出発点である。

第一校舎で初めて授業が行われたのは、昭和九（一九三四）年五月一日のことであった。この「はじまりの日」を祝して、同年五月の『三田評論』「日吉台第一期工事竣工す」には、次のように記されている。

待望久しかりし日吉台第一期校舎も此程いよいよ竣工し、五月一日より新入学の文、経、法、予科第一学年約一千名を収容して授業を開始することになった。

昨年三月二十八日地鎮祭を挙行してより既に四ヶ月、其間何等の支障もなく工事はすらすらと進行し、曾ては先住民族の遺蹟として貝殻や石鏃などを掘出したあたりに、今は雪白厳然たる近世アメリカンスタイルの鉄筋コンクリート三階建、延坪三千余坪の大校舎がそそり立ち、その前面には隋円形擂鉢形のトラック・フィールド、後方低地には本試合用及び練習用のテニスコート九箇が完成し、其他の運動設備も著々工事が進められている。

ここで言う「近世アメリカンスタイル」とは、いわゆるアメリカンボザール、その建国の理念である民主主義の精神を表象した古代ギリシアを範とする古典主義に他ならない。正面玄関から見て校舎左端の二階部分の壁面には、竣工年が記されたレリーフが飾られ、そこには「一九三四」の西暦とともに「二五九四」の皇紀が刻まれている。

このようにして、日吉に新キャンパスが開校した。その後、時代は戦争に向かって進み、第一校舎も、そこに学ぶ塾生も、その大きな波にのみこまれていくことになる。

註

＊1 「訳解『アントニン・レーモンド建築詳細図譜』」(『アントニン・レーモンド建築詳細図譜［復刻版］』所収、鹿島出版会、二〇一四年)、三頁

＊2 小林澄兄「日吉予科一ケ年を回顧して」『三田評論』第四五二号、昭和十(一九三五)年四月

＊3 『慶應義塾百年史』中巻(後)、慶應義塾、一九六四年、三〇七～三一〇頁

＊4 小林秀雄は、本居宣長が『古事記伝』を完成させた時に詠んだ「古事のふみをら読めば古への手ぶり言問ひ聞見る如し」を引き、歴史を知るとは、「古えの手ぶり口ぶりが、見えたり聞こえたりするような、想像上の経験」であり、単なる知識ではないとも言っている(国民文化研究会・新潮社編『小林秀雄　学生との対話』新潮社、二〇一四年、一二四～一二五頁)。本書は、いわば第一校舎に関わる「古えの手ぶり口ぶり」をできるだけ詳細に感じ、想像するところに目的があると考えている。

＊5 『新教育学大事典』第五巻「田園教育舎」の項、第一法規出版、一九九〇年

＊6 小林の労作教育に関する基本的な考え方については、『労作教育思想史』(丸善、一九三四年)所収の「労作教育学」に詳しい。

＊7 『慶應義塾史事典』慶應義塾、二〇〇八年

＊8 前掲『慶應義塾百年史』中巻(後)、三四一頁

＊9　網戸武夫『建築・経験とモラル』住まいの図書館出版局、一九九九年、七二頁
＊10　同右、四五頁
＊11　同右、七三頁
＊12　同右、四三〜四四頁
＊13　前掲『慶應義塾百年史』中巻（後）、三四四頁
＊14　森永卓郎監修『物価の文化史事典』展望社、二〇〇八年、参照
＊15　前掲『建築・経験とモラル』、四四〜四五頁
＊16　藤森照信『日本の近代建築（下）』岩波新書、一九九三年、四七頁
＊17　前掲『建築・経験とモラル』、七三頁
＊18＊19　同右、七四頁
＊20　同右、三六〜四三頁。
＊21　網戸武夫『情念の幾何学　形象の作家中村順平の生涯』建築知識、一九八五年、三二〇頁
　なお、余談ではあるが、中村順平は明治二十（一八八七）年に大阪で生まれ、同三十五（一九〇二）年に天王寺中学に入学、三学年上に折口信夫がいた。折口は後に慶應義塾大学および国学院大学の教授として国文学・民俗学の領域で独自の学風（折口学）を拓いていった。中村は中学時代に折口信夫と校内弁論大会で競い合った経験があるとのことである（同書、三四頁）。
＊22　前掲『建築・経験とモラル』、四五頁
＊23　前掲『日本の近代建築（下）』、一五六頁
＊24　同右、二〇六〜二〇七頁
＊25　同右、二一三頁
＊26＊27　『建築・経験とモラル』、四五〜四六頁
＊28　『東京駅と辰野金吾』東日本旅客鉄道株式会社、一九九〇年、所収
＊29　西田雅嗣編『ヨーロッパ建築史』昭和堂、一九九八年、一九七〜二〇六頁
＊30　前掲『日本の近代建築（下）』、八八〜八九頁
＊31＊32　同右、一〇〇頁
＊33　石田潤一郎、中川理編『近代建築史』昭和堂、一九九八年、三〇頁
＊34　藤森照信『日本の近代建築（上）』岩波新書、一九九三年、二六四頁
＊35　前掲『情念の幾何学』、二三八〜二四〇頁

第二章　クラシックとモダン　日吉第一校舎の肖像

「建築とは構成の芸術である」

（中村順平[*1]）

一　『君たちはどう生きるか』の時代

吉野源三郎著『君たちはどう生きるか』の冒頭は、主人公の少年「コペル君」が銀座のデパートの七階の屋上から東京の街を眺めるシーンで始まる。そこから見下ろす銀座通りには、アスファルトの路上を自動車が川の流れのように走り、その間を路面電車がゆっくりと進む。大都市東京は、まるで一面の海のようだ。朝になるとたくさんの人々が集まり、夕方になると一斉に引き上げていく。朝と夕のラッシュアワーで混雑する電車やバス、それぞれの思いを胸に秘めながら潮の満ち引きのように移動する何十万もの人々。「人間て、まあ、水の分子みたいなものだねえ。[*2]」――コペル君は大都会に生きる人間の姿に思いを馳せながら、おじさんと一緒にニュース映画を観て、タクシーで山の手の家に帰っていく。

ここには一九三〇年代の近代都市「東京」の一断面が描かれている。『君たちはどう生きるか』は、昭和十（一九三五）年から刊行された『日本少国民文庫』全十六巻の最後の配本として、昭和十二（一九三七）年七月に出版された。大正十二（一九二三）年九月一日の関東大震災で東京が壊滅的な打撃を受けてから十四年、銀座には鉄筋コンクリートのビルが立ち並び、デパート・自動車・ラッシュアワー・映画など、現代に通じる「モダン都市東京」の原風景がそこにある。日吉に新しいキャンパスが開設され、第一校舎で予科の授業が初めて行われたのは昭和九（一九三四）年五月一日であった。一九三〇年代の日本は、そして慶應義塾は、どのような空気の中にあったのだろうか。

一九二〇年代から三〇年代、大正から昭和初期にかけてのこの時代は、一般に「モダニズムの時代」と呼ばれる。第一次世界大戦後の国際協調と束の間の平和の中で、都市生活の近代化・大衆化が進んでいった。映画館、地下鉄、デパート、ラジオ放送、カフェ、キャバレー、ダンスホール、流行のファッション。アメリカでは「ジャズ・エイジ」と呼ばれた時代であり、日本では「モボ・モガ」と呼ばれる人々が街を闊歩した時代である。映画やラジオ、新聞・雑誌などのマスメディアの発達によって、日本人はかつてないほど「世界」を身近に感じていた。東京は、パリやロンドン、ニューヨークや上海などの各都市と同時進行的につながり、最先端の文化や流行が街を彩るようになる。[*3]

コペル君は十五歳、父親を二年前に亡くしたが、中学に通い、比較的恵まれた環境の中で明るく素直に成長している。母親の弟である「おじさん」が、義理の兄の遺志を継いで甥に人間として立派な男になってほしいと願い、この少年に正面から向き合い、助言する。物語はコペル君が友人との関係の中で味わう喜びや苦しみを中心に進み、おじさんが書き記す助言のノートを途中にはさむことで、コペル君の精神的な成長をたどる構成になっている。コペル君が銀座のデパートの屋上で感じた「人間は水の分子のようだ」という思いは、やがて「人間分子の関係、網目の法則」という「発見」につながる。自分の手元にある「モノ」（商品）は、原材料を作る人、仕入れる人、製造する人、運ぶ人、売る人、買う人など、見ず知らずの他人同士が網の目のように緊密につながることでここに存在している。原料を海外から輸入し、商品を海外へ輸出するならば、この関係はさらに世界に広がっていく。「人間同志の世界的なつながり」を土台にして、人はこの社会を生きていく。誰一人としてこの関係から抜け出ることはできない。一九三七年の東京の空の下に生きる中学生は、「世界」をこのような広がりと関係性の中でとらえた。しかしながらおじさんは注意深く、次のように諭す。

> 人間は、人間同志、地球を包んでしまうような網目《あみめ》をつくりあげたとはいえ、そのつながりは、まだまだ本当に人間らしい関係になっているとはいえない。だから、これほど人類が進歩しながら、人間同志の争いが、いまだに絶えないんだ。（中略）君が発見した「人間分子の関係」は、この言葉のあらわしているように、まだ物質の分子と分子の関係のようなもので、人間らしい人間関係にはなっていない。[*4]

ここにはやはり一九三〇年代という「時代」の現実がは

っきりと示されている。そしてそれは「いま」を生きる我々の抱える現実と根本的に何一つ変わりはない。

物語の後半で、おじさんはガンダーラの仏像の話をする。アレクサンダー大王の東征によって、多くのギリシャ人が遠く本国を離れて中央アジアに移り住んだ。インドで生まれた仏教は、ガンダーラの地でギリシャ人の手によって西洋と東洋が融合した仏像になった。それがチベットの天険を越え、中国・朝鮮、そして日本へと伝わっていく。

ギリシャから東洋の東の端までの遠い遠い距離——二千年の時の流れ——生まれては死んでいった何十億の人々——

そして、さまざまな民族を通して、とりどりに生まれて来た、美しい文化![*5]

コペル君は、「学問や芸術に国境はない」という思いと、人間が時間と国境を越えて網の目のようにつながってきたはるかな歴史の流れを想像し、胸をふくらませる。

一九二〇年代の日本は、第一次大戦中の好景気によって経済的に豊かになった反面、一転して深刻な世界規模の経済危機に見舞われた。その結果、持つ者と持たざる者との格差、都市と農村との格差が急激に拡大した。そうした社会の現実は、コペル君の周囲からも窺い知ることができる。やがて政治に軍部が介入し、「モダニズムの時代」は「戦争とファシズムの時代」に向かうことになる。

コペル君が銀座のデパートの屋上から東京を眺めた日、東京は「灰色の空」から降る霧雨に濡れて、茫々と広がっていた。それは「暗い、寂しい、果もない眺め」であった。丸山眞男が指摘するように、これは盧溝橋事件によって日本が中国との泥沼のような戦争に入り込む昭和十二(一九三七)年という年と無関係ではないだろう。[*6]しかし、そうした時代の空気の中で、おじさんはコペル君に希望を与え、コペル君もまっすぐに生きたいと願う。「僕は、すべての人がおたがいによい友だちであるような、そういう世の中が来なければいけないと思います。[*7]」と自らのノートに書き記した十五歳の中学生は、四年後の昭和十六(一九四一)年には十九歳でアジア・太平洋戦争の開戦を迎えることになる。物語の時間はもちろんそこには進まないが、世界人類の共存を願った少年がどのような青春を送ったのか、コペル君の「その後」を想像すると胸が痛む。

日吉キャンパスが開校した昭和九(一九三四)年は、この物語よりほんの少しだけ前の時間の中にあった。この時代の日本は、そして慶應義塾は、どのような空気の中にあったのだろうか。第一校舎の「記憶」を辿るにあたって、もう一度設計者網戸武夫がこの建物に重ねた思いを検証していきたい。

二　アール・デコの意匠

すでに述べたように、第一校舎は古代ギリシアに通じる自由な精神と哲学的な知性を象徴する建築物として、現在も変わらぬ価値を伝えている。[*8] その根底には、「理想的新学園建設」の構想を最初に打ち出した塾長林毅陸のグランドデザインがあり、それを引き継いだ新塾長小泉信三の日吉開設に向けた情熱、初代日吉主任となった教育学者小林澄兄のヨーロッパを範とする新教育運動の理想があった。その上で、近代日本を代表する建築家・中條精一郎が百年先の未来を夢みながらキャンパス全体の基本計画を立案し、二十八歳の若き建築家・網戸武夫がその最初の学び舎をデザインした。鉄筋コンクリートの打放しに白色セメントスプレーを吹き付けた白亜の校舎は、遠く西洋の古代に源流を持つギリシア風のコロネード（列柱廊）と相俟って、きわめて古典的な風貌を持つとともに、四角い箱型のモダニズム建築の印象をも見る者に与えている。師である中村順平から徹底した古典主義教育を受けながらも、網戸は単純な様式主義を脱し、世界基準の新しい建築の手法を取り入れた。そうした古典主義とモダニズムの融合こそが、この校舎の最も大きな特徴だと言ってよい（写真1）。

加えて、第一校舎の最大の特徴のひとつにアール・デコの意匠があげられる。網戸はヨーロッパを中心に当時世界で流行していたアール・デコの装飾を取り入れることで、建築にモダンな印象と深みを与えた。後述するように、その典型的な箇所は二つある。一つは正面玄関であり、もう一つは正面玄関に向かって左端の壁面にあるレリーフである。

周知のように、アール・デコは一九二〇〜三〇年代の建築・工芸・グラフィック・ファッションなどに見られるモダンな装飾デザインの総称であり、一九二五年にパリで開かれた万博（いわゆる「アール・デコ博」）を機に世界に広がった。その特徴は、一般に直線的・無機的・幾何学的・対称的・立体的と言われる。いわば定規とコンパスで描きうるシンプルなデザインであり、世紀末に流行したアール・ヌーヴォーの曲線的・有機的・非幾何学的・非対称的・平面的なデザインとは対照的なものである。[*9] この時期の日本の建築家や芸術家、デザイナーたちは、この最先端の流行を進んで取り入れた。世界の最新のモード（流行）がほぼ同時進行的に日本に入るようになった時代である。大正以降のモダニズム文化と大衆消費社会の進展の中で、アール・デコのデザインはポスターや挿絵・インテリア・

〈写真 1〉校舎北側の柱廊　［慶應義塾広報室提供］

室内装飾・貴金属・陶磁器など至るところに広がりを見せる。建築の分野での代表は、朝香宮邸（現・東京都庭園美術館）である。朝香宮はフランス滞在中にアール・デコ博を見学しており、昭和八（一九三三）年建築のこの洋館は、まさにパリ直輸入のアール・デコが溢れる空間となっている。[*10]

世界が「網の目」のようにつながったこの時期はまた、豪華客船が次々に建造された時代でもあった。大型の客船が世界の各都市を航路で結び、一等室のキャビンや食堂、紳士淑女が集う社交空間は、モダンでシックなアール・デコの内装や家具・照明で飾られた。例えば我々は横浜港に係留保存されている昭和五（一九三〇）年竣工の氷川丸の船内に入ることで、この時代の空気を感じることができる。氷川丸の船内設計はフランス人デザイナーによるものであるが、この時期に日本で造られた豪華客船の多くは、日本人の第一線の建築家も関わっていた。その中の一人に中村順平がいる。

中村は大正九（一九二〇）年から三年間、パリのエコール・デ・ボザール（国立高等美術学校）で学び、そこで徹底した古典主義の教育を受けながら、新しく生まれつつあったアール・デコの息吹を全身で感じていた。それが後に豪華客船の内装デザインに結実していくことになる。帰国後の大正十五（一九二六）年から昭和十九（一九四四）年の十八年間で彼が設計に関与した船舶は二十二隻に及び、ほぼすべてが戦争によって沈んだが、そのインテリアデザインの幾つかは僅かに残された写真や設計図面で確認することができる。[*11] 特に大型客船・橿原丸の船内装飾は、日本の豪華客船の最高峰と言われ、中村は一等社交室のデザインを担当した。網戸武夫はそうした師の仕事に直に接し、強い感化を受けた。「中村が船舶の室内設計に構像した世界は、家具、調度、照明等一切を、作家の理念によって秩序づけた建築的空間」であり、橿原丸に見られる建築的秩序は「空間の音楽」であり「詩」であり、それを支える「幾何学的理性」と「冷やかなまでの計算による量的分割と按配の法則」によって、「日本人が到達し得なかった世界性をもった形象を完結した」と網戸は評する。[*12] しかしながら、その橿原丸は建造半ばにして航空母艦「隼鷹《じゅんよう》」に改装され、太平洋を歴戦、佐世保で終戦を迎え、客船に戻ることなく昭和二十二（一九四七）年に解体された。アール・デコの作家として中村が到達した「世界性に輝く形象」は、戦争によって幻に終わるのである。

　第一校舎が竣工した昭和九（一九三四）年は、まさに「アール・デコの時代」のただ中にあった。第一校舎は古典主義の様式を基調としながら、当時世界的に流行していたアール・デコの意匠から決して自由ではない。むしろ、設計者・網戸武夫は進んでアール・デコを取り入れ、古典主義との融合をはかろうとしていた。

網戸は『建築・経験とモラル』で、次のように述べている。

> 当時のデザインの時代的な潮流は、ヨーロッパではフランスが中心で、すでにアール・デコの時代に入っていました。ですから、この建物でもアールデコの影響を非常に受けたということは、否めません。（中略）ドイツのバアハウス系の横に窓がつながった水平の開口部、ああいうデザインは取り入れなかった。日本では、横に窓をつなぐということはバアハウス時代、もう建築の信条というように流行っていました。そういう意味で、日吉の第一予科校舎は、流行とは何ら縁がなかった。ただ私自身、アールデコ的な近代性というようなものに対しては、非常な憧れをもっていました。[*13]

当時の鉄筋コンクリート建築は、ドイツのバウハウス派に代表されるモダニズムスタイルが主流であった。建物は単純な箱型の構造で、平面的で変化のない壁に長方形の窓が整然と並ぶ「白と直角のデザイン」である。[*14] 網戸がインターナショナルなモダニズム建築の風を強く受けながら、第一校舎の設計にあたってこだわったのは、ギリシア風の

〈写真2〉落成式当日の第一校舎、昭和9年6月9日［慶應義塾福澤研究センター蔵］
校舎は全体がEの形になっており、中央の裏手には大きな煙突があった。

列柱を持つ古典主義の様式であった。

第一校舎の壁面は、一見すると整然と窓が並ぶ「白と直角のデザイン」のようであるが、ほぼ全面にわたって屋上に近い最上部に「コーニス」(水平の帯)が伸び、それに直角に交差して「付け柱」が並んでいる。付け柱は校舎裏手(東側)にあたる中庭に面した壁面を含めて等間隔に刻まれており、柱廊の列柱とあわせれば、まるで校舎全体に何本もの柱が林立しているような印象を与える。コーニスも付け柱も、ともに古典主義的な装飾である。第一校舎の壁は同じキャンパス内にある谷口吉郎設計による寄宿舎(昭和十二年竣工)のモダニズム建築と比べる時、その個性が際立つことになる。壁面の全体にわたって網戸のこだわりが感じられ、「平面的で変化のない壁」ではない豊かな表情に満ちた外観がデザインされている(写真2)。

若き網戸は、モダニズム建築の「流行性」と一線を画そうと強く意図しながら、アール・デコの「近代性」に惹きつけられる。第一校舎は、いわばクラシックとモダンがせめぎ合う一九二〇年から三〇年代という時代を象徴する建築であり、そこにこの建物のもつ魅力とエネルギーがある。網戸における「モダン」とは、一つには「鉄筋コンクリート構造による表現の可能性を追及すること」であり、一つには「学びの空間のロマン」を作り出すことであった。[*15] この二つは根底において互いに深く結びつく。そしてそこに込めた作り手の思いは、アール・デコの意匠の中に見ることができるのである。

三　幾何学的なデザイン

第一校舎の西側の外観は、正面玄関を軸に南北に鳥が大きく羽を広げたようなシンメトリカルな構造になっている。竣工当時は陸上競技場との間の木立がまだほとんどなかったため、フィールドから見上げる校舎は、ちょうどいまの日吉協生館から受ける印象のような威容を誇っていたはずである（写真3）。

アール・デコが最も特徴的に表れているのは、この正面玄関である（写真4）。メインエントランスは、直径一メートル・高さ八メートルの四本の円柱による柱廊で形成される。その両脇には、屋上までストレートに伸びる箱型の壁が前方に突き出し、それぞれに縦長の窓が上下に並び、その上に円窓が配される。この窓は正面玄関の外観の中の唯一の円であり、全体の表情にアクセントを加えている。四本の柱は単純な円柱ではない。柱廊の天井部分を境に上部が四角柱となり、三階部分にバルコニーを作る。円柱と

〈写真3〉竣工当時の第一校舎西側［慶應義塾福澤研究センター蔵］
陸上競技場側から見る。正面玄関の列柱が印象的である。

〈写真4〉竣工当時の正面玄関［慶應義塾福澤研究センター蔵］

〈写真5〉予科時代の正面玄関［慶應義塾福澤研究センター蔵］

四角柱を組み合わせることでギリシア風の古典主義の純度が薄まり、モダンな印象が生み出される。校舎の正面入り口は三カ所、中央には両開きの扉、その左右には片開きの扉を配し、扉の上部には上下に六つの四角な窓が並ぶ。壁は無表情な平面ではなく、複数の段差を付けることで幾つもの長方形が重なり合う立体的で変化に富んだ表情を見せる。中央の扉の上には、四角の枠の中に校名とペンの徽章が据えられ、メインエントランスにふさわしい風格を添えている。

　このように正面玄関は長方形と立方体を基調とし、円形の窓を含め徹底した幾何学デザインで統一されている。それは斜め下から見上げる角度でも同様で、柱廊の天井部分と三階バルコニーの天井部分を含め、いくつもの四角形が重層的に組み合わされたデザインとなっている（四五ページ、写真10）。

　中央の校名は、現在では「慶應義塾高等学校」であるが、竣工当時は「慶應義塾大学」と「豫科」が二列に置かれ、ペンの徽章の下には「二千五百九十四年」と皇紀が記されていた（写真5）。校名の上には、対角線が交差した図柄と横に四本の直線が並んだ図柄が入った正方形の枠が、縦・横に規則正しく並ぶ。これも中心軸に対して左右対称に置かれ、正面玄関の外観の幾何学的な形象を強めている。対角線の図柄は、ペンの徽章を象ったものであろうが、四本の線が並行する図柄が何を意味するのかはわからない。しかしながら、このレリーフもまたきわめてアール・デコ的であり、細部にまで徹底したこだわりが感じられる。こうしたモダンな装飾とギリシア的な柱廊は決して矛盾しあっていない。まさにクラシックとモダンが見事に調和した空間を作り出している。

　典型的なアール・デコはもう一箇所、正面玄関に向かって左端（校舎北側角）の壁にある。ここには中央にペンの徽章を置いた正方形のコンクリートパネルが据え付けられ、その下には四角いガラスブロックの一画があり、その前には世界地図が彫られたカップが置かれている（写真6、9）。

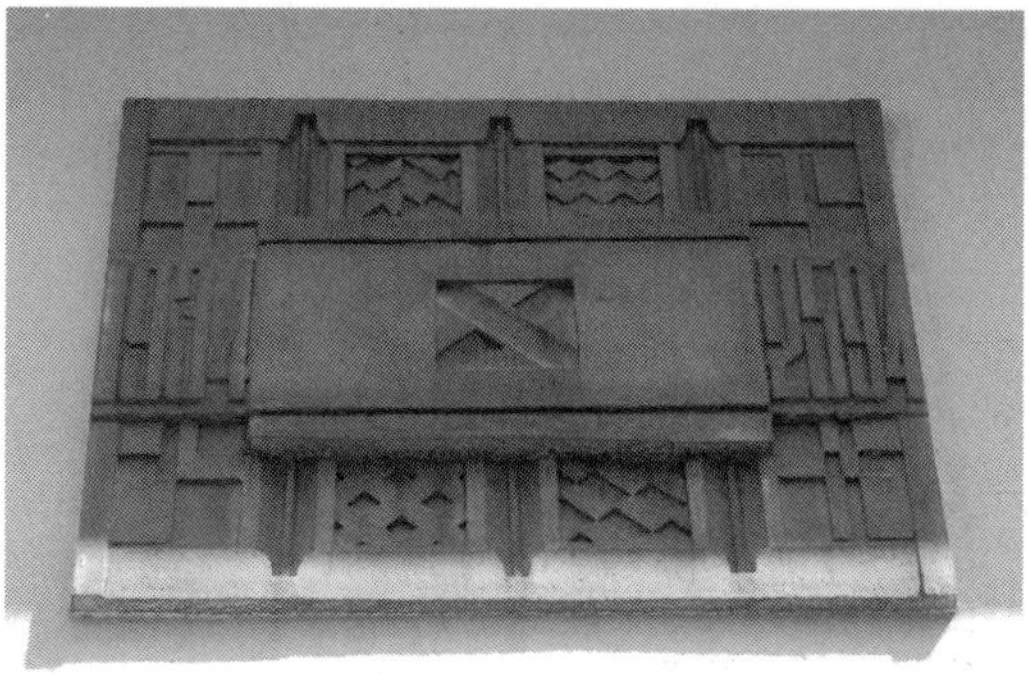
〈写真6〉アール・デコのレリーフ　筆者撮影

パネル中央のペンマークは長方形の枠の中に置かれ、その上下四列に四角形を組み合わせた図柄が並ぶ。図柄のデザインはすべて異なる。中央のペンマークの左には「1934」の西暦が、右には「2594」の皇紀が刻まれ、この数字デザインもまた典型的なアール・デコである。

建築史家の吉田鋼市は、『日本のアール・デコ建築入門』で現存する代表的なアール・デコ建築を五十件選び、写真とともに詳しく紹介している。*16 昭和の初期、アール・デコ建築は数多く建てられたが、そのうちの多くは戦災で焼失、または甚大な被害を受け、残ったものも戦後の復興や高度経済成長の時代を経て、現在に至るまでの間に次々に姿を消していった。そうした中で、現在もなお竣工当時と変わらぬ用途で使われている建築物は、決して多くはない。日本の代表的なアール・デコ建築に数えられた五十件のうち、学校建築はわずか五件であり、その中の一つに「慶應義塾高等学校」、すなわち第一校舎が取り上げられている。第一校舎は、現存する数少ない昭和初期のアール・デコ建築として、日本の近代建築史の上に位置づけることができるのである。

網戸武夫は、第一校舎の装飾に関連して、建築家としての自身の姿勢を次のように述べている。

話を日吉台に戻しますと、コンクリートというのは流し込みの鋳型のようなものです。つまり仮枠が主体ですから、その表現は鋳型、それは石積みのような組み積み方式ではないので、非常に自由な表現が可能になるわけです。自由ということは、一方では裏返すと奔放になり、もう一方は堕落する。装飾の方に重きがかかり、いわゆる表現が機能と離れていく。そういう時代を通過してきています。

〈写真7〉竣工当時の正面玄関ホール［慶應義塾福澤研究センター蔵］
設計図No.1「一階　平面図」によれば、廊下の長さは南北で158.31 mである。

私自身、それはいかなる場合においても、素材の表現そのものが建築であり、素材と表現は切り離せないものだ、という信念をもっていましたから、いわゆる、ハッタリといえば語弊がありますが、そういうデザイン的な発明だとか、ハッタリだとか、見栄っぷりとかいうものを、師匠の中村順平から、非常に強く戒められていました。しかし遡れば、その源流は曾禰・中條事務所にあるわけです。この事務所で私が体得した一番のものは、「真実―モラル」であるということです。ハッタリや見栄は絶対に許せない。[*17]

「自由」でありながら「奔放」ではなく、当然「堕落」もしていない。「素材」をそのままに生かしながら、「ハッタリ」や「見栄」を一切排したデザイン、それが網戸のモラルであった。第一校舎は、アール・デコの意匠を取り入れながら、決して過度ではなく、全体として白亜のギリシア古典主義の様式と矛盾せずに調和している。それを踏まえながら、網戸の細部へのこだわりをもう少し読み解いていきたい。

四　正面玄関の鷲

正面玄関から校舎の中に入ると、まずはホールがある。外に立つ四本の列柱に並行して、ここにも独立した四本の円柱が立ち、天井には円形の装飾があった。天井から吊り下げられた球体の照明器具が、南北に伸びる長い廊下に規則正しく並び、全体の印象はやはりきわめてモダンである（写真7）。

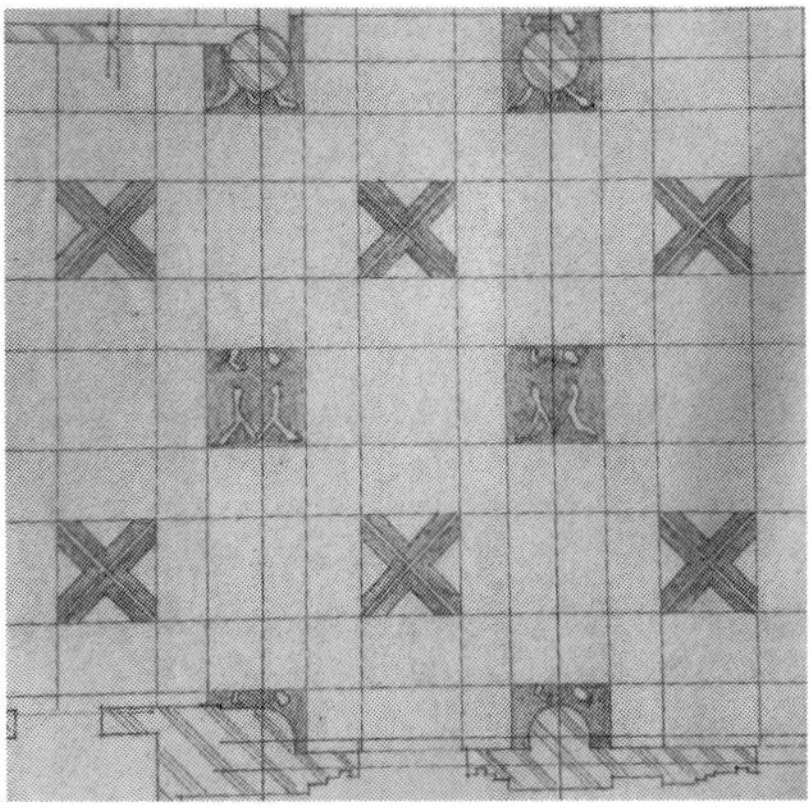

〈資料1〉設計図に描かれた「鷲」と「ペン」 設計図№75「正面玄関中央広間、南寄広間及び廊下目地割　詳細」（昭和8年10月23日）より。
ペンのデザインほとんど同じだが、鷲の形が少し異なる。最終的に決めた絵柄は、鷲の下部がどっしりとした感じで落ち着いている。

〈写真8〉正面玄関ホール、「鷲」と「ペン」
筆者撮影

内装への私の注文は厳しく、照明器具のデザインは特に製作に苦心したところで、未知の領域への挑戦には若い燃え上る執念、気力だけが頼りで、そのすべてに非常な困難がありました[*18]。

網戸の「苦心」とは裏腹に、残念ながらいまその照明器具は一つも残っていない。あるのは味気ない蛍光灯の照明と、無造作に廊下に取り付けられた太い給水管である。

昭和八（一九三三）年十月の『三田評論』（第四三四号）「日吉建設工事の概要」には、「予科校舎建築工事概要」として、「正面中央広間」について次のように記されている。

床、テラツオー、柱及び巾木は大理石（イタリー産トラヴアーテイン）貼り　腰壁は石粒入りセメントモルタルの上ペンキ塗り仕上げ　壁天井とも漆喰塗りとす

玄関の外に立つ四本の円柱はコンクリート打放しに白色セメントスプレーを吹き付け、ギリシア風の柱廊を形成する。中に立つ四本の円柱（扉側の壁にはめ込まれた柱を含めれば計八本）はイタリア産の大理石で覆われ、屋上まで貫くこの建物の芯となる。床はテラゾー（人造大理石）であり、そこにはペンの徽章を模した図柄と、翼を広げた鷲の図柄が規則正しく交互に並び、正面玄関から入る者を出迎

える(写真8、資料1)。

正面玄関の鷲——、我々は普段の学校生活の中で、この「鷲」の存在にいったいどれだけ気づいているだろうか。毎日その上をたくさんの生徒や教職員が行き交いながら、おそらくほとんどが気づいていない。「ペン」も「鷲」も、そのデザインは直線を主軸にした典型的なアール・デコである。無駄な装飾をいっさい排したシンプルな図柄であるゆえに、存在を強く主張しない。それが「気づかない」主な理由だろうが、日常の慌ただしい生活の中で、そもそも我々は自分の足元が十分に見えていないのである。

西洋では一般に、鷲は食物連鎖の頂点に立つ「力」の象徴として、権力や武力と結び付けられることが多い。だとすれば、それは横にあるペンの徽章と大きく矛盾する。二本の直線が交差した図柄が確かにペンであるとすれば、それは慶應義塾の根幹の精神である「ペンは剣よりも強し」の意味する内容と重なるはずである。だから我々は、ペンとセットで配されている鷲に、奇異な感じを受けざるをえない。

一九三〇年代に、「鷲」はヨーロッパを席巻した。ナチス・ドイツの鷲である。そして第一校舎の玄関ホールで翼を広げる鷲は、なぜかそれによく似ている。

一九三三年一月、ヒトラーは政権を掌握した。日本では前々年の昭和六(一九三一)年に満州事変が勃発、翌昭和七(一九三二)年三月には満州国の建国を宣言、五月には五・一五事件が起き、首相の犬養毅が海軍の青年将校によって暗殺された。続く昭和八(一九三三)年三月には国際連盟を脱退。軍部が台頭し、大陸への進出を深めていく。

ナチス・ドイツの国章である鉤十字の上に翼を広げた鷲の図像は、一九三三年の権力掌握の以前からナチス党によって使われており、ドイツにおける鷲は神聖ローマ帝国以来の国家統合と民族主義のシンボルであった。[*19] しかし、この鷲と正面玄関の鷲とを安易に結びつけることはできない。第一校舎が竣工した昭和九(一九三四)年の日本は、まだ日独防共協定(一九三六年)も、日独伊三国同盟(一九四〇年)も結んでいないからである。

そもそもヨーロッパの神話世界における鷲は、権力や武力とは無縁であった。『神話・伝承事典』によれば、鷲は「古代の霊魂-鳥。太陽神。火。稲妻と関連する理想のシンボル」であり、地上に姿を現したあと天界に戻る「神の霊魂」と考えられていた。[*20] シンボルとしての鷲の本質は、天高く飛び、地上と天上を結ぶところにあった。ギリシア神話では最高神ゼウスの使いとなり、同時にゼウスそのものにもなる。キリスト教ではキリストの昇天と復活に重なり、特に使徒ヨハネと関わりが深いものとして理解されてきた。[*21] 鷲は天高く飛び、太陽を直視する。そしてその鋭い目で遠くまで見通すことができる。鷲は地上と天上を結び、天空高く飛翔し、太陽を凝視する鋭い目で物事の真理を深く知る。この「飛翔」と「知性」のイメージこそが、鷲の神話的意味の本質であった。やがて世俗の権力と結びつけられ、神聖ローマ帝国の皇帝の「力」のシンボルとして通俗化されていくことになる。十二世紀になると紋章が確立し、皇帝あるいは王侯の代表的な紋章として広がり、ドイツ帝国に受け継がれ、第三帝国としてのナチス・ドイツの国章も、その伝統の中で成立していく。

「知性」のシンボルとしての鷲か、「力」のシンボルとしての鷲か。ペンの徽章との連関の中で、どのように考えればよいのだろうか。玄関ホールの円柱は、なぜか八本すべてが鷲の図柄の上に立っている（写真8）。武力を否定するためにその上に柱を立てたのか、それとも知性の土台の上に柱が直立するということか。網戸はこのことについて何も書き残していない。しかし、作り手の意図はそこに必ずあったはずである。鷲を「知性」と捉えれば、ペンとの共通性が強くなる。一方で鷲を「武力」と捉えれば、逆にペンの意味が際立つことになる。それはちょうど「ペンは剣よりも強し」を象った和田英作による慶應義塾大学三田キャンパスの図書館（旧館）のステンドグラスを想起させる。甲冑に身を固めた武士が白馬から下り、ペンの徽章を手に持つ女神を迎える。女神の背後から射す幾条もの光は近代の「自由」の光であり、封建的な価値観に縛られた武士の心を解放するように明るく照らす。

三田の図書館は明治四十五（一九一二）年に竣工、設計は曾禰中條建築事務所であった。その約二十年後、日吉開設にあたってキャンパスの全体設計を統括したのは中條精一郎であり、当初は第一校舎と第二校舎の間、現在の日吉記念館がある場所に大講堂を建設する予定であった。そして、大講堂の大広間壁上には、もともと「福沢塾訓」（筆者注「慶應義塾の目的」か）を天然石の板に彫り込む構想があり、中條も網戸も強く希望したが、義塾の意向で採用されなかったという。[*22] ペンと鷲、この取り合わせには容易には解けない謎が残る。しかし、校舎のメインエントランスにふさわしく、ここに建学の理念のシンボルとなる図柄を置いた設計者の意図を読み取ることはできると思うのである。

五　世界地図のカップ

ナチス・ドイツは、バウハウスを代表とするモダニズム建築を否定し、ヨーロッパの伝統に回帰するグリークリバイバル（古典主義建築）を好んだ。列柱を持つクラシカルな様式をベースにしながら、過度な装飾を排し、シンプルなデザインの近代的な新古典主義の建築群である。[23] 第一校舎は、対になる第二校舎を含め、その全体的な外観はなぜかナチスの建築に似ている。この類似性もまた、看過できない。

すでに述べたように、古典主義建築は「自由」や「民主主義」、「哲学」「数学」「論理」といった古代ギリシアに由来する豊かな人間性や知性に通じる。同時に整然と立ち並ぶ列柱とシンメトリカルな構成美は、「伝統」や「秩序」、「権威」や「権力」の象徴にもなりうるものであり、ナチス政権の威信を示す巨大な建築物として国家的事業に組み込まれていった。ただ、日吉キャンパスと第一校舎が構想・設計されていた昭和七（一九三二）年と八（一九三三）年は、まだナチス・ドイツから直接的な影響を受ける時代状況ではなかった。何より私学である慶應は、本来国家権力とは無縁の学塾であり、中條精一郎や網戸武夫が全体主義的な思想に与していたとも到底考えられない。竣工時、第一校舎は「雪白厳然たる近世アメリカンスタイル」と評されたように、やはり自由と民主主義の精神を体現するアメリカンボザールの影響を強く受けていると考えるべきであろう。[24] しかしながら、ナチス・ドイツの建築との類似性が連想されるところに、この校舎の「宿命」とも言える履歴が、透かし絵のように浮かび上がってくる。

正面玄関に向かって左端の壁にあるアール・デコのレリーフの下には、世界地図を象ったカップがある（写真9）。日本を中心とした地図であるゆえに、「大東亜共栄圏」を連想しやすい。それは、ここが戦時中に多くの学徒を戦地に送り出す場になり、海軍軍令部第三部によって使用され、寄宿舎に連合艦隊司令部が入り、その地下に巨大な軍事施設が作られたことが強く影響している。しかし、第一校舎

〈写真9〉世界地図のカップ　筆者撮影

が竣工した昭和九（一九三四）年は、軍部による大陸への進出が始まっていた時代であったが、まだ「大東亜共栄圏」という言葉は生まれていない。したがってここは、そうした戦時思想やナショナリズムからまずは切り離して考えるべきであろう。

カップの形象は、たとえば古代ローマの庭園を飾った聖杯型の大理石の壺、「ボルゲーゼの壺」を思わせる。ボルゲーゼの壺には、ギリシア神話の酒神ディオニュソスが描かれ、その源流は古代ギリシアでワインと水を混ぜるのに用いられた大型の壺（クラテール）につながる。古代ギリシアの饗宴の場に置かれた壺は、本来の用途から離れて、やがてローマの庭を飾る大理石の装飾品になり、はるか後世、遠く離れた東洋の島国の大学キャンパスに据えられた。そう考えると、このカップ（壺・聖杯）はパルテノン神殿を彷彿とさせる第一校舎と、まさに溶け合うように置かれているということになる。もともと古代ギリシアのクラテールには神話の神々や葡萄が描かれ、古代ローマのボルゲーゼの壺には酒神ディオニュソスが描かれていた。第一校舎のカップには世界地図が描かれている。神話から世界地図へ――ここにはいったいどのような意味が込められているのだろうか。

本章冒頭に記したように、一九二〇年代から三〇年代前半は、世界が「網の目」のようにつながった時代であった。その背景には第一次世界大戦以後の国際協調と軍縮の動きがあった。街にはモダニズム文化が花開き、世界の大都市で同時進行的に最新のモードが伝播していく。アール・デコはその代表的な例である。しかし一方で、昭和六（一九三一）年には満州事変が起こり、日本は翌年満州国建国を宣言、これをきっかけに昭和八（一九三三）年三月に国際連盟を脱退する。以後、国際社会の中で孤立化への道を進むことになる。「理想的新学園」の建設を目指し、「学びの空間のロマン」を願った設計者の思いは、現実にはこのような時代のうねりの中にあった。

だが、第一校舎が竣工した昭和九（一九三四）年は、まだ決して軍国主義一色の時代ではなかった。それはちょうどコペル君が銀座のデパートの屋上から眺めた風景のように、二〇年代から続く豊かなモダニズム文化が大都会の空の下には広がっていた。それを踏まえて考えるなら、世界地図のカップは、やはり国際主義的な視点からその意味を捉えるべきであろう。日吉キャンパスは、駅から一直線に伸びる銀杏並木を中心軸にして、欅並木が直角に交差する。駅から放射状に伸びる日吉の向こう側の街路を含め、ここは閉じられた空間ではなく世界に向けて開かれた空間と言う方がふさわしい。第一校舎は当時最先端の技術であった鉄筋コンクリート打放し仕上げの施工が採用され、[25] 世界的に流行していたアール・デコのデザインが随所に取り入れられている。古代ギリシアに由来する古典主義と現代的なモードとの融合、いわば通時性と共時性という二つのベクトルが出会う交点とでも言うべき建築物であり、やはりそこには偏狭なナショナリズムではなく、インターナショナリズムこそがふさわしいと思うのである。とすれば、カップに描かれた世界地図には、国際的な視野を持ち世界に向けて雄飛してほしいという若き塾生に向けての思いがシンボリックに表現されているのではないか。それは正面玄関ホールに描かれた翼を広げた鷲の図柄と共鳴する。「知性」の象徴としての鷲、天空高く飛び、太陽を直視して真理を見極める鷲のような鋭い目をもって世界に羽ばたいてほしいという願いである。もちろんそれは「ペン」の持つ意味とも重なることになる。網戸武夫によれば、日吉キャンパスの全体計画の構想には、中條精一郎の「壮大なパルチー(根本方策)」が大きく投影していた。

中條精一郎は、この丘の上に五〇年あるいは一〇〇年先の未来を夢みた。中心軸上の中央道路左右に銀杏の並木を配し、これが育っていく未来へ学生達の成長を併せ望んだ。畳二枚ぐらいの全体計画の鳥瞰図は、この中條の願望をかけて描かれ、大巻物軸に仕立てられ、その大画面は完成した。[26]

鷲が本来持つ「飛翔」と「知性」の神話的意味は、世界地図のカップと相まって新しいキャンパスの新しい校舎にふさわしい教育的理想へと昇華していったということになる。

六　西暦と皇紀

世界地図のカップの上にあるアール・デコのレリーフには、中央のペンのマークの左右に西暦と皇紀が並べられている(写真6)。この西暦と皇紀の併記は、校舎北側の俗に「パルテノン」と呼ばれるコロネード(列柱廊)にも見られる。[27]「1934」はもちろん第一校舎の竣工年の昭和九年であり、皇紀で言えば「2594」であった。

西暦と皇紀、それにしてもなぜ「皇紀」がことさらに強調されているのか。先述したように、正面玄関の中央にある校名は、現在は「慶應義塾高等学校」であるが(写真10)、竣工時は「慶應義塾大学」と「豫科」が右から左へ(右横書きで)二列に並び、ペンの下には「二千五百九十四年」と皇紀が漢数字で記されていた(写真5)。ところが「予科第一部建築設計図」（以下、設計図[*28]）を見ると、「慶應義塾大学」「豫科第一部」と左から右に（左横書きで）二列に書かれ、ペンの下には「１９３４」と西暦が記されている（資料2）。設計段階で西暦であったものが、竣工時には皇紀に変わった。ここにはいったいどのような事情があったのだろうか。

　設計図に記された日付は昭和七年九月二十七日であり、竣工は昭和九年四月であるから、この間に変更が加えられたということになる。それは一般的に考えれば、施主（建築主）である慶應義塾の意向であろう。

　昭和七（一九三二）年から昭和十五（一九四〇）年までのこの時期は、「皇紀」が国をあげて強く意識されていた時代であった。昭和十五年は紀元二六〇〇年にあたり、この記念すべき節目の年に向けてさまざまな行事が企画立案されていったのである。その最大のイベントは、幻に終わった東京オリンピックと万国博覧会であり、紀元二六〇〇

〈写真 10〉現在の正面玄関　筆者撮影

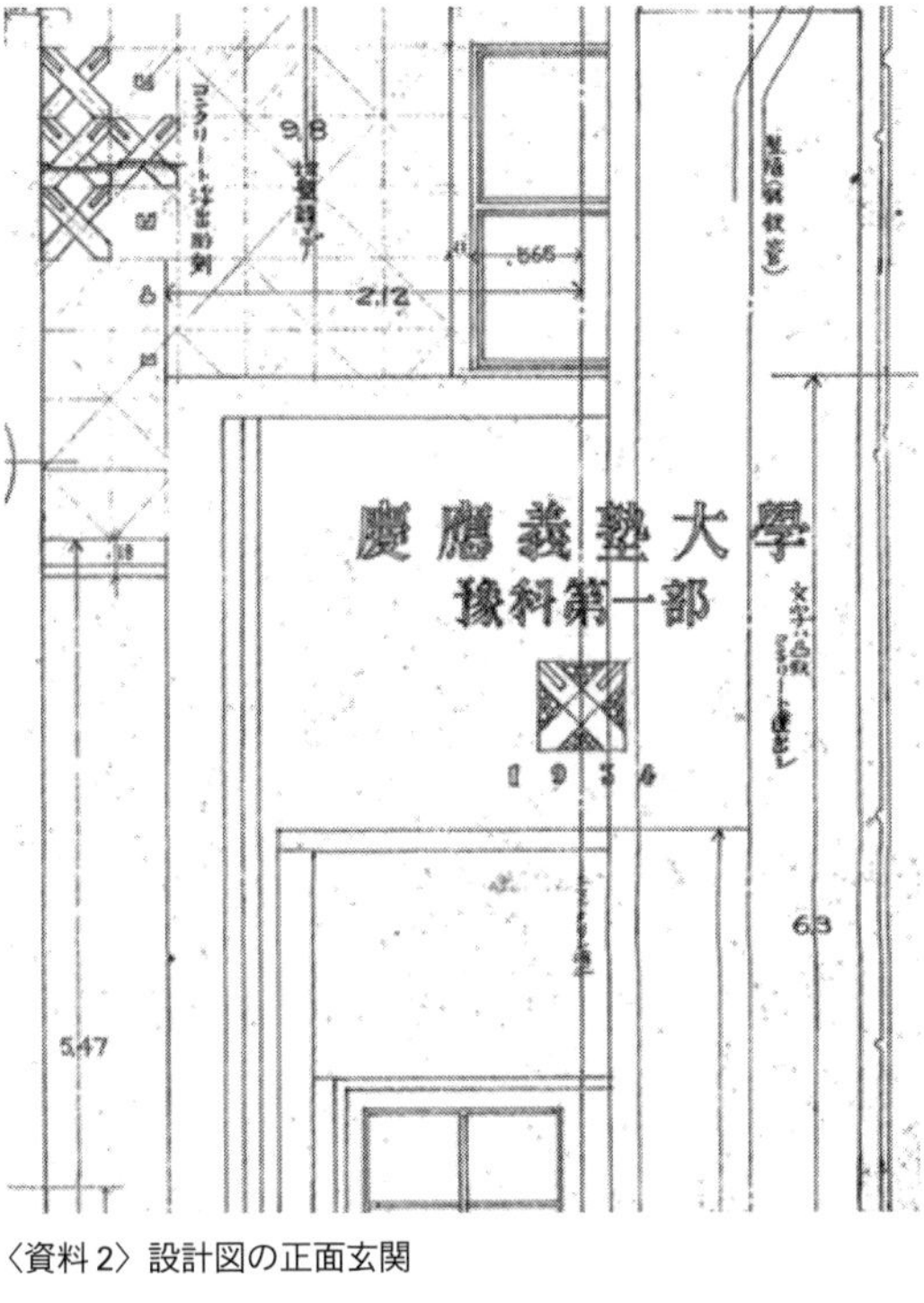

〈資料 2〉設計図の正面玄関

年式典であった。
皇紀の制定は、明治五（一八七二）年にさかのぼる。初代神武天皇の即位が紀元前六六〇年に行われたとし、この年を建国元年として法制化した。以後、皇紀は天皇を中心とする近代国家日本の統合のシンボルとして親しまれていくことになる。同時にそれは世界有数の歴史を持つ国としての国民のアイデンティティの拠り所になっていった。紀元二六〇〇年を祝して昭和十五（一九四〇）年十一月十日に行われた式典で、その意識は最高潮に達する。皇居前広場には天皇・皇后臨席のもと、近衛文磨首相以下約五万人が集まり、「万歳」の声が高らかに響き渡った。この日を中心に全国各地で行われた奉祝記念行事には、のべ五〇〇〇万人が参加したという。[*29]

この「皇紀二六〇〇年」という年が、具体的な形で国民の間に意識され始めたのは、昭和五（一九三〇）年から翌六年であった。[*30] 五年十二月に東京市長永田秀次郎が、皇紀二六〇〇年にあたる一九四〇年の第十二回オリンピック東京招致の意向を公表、翌年十月の東京市会で満場一致で可決された。以後、東京市は昭和十（一九三五）年に予定されたIOC総会での東京開催決定に向けて活発に動き出すことになる。昭和七（一九三二）年のロサンゼルスオリンピックで開かれた総会では大規模な招致運動を展開し、翌八（一九三三）年五月には東京市にオリンピック委員会が設置され、翌九（一九三四）年三月の市会でオリンピック招致予算を可決した。こうした一連の動きの中で、オリンピック東京招致に向けて重要な役割を果たした思われる人物に平沼亮三がいる。

平沼は慶應義塾で学び、実業家であるとともに衆議院議員や貴族院議員を歴任、戦後は横浜市長を務めた。同時にアマチュアスポーツの各種団体の会長を歴任し、「市民スポーツの父」と呼ばれた。そして昭和七（一九三二）年のロサンゼルスオリンピックの日本選手団団長を務めたのが、この平沼であった。

昭和六（一九三一）年十月に東京市会がオリンピック招致を満場一致で可決した翌月、永田市長はNOC（国内オリンピック委員会）である大日本体育協会の会長岸清一・副会長平沼亮三と懇談会を開いて協力を要請した。[*31] 岸は慎重な態度を示したが、翌年のロサンゼルスオリンピックには選手・役員含め合計一九二人の大選手団を派遣した。これは開催国アメリカに次ぐ人数であり、この大会で日本は大健闘し、競泳でメダルを量産、陸上競技・馬術等でもめざましい活躍を見せた。競技の様子はラジオでも放送され、国内の関心はいやがうえにも高まることになる。それは当然、次（ベルリン）の次の大会を東京に招致するという機運にもつながり、世界の「五大国」の一つである日本の首都で、近代オリンピック史上はじめてとなる東洋での開催に向けてＩＯＣとの折衝が展開された。平沼は大選手団の派遣について次のように述べている。

スポーツ以外に我が国では後二回後の第十二回大会を、東京に於て開催したいといふ運動があり、そのためには多数出場して、日本がスポーツに如何に熱心であるかを示すと同時に、日本が主催国となり得る可能性を認識させる必要があつた。[*32]

前回のアムステルダム大会の選手団は五十六人、その三倍以上の人数を送り込んだということ自体、東京招致に向けての強い意志表示だった。平沼も団長として精力的に活動したに違いない。

もともと慶應義塾の日吉開設に際して、平沼は非常に大きな役割を果たしている。『慶應義塾百年史』中巻（後）によれば、昭和二（一九二七）年十二月六日の大学評議会において敷地拡張と設備改善問題に関する特別委員を選出し、翌三（一九二八）年五月十五日の評議員会で設備改善委員会を設置、評議員から平沼もメンバーに加わっている。次いで六月二十八日の委員会において候補地を神奈川県下に求めることとし、平沼を含む三名を移転候補地詮索委員に選び、翌月には横浜市神奈川駅付近の土地を検分した。こうした中で八月に東京横浜電鉄株式会社から日吉台の土地七万二千余坪を無償提供する申し入れが、平沼を介して義塾に提出された。平沼は日吉開設に深く関与した新キャンパス建設の立役者の一人だったということになる。

第一校舎の設計から竣工までの二年間は、オリンピックに関連して日本国内はこのような空気の中にあった。ロサンゼルスオリンピックでの日本選手の活躍と連動して東京招致の機運が高まり、開催年となる紀元二六〇〇年に向けて、「皇紀」が急速にクローズアップされることになる。そうした風を受けながら、平沼亮三の意思が、あるいは平沼と個人的に親しく、スポーツをこよなく愛した新塾長小泉信三の意思が、正面玄関の皇紀に働いていた可能性もある。小泉が塾長に就任したのは、昭和八（一九三三）年十一月であり、日吉開設の資金集めのために「全国各地を東奔西走」[*33]し始めた時期と重なっている。

東京オリンピックは、結局「幻」で終わった。昭和十一（一九三六）年のＩＯＣ総会で東京開催が正式に決定されたものの、長期化した日中戦争を理由に、昭和十三（一九三八）年七月、日本政府は自ら中止を決めた。万国博覧会も同じ理由で延期となり、昭和十五年には紀元二六〇〇年式典のみが国家行事として挙行される結果となった。この

〈写真11〉竣工当時の大時計［慶應義塾福澤研究センター蔵］

式典によって、「万世一系」思想が一つのピークを迎えることとなる。[*34] 昭和十三（一九三八）年には、すでに国家総動員法が制定されており、戦時体制の形成が進められていた。ただ、もともとオリンピックの東京招致は、イデオロギー的側面よりも経済的側面の方に主たる関心が注がれていたという。オリンピックの招致と万博の開催によって経済的発展を遂げ、日本が経済的にも世界の一等国になるという期待がそこにはあり、そのために「皇室ブランド」が利用されたというのである。[*35] 第一校舎が設計・建設された昭和七年から九年の日本は、満州国建国や国際連盟からの脱退という大きな出来事はあったものの、一九二〇年代から続く自由な大衆文化の空気がまだ十分に残っていた。決して「暗い時代」ではなかったのである。[*36] 「皇紀」は確かに「皇室ブランド」の象徴ではあるが、偏狭なナショナリズムの色だけで塗り固められていたわけではなかった。むしろそこには経済発展や豊かな生活を望むこの時期特有の「明るさ」があったとも考えられる。

さて、正面玄関の皇紀に、慶應義塾の何らかの意向が働いていたとしてもいなかったとしても、漢数字で書かれた「二千五百九十四年」というデザインが、設計者網戸武夫の意思に反するものであったとは簡単には言えない。まず直線を主体とする漢数字は、正面玄関の表情の基盤になっているアール・デコのデザインであると解することができる。そして、そこから醸し出されるクラシカルなイメージは古典主義の建築にふさわしく、またアール・デコのシンプルな造形がそこにモダンな印象をも加えていると考えられるからである。皇紀にはクラシックとモダンが融合している。古くて新しいもの、それがこの時期の「皇紀」から受ける独特のイメージだったのではないかと思うのである。[*37]

正面玄関に向かって左端、西暦と皇紀が記されたレリーフの上の壁（三階部分）には、もとは大きな円形の時計があった（写真11）。これもアール・デコと呼んでいいシンプルでモダンなデザインである。銀杏並木や欅並木がまだ若木だった頃、通学時の並木道や陸上競技場から容易に見上げることができたにちがいない。いわば学園のシンボルクロックである。アール・デコのレリーフに併記されている西暦と皇紀、それは西洋の時間と日本の時間を意味する。そしてそれを統合するように、過去と現在と未来をつなぎ、悠久の時を刻む大時計。世界地図のカップはその下にあった。

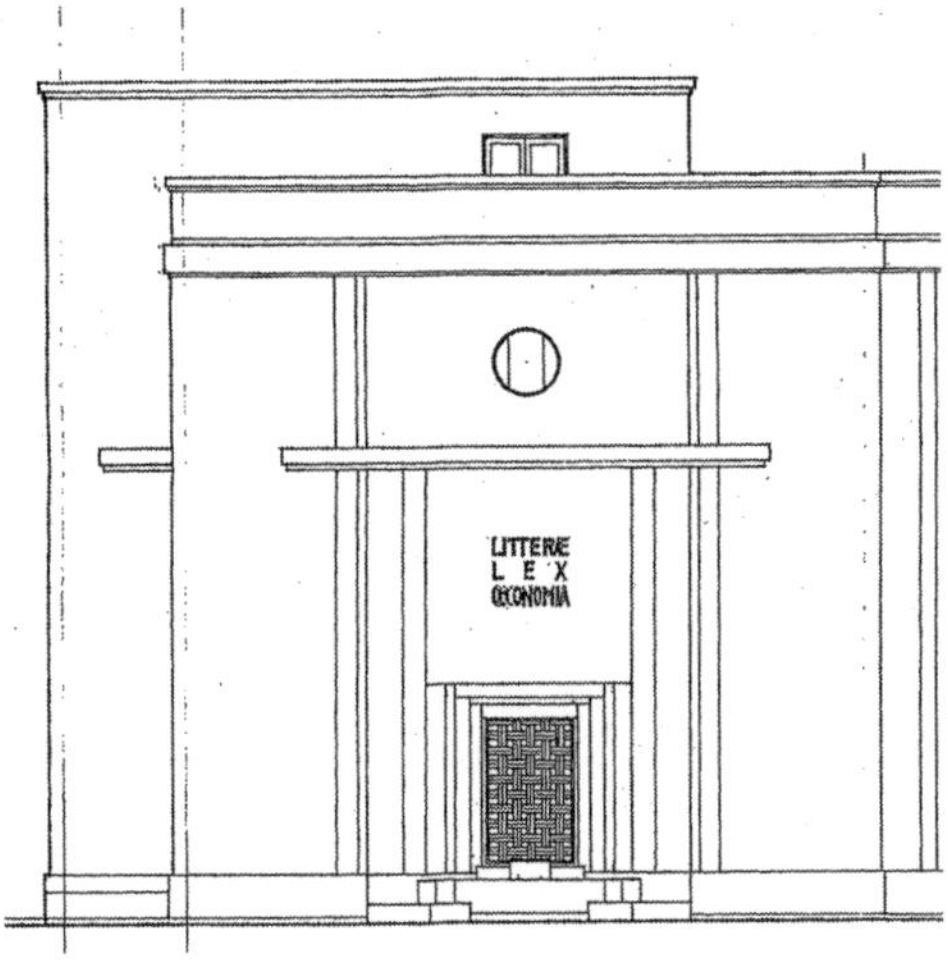

〈資料3〉設計図№6に描かれた壁面の文字

設計図（№6、昭和七年九月二十七日、資料3）では、ここに時計はなく、円窓が描かれている。世界地図のカップもない。あるのは台座だけで、その上のレリーフもない。レリーフの場所に記されているのは、「LITTERAE」「LEX」「OECONOMIA」というラテン語の文字である。それぞれ「文芸」「法律」「経済学」を意味し、ここが文・法・経済の予科の校舎であることを意識したものである。それが№71（昭和八年八月五日）の図面では時計とレリーフが描かれている（資料4、5）。そこには左に「1934」、右に「2594」とあり、数字のデザインはかなり手が込んでいる。中央にペンマークはなく、縦に三本のペンを象ったと思われる意匠が並び、その左右上下にある直線の組み合わせは現行のものにかなり近く、この時点で明確にアール・デコが意識されていたことがわかる。ただしここにもやはり世界地図のカップは描かれていない。ラテン語の文字がなぜレリーフになったのか、その理由はわからない。ただ、この校舎で学ぶのは、古代ギリシア・ローマに源流を持つ西洋の近代的な知の体系であり、レリーフ中央に刻まれたペンの意味と根底で重なるものではある。『君たちはどう生きるか』で、コペル君は地球を包む人間の網目のつながりに気づき、ギリシアから遠い東洋の果ての島国をつなぐ悠久の時の流れを思い、人間が作り上げてきた美しい文化を思う。そして、「学問や芸術に国境はない」という思いに胸を膨らませる。長い時間の中で育まれた西洋と東洋の文化の融合、それはあたかも第一校舎を見るようである。西洋と日本の時間の重なり、クラシックとモダンの融合、それらはともに決して対立しあうものではない。日吉の新キャンパスは、第一校舎の世界地図のカップに象徴されるように、世界に向けて開かれた「知」の空間として誕生したのである。

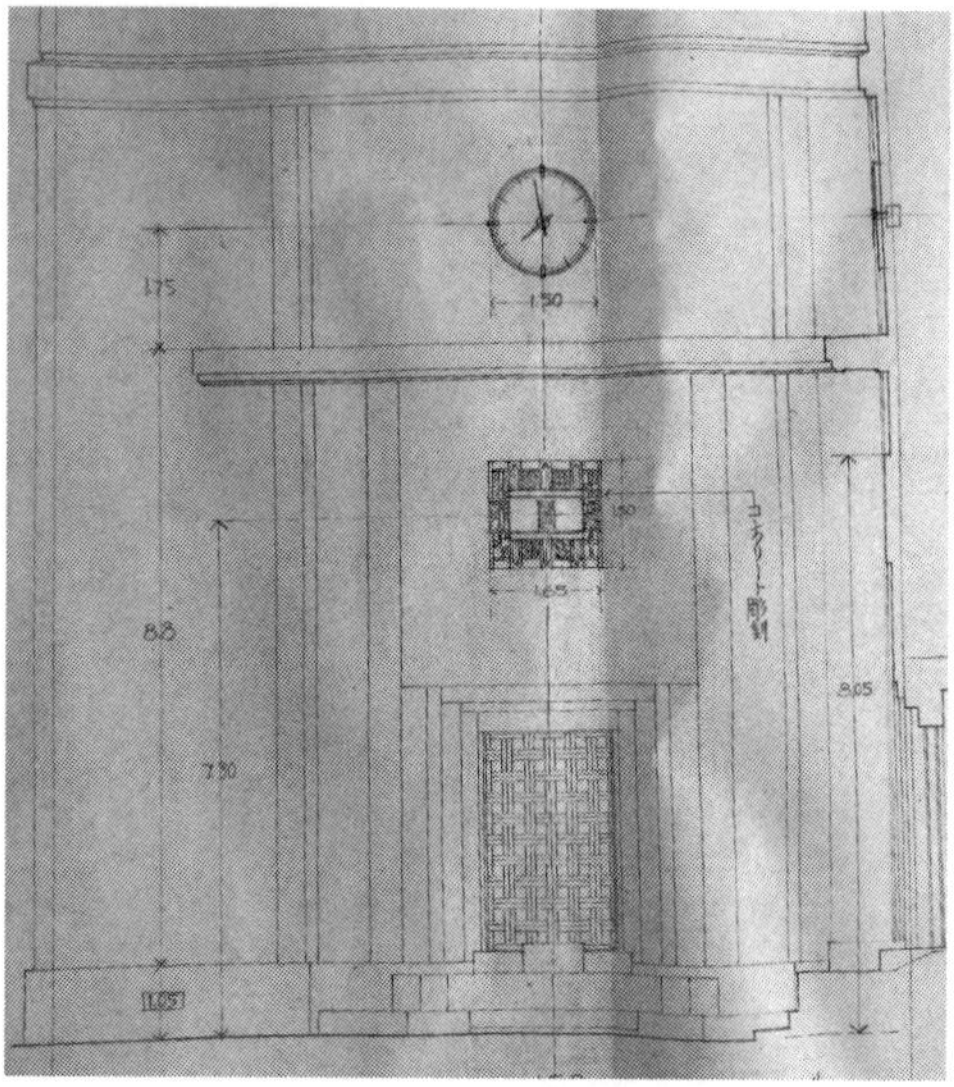

〈資料 4〉設計図No. 71 に描かれた時計とレリーフ

開校からわずか七年後の昭和十六（一九四一）年十二月八日、日本はハワイ真珠湾を奇襲し、アジア・太平洋戦争が始まる。やがて戦局は悪化の一途をたどり、学ぶ場（教える場）から生徒を戦地に送り出す場になっていく。昭和十九（一九四四）年三月十日、慶應義塾と海軍は施設の賃貸借契約を結び、第一校舎の南側に軍令部第三部（情報部）が入った。ここで米国情報や中国情報、ソ連情報などが分析され、まさに世界中の情報が集まるセンターになっ

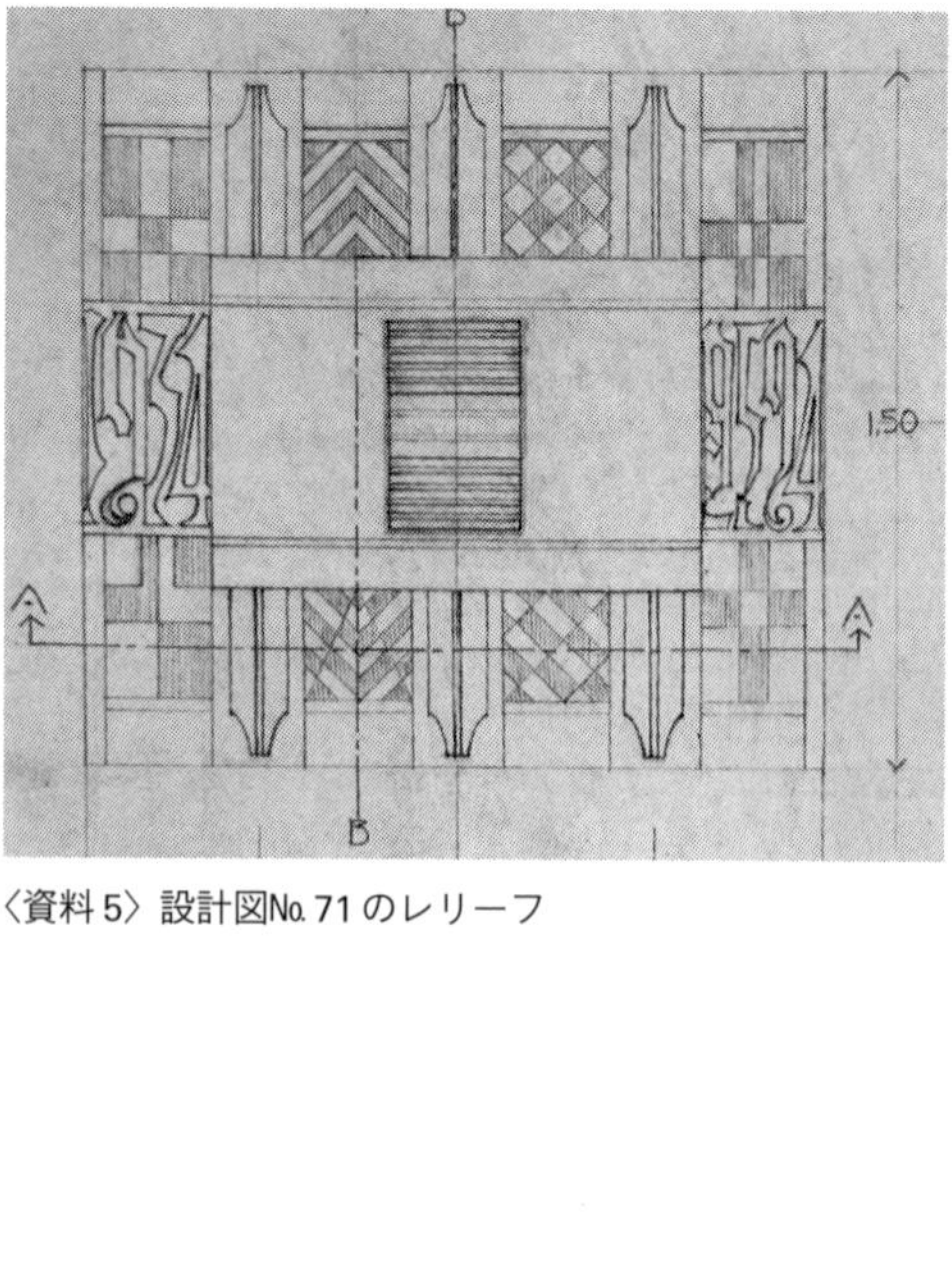

〈資料 5〉設計図No. 71 のレリーフ

ていく。中條精一郎や網戸武夫が「学びの空間のロマン」を願い、世界地図のカップで海外への飛翔の夢を表現しようとしたこの校舎は、学問や文化とはまったく異なる次元で、世界の情報が集積される場になっていくのである。

註

＊1　網戸武夫『情念の幾何学　形象の作家中村順平の生涯』建築知識、一九八五年、四九頁
＊2　吉野源三郎『君たちはどう生きるか』岩波文庫、一九八二年、一六頁
＊3　海野弘『アール・デコの時代』（美術公論社、一九八五年）、同『モダン都市東京』（中公文庫、一九八八年）、井上寿一『戦前昭和の社会』（講談社現代新書、二〇一一年）参照
＊4　前掲『君たちはどう生きるか』九六〜九七頁
＊5　同右、二九三頁
＊6　『君たちはどう生きるか』をめぐる回想」同右所収、三一五頁
＊7　同右、二九八頁
＊8　本書第一章参照
＊9　吉田鋼市『アール・デコの建築』中公新書、二〇〇五年、七頁。アール・デコの造形に関して、吉田は「ジグザグ線や放射線や流線形、円弧模様の組み合わせや折り紙細工もしくは鉱物の結晶体のようなギクシャクした面の組み合わせを好んで用いる」（同書七頁）と述べている。
＊10　増田彰久・藤森照信『アール・デコの館』（ちくま文庫、一九九三年）、東京都庭園美術館編『アール・デコ建築意匠　朝香宮邸の美と技法』（鹿島出版会、二〇一四年）参照
＊11　前掲『情念の幾何学』二五〇〜二六〇頁、網戸武夫『建築・経験とモラル』住まいの図書館出版局、一九九九年、六〇〜六一頁参照
＊12　前掲『情念の幾何学』三三二頁〜三三四頁
＊13　前掲『建築・経験とモラル』七五頁
＊14　藤森照信『日本の近代建築（下）』岩波新書、一九九三年、二一三頁
＊15　前掲『情念の幾何学』二三八頁
＊16　『日本のアール・デコ建築入門』王国社、二〇一四年、一五四頁
＊17　前掲『建築・経験とモラル』七六頁
＊18　同右、七四頁、後述の＊28設計図には、網戸による照明器具のデザイン画が多数描かれており、そのこだわりが感じられる。（設計図№93「照明器具詳細図」昭和九年二月十日）
＊19　アラン・ブーロー『鷲の紋章学』平凡社、一九九四年、一八〇〜一八五頁
＊20　『神話・伝承事典』大修館書店、一九八八年、二一四頁
＊21　同右、五五頁
＊22　前掲『建築・経験とモラル』七三頁
＊23　ナチス・ドイツの建築に関しては、同時代建築研究会『悲

喜劇　一九三〇年代の建築と文化』（現代企画室、一九八一年）、八束はじめ・小山明『未完の帝国　ナチス・ドイツの建築と都市』（福武書店、一九九一年）参照

＊24＊25　ともに本書第一章参照

＊26　前掲『建築・経験とモラル』七三頁

＊27　北側柱廊（写真１）に左右対称に間隔を置いて並べられたコンクリート製の二つの立方体のオブジェ（おそらく植栽のためものであろう）に、それぞれ西暦と皇紀が記されている。向かって右側が「１９３４」、左側が「２５９４」である（口絵写真参照）。

＊28　慶應義塾所蔵「日吉台慶應義塾大学　予科第一部建築設計図」（曾禰中條建築事務所）参照。中條精一郎と網戸武夫のサインや印がある。現在確認できるのは、№１～25、№30～１０７であり、このうち№９～13、15、43・47・51・53・57・59・65・67～70・86、88、90、１００が欠番となっている。日付は昭和七年九月二十七日が最も古く、№１～22がその日付でひとまとまりになっている（№10のみ八年三月二十二日）。これ以降、昭和八年から九年にかけて修正が随時加えられていき、最も新しい日付は昭和九年六月十二日である。なお正面玄関の外壁の図面は昭和七年九月二十七日以外のものは確認できていない。

＊29　古川隆久『皇紀・万博・オリンピック』中公新書、一九九八年、一七四頁

＊30　同右、六二～六九頁

＊31　橋本一夫『幻の東京オリンピック』講談社学術文庫、二〇一四年、二六～二七頁

＊32　平沼亮三・松本興『スポーツ生活六十年／聖火をかかげて』大空社、一九九四年、一五二頁

＊33　『慶應義塾百年史』中巻（後）、慶應義塾、一九六四年、三四一頁

＊34　ケネス・ルオフは、「西暦紀元前六六〇年の神武天皇即位を祝うこの行事を通して、日本人はみずからを、また自身の国や帝国の姿を見定めることとなった。『万世一系』思想は、このとき最盛をきわめる。」と述べている。（『紀元二千六百年　消費と観光のナショナリズム』朝日新聞出版、二〇一〇年、十三頁）

＊35　前掲『皇紀・万博・オリンピック』参照。古川は、皇室ブランドは「経済発展のシンボル」として機能していたとし（一〇二頁）、「一九三〇年以降の紀元二六〇〇年をめぐる動向は、国家にとっての皇室ブランドの意義をめぐる動き」であり、「皇室ブランドの、発展シンボルとしての機能と国民統合のシンボルとしての機能の対立」であると述べている（一一三頁）。オリンピック招致と万博開催に関しては、前者（「発展のシンボルとしての機能」）であった。

＊36　岩田真治『カラーでよみがえる東京』ＮＨＫ出版、二〇一五年、八五頁～一一二頁

＊37　先述したように、設計図では「慶應義塾大学」と「豫科第一部」が左横書きで書かれており、竣工時には右横書きにな

っている。日本古来の表記としては、縦書きに由来する右横書きが伝統的だが、戦前のこの時期は左横書きが一般化し、併用されていた。印象で言えば、もちろん西暦とセットになった設計図の左横書きが新しい。それを右横書きに変えたのは、算用数字の西暦を漢数字の皇紀に変えたことが大きく影響しているはずである。そのことで校名の表記の仕方も変化し、結果的に古風な右横書きが皇紀と調和してクラシックな趣を深めることになった。戦後になると左横書きが主流になり、日本語の横書き表記は統一される。こうした中で、戦後に改修された現在の校名表記が、なぜ古風な右横書きのままなのか不思議でならないが、クラシックな趣はそのまま継承されることになった。

第三章　予科の教育（前編）　予科生の日常の変遷

「郊外にあった学校の駅を出て、まだ若い銀杏並木のだらだら坂をのぼり、広い、しっとりと濡れた運動場の、誰一人として人影のない観覧席に坐り込んで頭を垂れ、つくづくと若者は考え込んでいた。[*1]」

（堀田善衞）

一　『若き日の詩人たちの肖像』

昭和十一（一九三六）年二月二十五日、堀田善衞は大学受験のため金沢から上京した。二・二六事件の前日のことである。のちに「戦後派」の作家として芥川賞を受賞する十七歳の少年は、戒厳令下の雪の夜、兄の下宿で受験参考書を開く。『若き日の詩人たちの肖像』には、この日の夜のことが次のように記されている。

後日二・二六事件と呼ばれる、軍隊の叛乱が起っていたのである。しかしこの雪の日に、下宿にとじこもって受験勉強をしていた少年は、夕方近くまで何事も知らなかった。国家というものには、それが国家である以上は、内乱がつきものであるということについても、少年は何事も知らなかった。それはいかなる国の歴史にもあったし、これからも屢々《しばしば》あるものの筈であるということも知らなかった。そうして国家は、そのときの時限においてその成り立ち方をくつがえそうとする者に、死を課するものであるということも本当には知らなかった。町には物音はなく、雪のなかでひっそりとしていた。雪のなかでの、鼓膜を押して来る静けさには、少年は幼い頃からなじんでいた。そういう静かな、充実した時間のなかでの勉強はむしろ快いも

のであった。少年は国語の準備をしながら、こういう
ときにはブラームスかシューマンが向いている、と音
楽のことばでこの内にこもった静けさを量《はか》っていた。[*2]

堀田はこの年、慶應義塾大学法学部予科に入学し、日吉の第一校舎で学び始める。

『若き日の詩人たちの肖像』は、昭和四十三（一九六八）年に発表した自伝的小説である。法学部予科に入学し、三田で文学部に転じ、フランス文学を学んで昭和十七（一九四二）年に卒業するまでの塾生生活が描かれている。それは上京した「少年」が、やがて「若者」になり「男」になる時間でもあった。堀田はこの作品を「私」という主体が語る自己の記録（自伝）ではなく、主人公を「少年」と呼び、「若者」と呼び、「男」と呼ぶ。自らの青春を客体化して、一定の距離を保ちながら自己を見つめ直したひとつの物語（小説）であるが、ここには日吉と三田での学生生活が確かな筆致で描かれている。

二・二六事件を機に、軍部はいよいよその力を強め、入学した翌年には盧溝橋事件が起こり、日本は泥沼の日中戦争にのめり込んでいった。ヨーロッパではナチス・ドイツが台頭して第二次世界大戦が勃発し、日本も国家総動員体制を強め、枢軸陣営の一翼としてその渦中に足を踏み入れていくことになる。堀田が言うように、「国家」は「その成り立ち方をくつがえそうとする者に、死を課するもの」であり、彼の青春はまさにそうした時代の中にあった。「少年」は東京で出会ったさまざまな友人との交流の中で、むき出しの権力で思想の自由を奪う「国家」というものの生の姿を知ることになる。この静かな雪の夜に「本当には知らなかった」ことを、いずれ「本当に知る」ことになるのである。

「何事も知らない少年」は「若者」になり、「男」になっていく。軍隊の叛乱が起こったこの夜の「鼓膜を押してくる静けさ」には、思想の自由だけでなく戦争によって命まで奪おうとする国家権力の騒々しい足音が内包されているかのようだ。この夜、「音楽のことば」でその静けさを量ろうとしていた少年は、やがて「文学」の言葉で自分が生きた時代を客観的に見つめていく。『若き日の詩人たちの肖像』は、国家と権力と戦争と死、そこで生きる若者たちの諦念と虚無を基調に据えながら、それでも芸術や学問の世界で何とか自己の存在の意味を探し出そうとする物語であり、戦時下に慶應で学んだ塾生のひとつの青春の形が描かれている。この少年（若者）の目に、日吉の予科はどのように映ったのだろうか。そしてそこで（第一校舎で）、いったい何があったのだろうか。

学校は、なんということもなかった。少年が入る前年に、予科生は髪の毛を切れ、坊主頭になれ、つまりは兵隊頭になれという命令が出て、文学部の学生たちが反対をしてストライキをやった、ということであったが、少年も不愉快には思うものの、学校も学校なら、と深く軽蔑をしていた。そうしてこういう下らない命令を、他の大学に先がけて出した、自身の保証人であるKという学長を、心の底から軽蔑していた。手前が美男子気どりでふさふさと髪を伸ばしていながら、学生にだけは兵隊頭になれという、何が自由主義者だ、手のうちは見えているぞ、とツバでも吐きたいほどの気持で軽蔑していた。[*3]

堀田の生家は富山県高岡市伏木港で代々廻船問屋を営む旧家であり、父は慶應で学び、塾長小泉信三の同級生だった。その縁で小泉が保証人になるわけだが、堀田の在学中に家業は傾き、彼の青春は没落の影を色濃く背負うことになる。小泉は日吉開設の翌年にいわゆる断髪令を出し、予科生に短髪を強いた。入学したばかりの少年は、希望に胸を膨らませて学び始めたというより、そのまなざしは冷ややかである。

とりわけてW大学との野球があった日の夜、銀座で酔って大さわぎをする同じ大学の学生たちというものは、反吐《へど》をはきたくなるほどいやなものだった。世間に甘ったれて、なんだと思ってやがるんだろう、としか思えないのだ。(中略)これがいったい、その学校の名をかぶせて、ナントカボーイとか称される、おしゃれで洗練されているとかということになっている連中なのか、とつくづく反吐をはきたくなるような気持におちいったことがあった。[*4]

夏休みが近づいた頃、少年は何気なく入った青山の古本屋で、薄青い背に金文字で「LENIN」と記された洋書を手にした。ロシア革命時に、レーニンの近くにいたアメリカ人によって書かれた追想集で、レーニンに関する逸話が記された本である。読み進めるごとに「異常なほどに現実性と具体性」[*5]をもって少年の眼をひらいていった。むろんそうした書籍を読むことが十分に危険だと認識されていた時代である。そして彼は最初の夏休み、故郷で英訳の『レーニン選集』に没頭する。

語学が堪能な彼は、予科の授業では英語とドイツ語が好きだった。ある日、同級生の二人が学校でドイツ語の授業中に呼び出され、そのまま警視庁に送られるという出来事に遭遇する。そのうちの一人は地下の留置場で急性肺炎になり、死んでしまうのである。

そのとき、警察は教室へじかに顔を出したわけではなかったが、彼らの二人がそろって呼び出されたということは、それだけですでに事態が何であるかを物語っていた。二人の顔色は、転瞬の間に白々と、粉をでも吹いたかのように青ざめ、目がしらで彼らは級友のすべてに訣《わか》れを告げて行った。クラス担任のドイツ語の教師が、これも一瞬凝然と立ちすくんでいたが、やがて、無言で、びくりとからだを二つ折りに折って机に両手をつき、頭を垂れた。長い髪の毛がばらばらと崩れ落ちて来た。しかし、それも一瞬のことで、本も何も机の上に放り出して廊下へとび出して行った。人気のない廊下に、高い靴音が、うつろに響いた。

「何だ、どうしたんだ！」

と学生の一人が甲高く叫んだが、誰も何も言わなかった。言わなくても、事態はすでに明瞭だった。

十分ほどして教師が戻って来た。眼を伏せて、首を垂れたまま、しばらく教壇に立っていたが、やはりひとことのことばも言わずに、のろのろと本をかたづけ、黙ったまま教室を出て行った。ドアーを引きぎわに、教師は握り拳で眼を拭い、叩きつけるように、大きな音をたててドアーをしめて行った。彼は教え子を、その授業の現場で奪われた。[*6]

「理想的新学園建設」を掲げて日吉が開設されたのが昭和九（一九三四）年、中條精一郎や網戸武夫が「学びの空間のロマン」を願い、世界地図のカップで海外への飛翔の夢を表現しようとしたこの校舎は、その二年後には国家権力によって学生が教室から連れ去られる空間になっていた。教師も学生も無力であり、「何だ、どうしたんだ！」と叫ぶしかない教室に、「時代」という名の重いドアーが叩きつけられるように閉められる。この出来事が事実だとするならば、それもまたこの校舎の持つ重い「記憶」であり、いまを生きる我々は、そうした「記憶」をしっかりと思い出し、見つめ直さなければならないだろう。この白くて大きい校舎でいったい何があったのだろうか。

二　『僕の昭和史』

教室から学生が連れ去られた当時、組織的な活動としての共産主義運動は、すでに実質的な形を成していなかった。昭和八（一九三三）年には日本共産党の中央委員長が獄中で転向声明書を発表し、それが党員の大量転向を加速させる。学生にとっては「もう指導部はどこにもないのだ。各人がおのおの持ち場でもちこたえて行き、少しでも運動をひろめて行くことよりほかない」[*7]という状態だったのである。堀田善衞はレーニンを耽読していたものの、決して急進的な左翼学生ではなかった。彼の志向は詩作に向かい、文学を通じて友人たちとの交流を深めていく。

安岡章太郎は『僕の昭和史』で、堀田を含む「若き詩人たち」について次のような印象を述べている。

　堀田善衞の自伝小説『若き日の詩人たちの肖像』などを読むとハッキリ感じられるのだが、とにかく昭和十一年、二・二六事件のとしに慶大予科に入学した堀田氏たちは、鼻下に美髯《びぜん》をたくわえた明治時代の大学生の伝統を多少とも受けついだところがあった。ところが、それから四、五年たって同じ学校に入学した僕らは、鼻下に美髯どころか、頭髪をのばすことも許されず、丸坊主《まるぼうず》の頭に軍帽まがいの学生帽をかぶり、週に一度はズボンにゲートルを巻いて登校しなければならなくなったのだ。[*8]

安岡が文学部予科に入学したのは昭和十六（一九四一）年四月である。堀田が入学した四年後、時代はさらに戦時の色を濃くしていた。安岡にすれば、堀田の友人たちは「考えられないくらい早熟な人たちの集まり」であり、「しかし本当は、早熟晩熟といった個人的素質や才能の問題というより、多分に時代環境の違いというべきだろう」ということになる。[*9]わずか数年で、予科の学生を取り巻く「時代環境」は確実に変わっていたのである。

安岡もまた堀田と同様、授業にはあまり出席していなかったようだが、『僕の昭和史』では予科の教員や授業の様子がしばしば回想されている。安岡の一・二年次のクラス担任はフランス語の高橋廣江で、パリがドイツに占領された時には教壇の上で泣き伏したというが、軍属として仏印に行き、帰国してからは人が変わったように急進的な国家主義者になっていた。この教師もまた「時代の環境」に傷つけられた一人で、「教壇の上でヒステリックに荒れた言葉を吐いたり、ふさぎこんだり」していた。[*10]高橋は休講が多かったが、漢文の奥野信太郎や西川寧《やすし》といった教員たちも同様に休講が多かった。予科生について言えば、「一とクラスの定員五十人のうち、出席率のいいときで三十人ぐらい、悪いときには十人内外しか出てこない。これは慶応に限らず、私立大学の文科はどこでもこんなもの」[*11]だったという。そして安岡が見た日吉キャンパスは、「電鉄会社から無料で提供された無人の丘陵に、鉄筋コンクリート建の兵営のような校舎がヤケに目につく」[*12]場所だった。ギリシア古典主義の流れを汲む白亜の美しい校舎は、「兵営」のように彼の目には映っていたのである。

僕らのような怠け学生もさることながら、一般の勤勉な学生たちも、戦争という国家非常の時代の激動している社会を考えると、それは何ともエタイの知れない非現実的な集団におもわれた。日吉の駅を下りると、両側に痩《や》せこけたイチョウ並木のある道路を埋めつくして、真っ黒い制服制帽の学生たちが真っ黒くむらがったまま、丘の上の校舎に向かって動いて行く。近づいて、一人一人を見れば、それぞれ良家の子弟というにふさわしい顔立ちをしており、なかには秀才だっているに違いないのだが、こうして黒い川のように流れて行く集団を見ると、それは機械的な手段で大量生産される家畜の大群といったものでしかないようだった。大量生産はいいとしても、このなかでいまの時代に即応して何とか役に立つのは何パーセントぐらいだろうか？　医者の卵、技師の卵、会計士の卵、弁護士の卵、教員の卵……。しかし、その大半は本当は軍人の卵、下級将校や下士官の卵としてそだてられているのではないか？　そう思うと、僕らのように文士の卵のそのまた卵のような者は、この大集団のなかでは、まったく存在する価値も理由もないもののように考えられてくるのであった。[*13]

自らを無用の存在と感じる安岡のまなざしは、教師や同級生、そして学校そのものに対してきわめてシニカルである。「機械的な手段で大量生産される家畜の大群」というのは言い過ぎだとしても、学生たちはそれぞれの未来の可能性を奪われ、やがて徴兵猶予が停止され、学徒出陣で戦場に行く日を迎えることになる。

予科に入学した昭和十六年、安岡は「老人のような心持」で暮らしていた。

昭和十六年夏から冬にかけて、すなわち戦争がシナ事変から大東亜戦争に発展するまでの四、五箇月間を、僕は老人のような心持で暮らしていた。

第一学期の期末試験を失格になると、僕は試験を受けるかわりに日吉の図書室にこもって、小説を書いた。[*14]

ここでは「青春」という語はそぐわない。堀田の場合、迫り来る国家権力による抑圧を日々感じ、自身も拘留された経験を持つが、そこには確かに「青春」があった。むしろん堀田も時代や学校を相当シニカルに見つめていたが、

「老人のような心持」では決してなかった。そこには個人の経験や個性の違いがあるにせよ、入学時期が五年遅れただけで、予科での「青春」の形にこれだけ違いがある。『僕の昭和史』には、堀田の時代の若者の心をつかんだ左翼的な思想や活動に関わるエピソードはほぼない。代わって繰り返し語られるのは、軍事教練と勤労奉仕と徴兵検査、そして日本を取り巻く情勢と戦局の行方である。

クラス担任の高橋廣江が軍の嘱託で仏印に行っている間、臨時に代講に入ったのは二宮孝顕だった。フランス留学から帰ったばかりのまだ二十代のこの教員は、授業も一番熱心だったという。

> 僕らは、授業よりもこの先生の無駄話を好んだ。先生は幼稚舎からのKOボーイなので、生徒に古き好《よ》き時代の慶応の話を持ちかけられると、先生はつい延々とそれについて語って倦《う》むことを知らなかった。
>
> しかし、古き好き時代がどんなものであったか、僕らはついに分からなかった。もはや学校そのものが、事実上解体しかけている有様で、軍事教練と勤労奉仕が最も重要な課業になっていた。僕は新聞を見る気にもなれなかったが、情勢は刻々と切迫していることは断片的にきこえてくる街の噂《うわさ》や、ラジオのニュースなどからでもわかった。アメリカが日本への石油輸出を禁じ、A（米）B（英）C（中国）D（オランダ）ラインとかいうものが張りめぐらされたといわれれば、それが実質的にどれほどの効果を持つものかはわからなくても、自分たちが孤立させられているという鬱《うっ》とうしい感じだけはいやおうなしに伝わるのである。[*15]

この二十代の若い教師の「古き好《よ》き時代の慶応の話」とは、彼の十年ほど前の学生時代、一九二〇年代末から三〇年代初頭のいわゆる「モダニズムの時代」の話だろう。第一次世界大戦後の国際協調と束の間の平和の中で、都市生活の近代化・大衆化が進んだ時代、「モボ・モガ」と呼ばれる人々が街を闊歩した時代である。日吉で言えば、義塾が新キャンパスの校地を決定し、東京横浜電鉄株式会社と土地に関する本契約を結んだ年が、昭和五（一九三〇）年であった。大正から昭和初期にかけて続いた「モダニズム」の空気を、昭和十六（一九四一）年に予科に入った「僕ら」（慶應ボーイたち）は、ついにわからなかった。失われた自由な空気のかけらをそこに感じたからこそ、彼らはこの授業中の無駄話を好んだのである。

文学部に通い、「文士の卵のそのまた卵のような」自分自身の無用感や孤立感、予科の生徒たちの「時代」の中での孤立感、そして日本という国家そのものの世界の中での孤立感、そうした鬱陶しさの中に日吉の予科はあった。

三　予科のカリキュラム

ここで予科について、簡単に整理しておきたい。明治期を通して制度上の「大学」は、官立の帝国大学に限られていた。大正七（一九一八）年の「大学令」によって、ようやく帝国大学以外の大学が認められることになり、慶應義塾は大正九（一九二〇）年二月に私立大学として最初の認可を受けた。文・経済・法・医の四学部からなる総合大学としての慶應義塾大学の誕生である。その際、各学部に進学するのに必要な予備教育（高等普通教育）を行う場として「予科」が設置され、あわせて大学院も付設された。

予科の修業年限は三年（医学部は四年）であり、現在の大学の教養課程に相当する位置づけと言ってよい。旧制の高等学校とは制度的には異なるが、ほぼ同じ内容の教育が行われた。学部の修業年限は三年（医学部は四年）、文系学部の学生は日吉の予科で三年学び、三田でその先の三年を学んだ。予科の入学資格は旧制中学（五年制）の四年修了以上であるため、年齢は十七歳から十九歳（四年修了の場合は十六歳から十八歳）、現在の高校二年生から大学一年生に当たる。ちなみに安岡章太郎は第一東京市立中学校（現・都立九段高校）から三年浪人して文学部予科に入学した。予科生の年齢は実際には幅があった。いずれにせよ日吉の丘は、今も昔も十代後半の若者が集う場であり続けており、それがこのキャンパス空間にあふれる「若さ」の理由になっている。

昭和九（一九三四）年、日吉予科開設時の文系学部の入学者は、文学部九五名、経済学部六八七名、法学部（法律）二五二名、同（政治）一五一名、学級数はそれぞれ二・一四・五・三であり、経済学部の学生が圧倒的に多い。これに医学部を加えると、予科入学者の総数は同年五月末日現在で一二二五名、府県別で見ると、東京が四三八名で全体の三五パーセントを占め、これに神奈川五六名、大阪四五名、長野三八名、兵庫三七名、広島三六名と続く。出身学校を見ると、慶應義塾普通部一九四名・商工学校七〇名の計二六四名が塾内からの進学者であり、入学試験を経た塾外からの入学者は、東京府立第六中学校（現・都立新宿高校）と開成中学校が三二名と最も多く、これに麻布中学校二七、府立第一中学校（現・都立日比谷高校）・同第八中学校（現・都立小山台高校）二六、安岡の母校第一東京市立中学校二五、府立第四中学校（現・都立戸山高校）二四と続く。私立中学で多いのは、開成・麻布に次いで暁星中学校一五、芝中学校一三、神奈川では県立横浜第一中学校（現・県立希望ヶ丘高校）が九、同第二中学校（現・県立横浜翠嵐高校）七、埼玉の県立浦和中学校（現・県立浦和高校）六、他に大阪の府立北野中学校（現・府立北野高校）一〇などが多い。[*16]

さて、「大学令」によって総合大学としての認可を受けるに際し、「学則」が制定された。その「第一章　編成、修業年限」には次のようにあり、ここで義塾の大学教育における予科の位置づけとその教育内容が規定されている。[*17]

第一条　本大学は文学、経済学、法学及び医学の各学部より成る。各学部は学術技芸の理論及び応用を教授す。

第二条　本大学に予科を設く。予科は高等普通教育を施すと同時に各学部に入るに必要なる予備学科を教授す。

第三条　本大学に大学院を設く。大学院は学術の蘊奥《うんおう》を研究する所とす。

第四条　修業年限は予科三年、各学部三年（医学部に限り四年）とし、大学院は修業年限を定めず。

「学則」には、予科で学ぶ科目が学部ごとに学年別および週単位の授業時数として詳細に定められている。[*18] これはのちに改正され、昭和九年度の学則から大きな変更が加えられた。それはちょうど日吉開設の年に当たる。改正の柱は三つあった。学科目の追加、語学教育の強化、入学金の増額である。六四ページの表は、昭和九年の「予科学科目表」である。[*19]

大正九年段階の「学則」では、文・経済・法学部ともに、社会科学系の科目として「経済原論」「法学通論」があった。それがこの改正で、文学部は「法制及経済」という科目にまとめられ、別に「政治学通論」が加わり、経済・法学部は「経済原論」「法学通論」を残しながら、新たに「政治学通論」が付加された。その理由は、前年の昭和八（一九三三）年十二月二十二日に小泉塾長から文部大臣鳩山一郎に提出された「慶應義塾大学学則中変更許可申請」に、「改正の要旨」として次のように記されている。[*20]

一、予科学科目中に「政治学通論」を加へたるは之に依りて中正穏健なる政治思想を教授し、法制及経済（法学通論及経済原論）と相俟つて公民教育の一助たらしめんとするにあり。

この「中正穏健なる政治思想の教授」という言葉の持つ

意味は重い。昭和八年十一月に小泉は塾長に就任した。この申請書はその翌月に提出されたものである。

昭和六（一九三一）年の満州事変、翌七年の満州国建国、五・一五事件、八年には国際連盟を脱退し、時代の風は確実に戦争へ、軍国主義の方へと吹いていた。政党政治が危機的状況を迎え、日本は国際社会の中で孤立の道を歩み出そうとしていた。一方で共産主義運動に身を投じる塾生も少なからずいるという状況の中で、右や左に偏さない「中正穏健なる政治思想を教授」し、バランスのとれた「公民教育」を行うという意思は、小泉に代表される慶應義塾の穏健的な自由主義の伝統とやはり深く関係しているだろう。それはおそらく日吉予科の初代主任であった小林澄兄の「田園家塾」あるいは「労作教育」の理念と根底で重なり合うものでもある。[*21] 小林の「労作教育」は、学問と社会的道徳性を兼ね備えた「全人陶冶」としての全人格的な教育であり、言い換えれば「中正穏健なる公民教育」に他ならないからである。まさに「理想的新学園」の核となるべき教育理念が、その言葉に集約されていた。

「改正の要旨」には続いて次のように記されている。

一、独語又は仏語（第二外国語）に於て時間を増加したるは英語（第一外国語）と平行して必修せしめ、大学学部に於ける英独語又は英仏語に関係ある学科の履修に便ならしめんとするにあり。

一、国語に於て若干時間を増加したるは之に依り国民思想の養成に万全を期せんとするにあり。

一、本塾大学予科にては目下校舎を神奈川県橘樹郡日吉村（総地域約十三万坪）に新築工事中にて、其校舎、寄宿舎、運動場等設備上に間然する所なきを期し、教育上の効果に於ても一層の良績を挙ぐ可き希望あり。従て自然諸般の経費増加を免れざるに依り入学金の増額は些少の収入に過ぎざるも右の一部に充当せんとするものなり。

改正の二つ目の柱は、語学教育の強化であった。旧学則では、文学部予科の「英語及英文学」の週単位の授業時数は、第一学年一〇・第二学年一〇・第三学年一〇の計三〇時間、「独語又は仏語」は、それぞれ四・四・三の計一一時間、経済学部・法学部予科は、「英語」がそれぞれ九・九・九の計二七時間、「独語又は仏語」が四・四・三の計一一時間であった。改正された学則では、文学部予科の「英語」が九・八（一）・八（一）の計二五時間（英文学志望者は二時間加えて計二七）、「独語又は仏語」が五・四（二）・三（二）の計一二時間（独文学・仏文学・哲学志願者

第一班　甲（文学部）

学科目	第一学年　毎週授業時数	第二学年　毎週授業時数	第三学年　毎週授業時数
修身	一	一	一
国語	三	二	二
漢文	二	二	二
英語	九	八（一）	八（一）
独語又は仏語	五	四（二）	三（二）
歴史	二	四	二
地理	（二）		
数学	三		
自然科学		二	
心理	二		
論理		二	
哲学			三
法制及経済		二	二
政治学通論			二
体操（教練）	二	二	二
計	二九（三一）	二九（三〇）（三一）	二七（二八）（二九）

乙（経済学部、法学部）

学科目	第一学年　毎週授業時数	第二学年　毎週授業時数	第三学年　毎週授業時数
修身	一	一	一
国語及漢文	四	四	一
英語	九	八	八
独語又は仏語	五	三（二）	三
歴史	二	四	二
地理	（二）		
数学	三	（二）	
自然科学		二	
心理及論理	二	二	
哲学			二
経済原論			三
法学通論			三
政治学通論			二
簿記			二
体操（教練）	二	二	二
計	二八（三〇）	二六（二八）（三〇）	二九

は四時間加えて計一六）、経済学部・法学部予科の「英語」は九・八・八の計二五時間、「独語又は仏語」は五・三（二）・三の計一一時間（法学部法律学科志望者は二時間加えて計一三）となった。語学教育の強化とは、この場合、第二外国語の扱いに特徴的にあらわれている。文・経済・法ともに、英語の時間数は減っているが、文学部では第二外国語が一時間増え、三学部ともにそれぞれに指定された学科志望でなくても、望めば増加分の履修が認められる規定も付された。そのため文学部で最大一六、経済学部で最大一三時間のドイツ語またはフランス語を学ぶことができたのである。

　英語の時間数が減少したと言っても、現在の高校あるいは大学のカリキュラムと比べれば、週単位の時間数はやはり多い。これに第二外国語を加えれば、予科がいかに語学教育に力を入れていたかがよくわかる。文・経・法ともに、全体の実に四〇パーセント以上を外国語が占める。これはもちろん大学学部の予備教育の課程として、進学後の専門的な学問研究に英・独・仏の語学力が必須であり、その点で語学教育の充実は、慶應予科に限らず旧制の高等学校および他大学予科に共通する特徴でもあった。[22]「学則」によれば、予科は「高等普通教育」を施す場であり、その具体的な中身（カリキュラム）は「予科学科目表」に明らかである。予科の教育の特徴は、まさに充実した語学教育にあり、第一校舎の文系三学部では、外国語教育を核とする徹底した人文系・社会科学系の授業が行われていた。そしてこうしたカリキュラムこそが、慶應予科および広く旧制高校に特有の教養主義を支える土台になっていたのである。

　改正の三つ目の柱は、入学金の増額である。その理由は「改正の要旨」にある通りで、昭和九年のこの「学則」の改正が、日吉開設と連動したものであったことがわかる。日吉の新しいキャンパスで、「中正穏健なる政治思想を教授」し、「公民教育」を行う。それは語学教育の充実と根底で深く重なり合う教育理念であろう。語学教育を通して塾生を近代的な知の体系にいざなうと同時に、外国語の学習は「世界」（この場合は欧米が「世界」であるが）に向けて開かれる窓となる。それはすなわち蘭学塾および英学塾から始まった福澤諭吉以来の義塾の伝統的な語学教育の流れを汲むものでもあり、象徴的に言えば、第一校舎に置かれた世界地図のカップに込められた「飛翔」の願いと、正面玄関に並ぶ翼を広げた鷲の図柄の持つ意味と同義となる。[23]ここで学ぶ塾生に、真理を見抜く知性の鋭い目を持って世界に向けて羽ばたいてもらいたいという「理想的新学園建設」の理想と「学びの空間のロマン」の夢は、カリキュラムの上でも矛盾することのない形となって、昭和九年五月一日の最初の授業の日を迎えることになった。しかしながら一方で、この「予科学科目表」は、大正九年時点のものと決定的な違いがある。「体操（教練）」が全学部で各学年二時間ずつ、計六時間加えられている点である。

学校教練（いわゆる軍事教練）は、大正十四（一九二五）年二月に公布された「陸軍現役将校学校配属令」に基づいて制度化され、慶應でも配属将校の指導のもと、大学学部と幼稚舎を除く全塾生に対して正課体育として行われることになった。大学学部の学生に関しては、当初は希望者だけの参加であり、「詰襟の学生服にソフト帽をかぶり、ゲートルも巻かず、全く平常の服装のまま小銃をかつぐ学生」が多く、「悠長なもの」だったということだが、昭和十四（一九三九）年四月以降は学部の全学生に課されることになった。[*24] その背景には日中戦争の長期化がある。日吉開設当時の予科の教練でも、どこか「悠長」な雰囲気を残していたと思われるが、満州事変以降の緊迫した時代の空気の中で、それが許されなくなる日も近づいていた。

「改正の要旨」では、国語教育についても言及されている。文学部の「国語」で一時間、経済・法学部の「国語漢文」で二時間増えた。そこにある「国民思想の要請に万全を期せんとする」という文言が、具体的にどのようなことを意味するのかはわからないが、やはりこの表現からどこかナショナリズム的な匂いを感じないわけにはいかない。

日吉の予科はこのようなカリキュラムのもと授業が始まった。そして二年後の四月、十七歳の堀田善衞は旧制金沢二中から法学部（政治）予科に入学し、この「学則」の中で学ぶことになるのである。

四　教育施設の充実

昭和十一年度の『入学者の栞』は、義塾の沿革に始まり、組織・学生心得・学費の他、大学予科学生学資調査・体育会・学会ならびに刊行諸雑誌・学生団体等が記載され、付録として福澤諭吉の略伝、「修身要領」、福澤および義塾関係の参考図書目録が付されている。新入生であった堀田善衞も当然これを手にしたはずである。

冒頭の「慶應義塾沿革概略」の「日吉の大学予科」の項には、次のように記されている。

かくて近年著しき発展に伴ひ、従来の敷地漸く狭隘を告ぐるに至り、昭和五年二月神奈川県橘樹郡日吉村に敷地十三万坪を得、大学予科を中心として諸般の新施設を整備すると共に、教育上新局面を開き、学事内容の充実向上伝統的学風の振作を期すべく計画を樹て、諸般の工事著々進行し、昭和九年春第一校舎先ず成り、新入学の予科第一学年よりこれに収容して授業を開始し、今十一年春医学部予科教室其他の設備を有する第二校舎竣成し、予科全学生を此地に収容して、都塵を離れたる至良の環境の中に、校舎運動設備其他学生々活に必要なる施設に於て万遺漏なからしめ、心身共に強く逞しき学徒を養成せんことを期しつゝある。

〈写真 1〉第二校舎 1 階の図書室［慶應義塾福澤研究センター蔵］
閲覧机の衝立には、福澤諭吉の『西洋事情』の版木が利用されていた。それが『西洋事情』であるということも、「世界」に向けて開かれた目を涵養する義塾および日吉予科の教育の理想と、象徴的な意味において響きあっているのかもしれない。

ここにある「学事内容の充実向上」とは、具体的には「学則」の改正、すなわち語学教育の充実と、「政治学通論」を加えた中正穏健なる公民教育を指していると考えてよいだろう。「都塵を離れたる至良の環境」の中で、「心身共に強く逞しき学徒」を養成することは、「理想的新学園建設」の最も重要な眼目だった。

「慶應義塾の組織」に記された「役員及び主要職員」には、「社頭」の福澤一太郎を先頭に、塾長・常任理事・理事・各学部長に続いて、大学予科主任（第一部主任兼務）に小林澄兄、同予科副主任（第二部主任）・学生主事に河辺治六、同予科副主任（第一部主任代理）に石井誠の名が並ぶ。この場合の「第一部」とは第一校舎の文系三学部、「第二部」とは第二校舎の医学部を指している。この年の二月に第二校舎が竣工し、主に医学部予科の教室や実験室等に使用されただけでなく、欅並木に面した西側の一階が図書室と読書室になり、全予科生が利用できるようになった。昭和十六年の夏から冬にかけて、安岡章太郎が「老人のような心持」で図書室にこもって小説を書いたという場所は、ここである（写真1）。

『入学者の栞』の巻末に付された写真（「大学予科全景」写

〈写真2〉昭和11年『入学者の栞』より「大学予科全景」
［慶應義塾福澤研究センター提供］

真2）を見ると、銀杏も欅もまだ若木であり、並木と形容するのがはばかられるほどである。第二校舎の西側はまだ整備されておらず、欅も植えられていない。銀杏並木をはさんだ陸上競技場の反対側の広大なスペースは、ほぼ未整備の状態である。日吉駅前を通る綱島街道もまだない。多摩丘陵の端に位置する台地の森を切り崩して造ったこの人工的な空間に、舗装された直線の並木道がゆるやかな傾斜で伸び、その先に鉄筋コンクリートの白亜の建築が向かい合わせに座る。土地の造成と建築工事が休みなく続くこのキャンパスに、堀田善衞は通った。

第一校舎の授業開始は昭和九（一九三四）年五月一日、二十三日には陸上競技場開場式と蝮谷のテニスコート開きが行われた。陸上競技場は六千坪、スタンドの収容人数は三千人、テニスコートは九面で、付属施設としてクラブハウスもあった。電車線路をはさんだ反対側の敷地（現在の慶應義塾普通部の敷地）には、サッカーとホッケーの練習場も造られ、十一月十一日に開場式が行われている。弓術道場や学生食堂も完成、「赤屋根」と呼ばれたこの食堂は、コテージ風の木造二階建（延べ百七十坪）で、現在の慶應義塾高校南側グラウンド東側の、谷（通称「蝮谷」）を背にした場所に建てられた（写真3）。

キャンパスの工事は、第一校舎と陸上競技場を中心とする第一期と、第二校舎と寄宿舎を中心とする第二期に分けて進められた。第一期工事における主要な施設の竣工時期は次の通りである。[*25]

九年
　四月
　　第一校舎
　五月
　　陸上競技場・テニスコート

〈写真 3〉 竣工時の「赤屋根」［慶應義塾図書館所蔵資料］

　十一月
　　ソッカーおよびホッケー練習場
　　学生食堂「赤屋根」
　十二月
　　弓術道場
十年
　十月
　　体育会事務所・同浴場、柔剣道道場

　これに加え、十年四月には第一校舎裏手の南側の中庭に木造平屋建モルタル塗の「第一学生控室」が竣工、食堂と学生文化団体用の部室（六部屋）として使われた。

　第二期工事は、十一年二月に待望の第二校舎の竣工が成り、三月には三田の第一・第二号館を第一校舎中央裏手（東側）に移築した。北側を「第一館」、南側を「第二館」と呼び、共に木造平屋建スレート葺で教室および教職員食堂として使用された。[*26] 八月には第一校舎裏手北側の中庭に木造平屋建モルタル塗の「第二学生控室」が完成、食堂や集会用のスペースの他にクロークルームと医療室が設けられた。[*27] このように予科の施設は短期間で急速に充実の度合いを深め、『入学者の栞』にあるように「校舎運動設備其他学生々活に必要なる施設に於て万遺漏なからしめ、心身共に強く逞しき学徒を養成」するための教育環境が整えられていくのである。

さて、先に見た昭和十一年度の『入学者の栞』（写真2）では、比較的小ぶりな二棟の建物（第一館・第二館）とともに「第一学生控室」は写っているが、「第二学生控室」はまだない。二年後の十三年度の『入学者の栞』（写真4、5）では「第二学生控室」が確認できる。これを見ると、予科の校舎は、第一校舎だけでなく、その裏手に配された四棟の木造校舎を含め、それらをあわせたすべてがシンメトリカル（左右対称）に構成されていることがわかる。そ

〈写真4〉昭和13年『入学者の栞』より「大学予科全景」
［慶應義塾福澤研究センター提供］
右上に寄宿舎が見える。

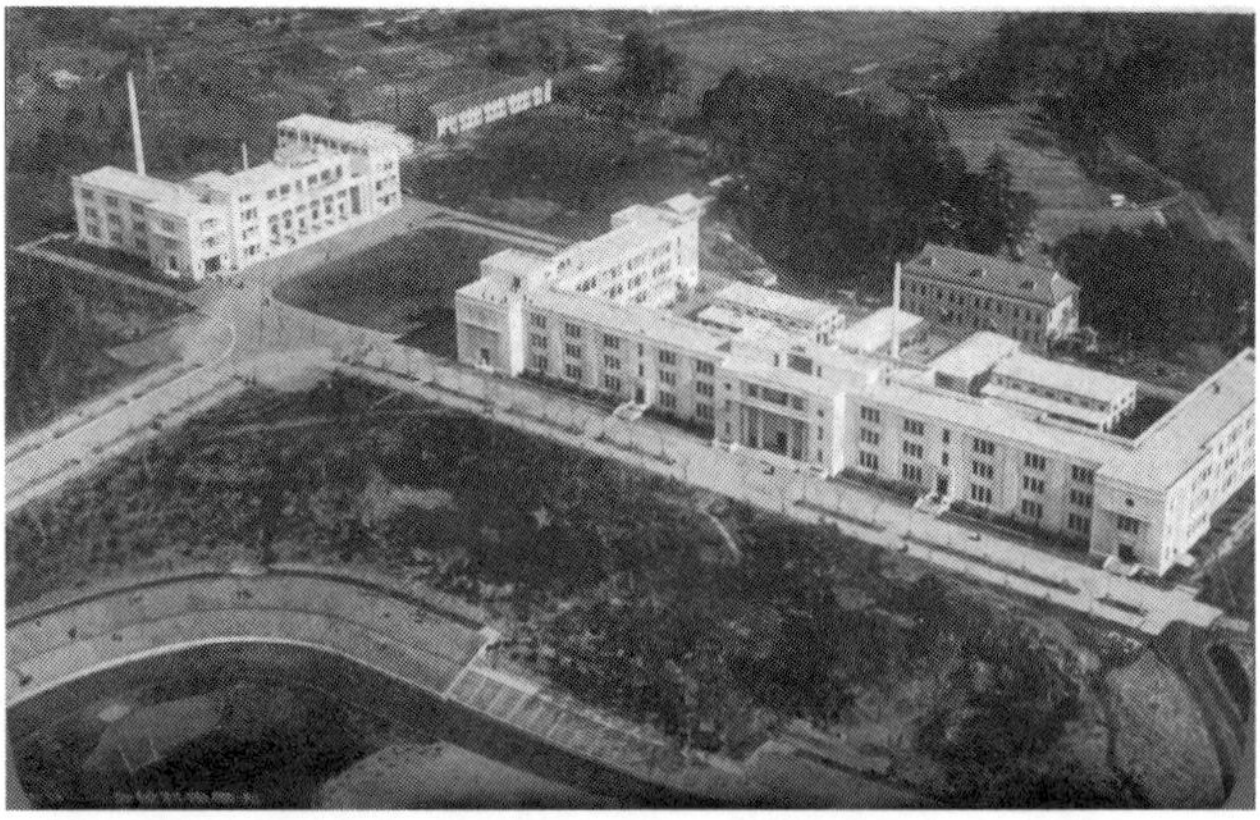

〈写真5〉昭和13年『入学者の栞』より「大学予科校舎」
［慶應義塾福澤研究センター提供］
第一校舎裏手（東側）の木造校舎群が〈写真4〉より鮮明に確認できる。

して、そのさらに奥、蝮谷に面した斜面の上に、ひときわ大きな建物が見える。十一年八月に三田から移築された木造二階建の校舎（「第四館」）である。[*28]

　これは「第一館」「第二館」と同じく、もとは三田の校舎であり、明治三十七（一九〇四）年九月に竣工、はじめ「三十一番講堂」のちに「第四号館」と呼ばれた。各階に四、計八の教室からなり、ここにおいて予科の校舎はほぼ揃い、あとは寄宿舎の完成を待つばかりとなった。このように三棟の木造校舎が三田から移築された背景には、予科生の人数の増加と、それに伴う教室の確保という切実な問題があったと思われる。文系三学部だけで一学年の入学者が千名を優に超え、三学年で三千名を超える学生のための教室を第一校舎だけで用意することはできなかったはずである。この「第四館」は、戦後米軍が日吉に進駐してきた際に取り壊されることになったため、急遽解体して三田に移築することになった。学制改革により昭和二十三（一九

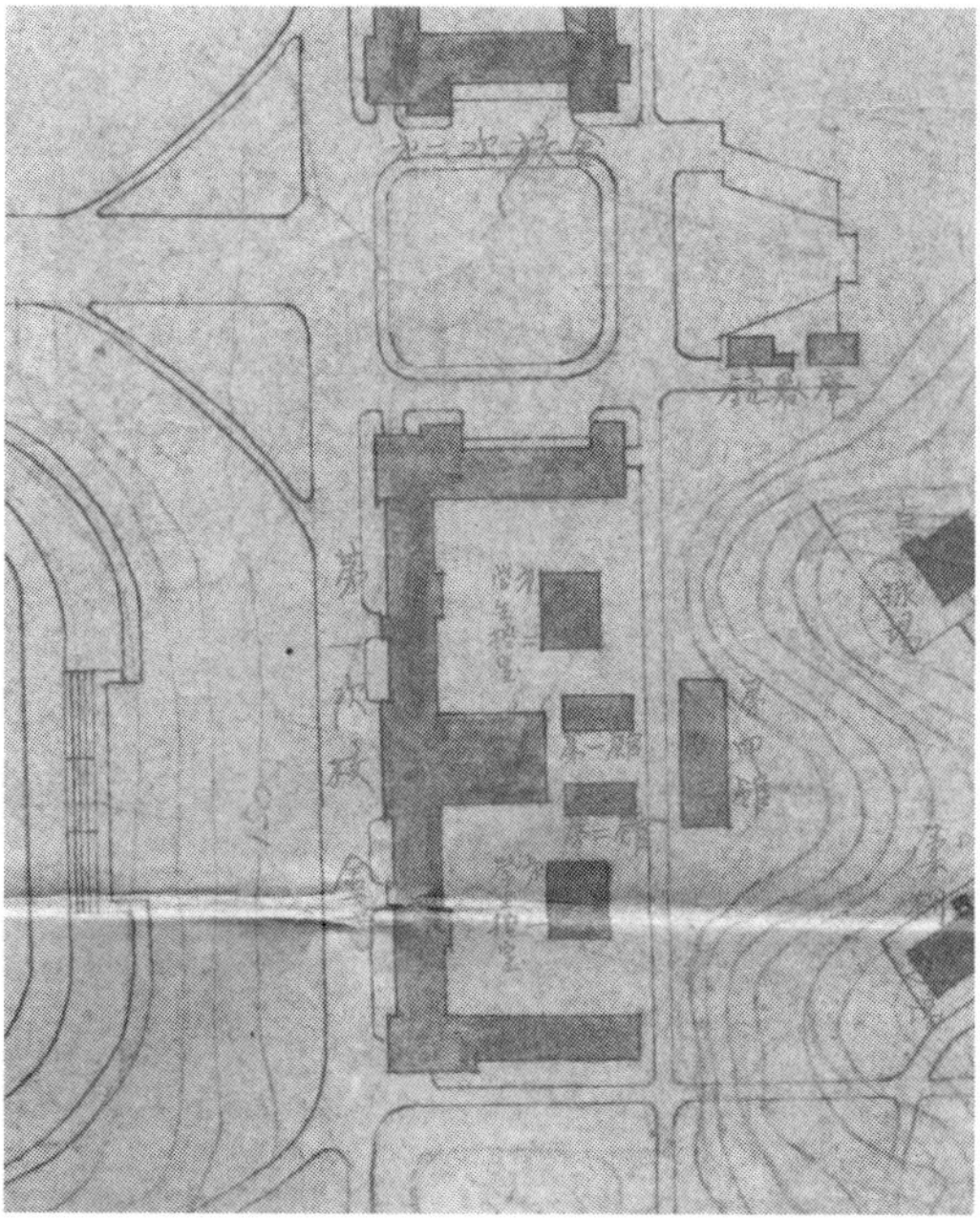

〈資料 1〉「予科設備概況附建物平面図」より
［慶應義塾福澤研究センター提供］

〈写真 6〉慶應義塾中等部の正門と木造校舎［慶應義塾福澤研究センター蔵］
日吉時代の第四館とは屋根の形状が異なっている。

〈写真7〉第四館から中庭側を見る　芳賀日出男撮影［慶應義塾福澤研究センター提供］

四八）年三月に新設された慶應義塾中等部の校舎である[*29]（写真6）。明治三十七（一九〇四）年に三田山上に建てられた校舎が、三十二年後の昭和十一（一九三六）年に日吉に移され、さらに十二年後の昭和二十三年に再び三田の地に戻った。二度の解体移築を経験したこの校舎は、義塾の歴史の中でも稀有な建物と言えるだろう。

〈写真7〉は写真家芳賀日出男（昭和十四年文学部予科入学）撮影のスナップショットである。第四館の二階の窓から第一校舎の裏手（東側）を望む構図で撮られている。「予科時代」と題された昭和十六年度文学部三年B組クラスアルバムのうちの一枚で、当時カメラクラブに所属していた芳賀が撮影した。手前が第一館、その奥に第二学生控室が校舎裏の中庭に建つ。壁は白いモルタル塗りで、庇の付いたテラスがある。写真の一番奥には第二校舎が見え、予科生たちが行き交う。アルバムの書き込みによれば、左下で輪になった学生が手に持つのは「洋書」である。アルバム表紙裏には「昭和十七年三月アルバム製作完了」とあり、他の写真とともに昭和十六年〜十七年の学園の日常が見事に切り取られている。文学部予科一年の安岡章太郎も、この同じ空気の中にいた。「老人のような心持」で暮していたという安岡の昭和十六年は、安岡だけの心の問題だったのか、それともこの写真の若者たちにも通底する思いだったのか、興味は尽きない。

かつて第四館が建っていた場所には、二〇一八年に慶應義塾高等学校の「開設七十年事業」によって新教育棟（「日吉協育棟」）が建設された（写真8）。昭和二十四（一九四九）年十月に日吉に新制の高等学校が移り、三田に解体移築された二階建ての大きな木造校舎があった場所に、七十年の時を隔てて現代の最新の設備をもった新校舎が建設された。キャンパスの持つ遠い記憶が呼び起こされ、歴史が繰り返されているような不思議な感を抱かざるを得ない。

五　「日吉台を訪《おとな》ふの記」

〈写真 8〉現在の慶應義塾高校校舎全景、第一校舎の東側（蝮谷側）からの撮影
［慶應義塾高等学校提供］
第一校舎の東側（裏側）の左が「A棟」、右が「B棟」、写真の手前の森が「蝮谷」、丘の突端に建つ最も新しい建物が「日吉協育棟」である。1934年竣工のキャンパスで最も古い校舎と2018年竣工の新しい校舎が84年の時を超えて共存している。第一校舎の先には、陸上競技場をはさんで向かい合うように「日吉協生館」があり、その先に奥多摩と丹沢の山々、富士山を遠望する。

『三田評論』第四四四号（昭和九年八月号）に、「日吉台を訪ふの記」という文章がある。予科に通う弟の勧めで、塾出身の兄が久しぶりに上京し、新校舎を見学する。筆者名はわからない。署名には「MK生」とのみある。エッセイ風の軽い読み物だが、同時に掲載された「日吉建設工事の概要」とセットになり、その内容を補完するものになっている。「日吉建設工事の概要」は、その前文に、

> 日吉建設工事に就ては昨年十月の特別号に於て其の予定計画の概要を報道したが、爾来十ヶ月、既に第一期工事は殆ど完成を告げたので、予科校舎其他の工事概要を茲《ここ》に掲げる

とあり、こちらは義塾からの正式な報告と見てよい。第一校舎に関しては、「敷地・建築面積・軒高及び階高・教室・構造及び仕上げ概要・設備概要・工期・工事関係者」の項目を立て、それぞれに専門的かつ事務的な説明を付している。一方の「日吉台を訪ふの記」は、一卒業生の訪問記の体裁をとりながら、新校舎の印象や設備に関して、軽妙な文体でわかりやすく読者に紹介している。以下、やや長文になるが、適宜引用しつつ、竣工直後の第一校舎の雰囲気にふれてみたい。

五月一日に授業が開始され、最初の夏休みに入る少し前、筆者は弟とともに夏草の丘に建つ新校舎に向かった。

授業は午前八時半から。目黒、渋谷、横浜の、どの終点からでも八時に乗込めばゆつくり間に合ふさうだ。電車は約二十分だらう。

「兄さん、あれだよ」と弟が指さす方を見ると、朝の日をいつぱいに浴びた白亜三層の大ビルディングが、夏草の中に大きな汽船のやうに浮かんでゐる。

日吉駅は少々貧弱だ。駅から校舎までは緩いスロープを成してゐるが、道路は未だ出来上がらず、一間ばかりの砂利道が申訳ばかりに作つてあるが、これを踏んで行く者は殆んどない。一散に丘の上を目指して駈け上る。道路計画は十二間の幅で、中央に五間の車道、その両側に一間半づゝの植込みと二間づゝの歩道が作られるさうで、これが完成したら、素晴らしい舗装アヴェニューが出現することだらう。

道路ならぬ道路を踏んで丘を上り切ると、右側のトラック・フィールドが先ず眼を驚かす。芝生の緩い傾斜で擂鉢形に凹んだ楕円形の大競技場で東西に雛壇式のスタンドが出来てゐる。

「これは素晴らしいトラックだな、明治神宮のと、どつちが大きい？」

「さあ、どつちかな。何しろあのスタンドに三千人入れるさうだよ」

「三千人？　そりゃ大したもんだ。日本一だらう」

「東洋一かも知れない。南北が九十五間、東西が五十五間、スタンドの間口が三十一間半あるさうだ。坪数は……えゝと……」

弟が暗算をやつてゐる中に、カーン、ルゝン、カーン、ルゝン、と、朝の空気をふるはせて鐘が響きはじめた。胸の奥を揺り動かすやうな澄みとほつた好い音色だ。

「やあ鐘だ。兄さん、授業が始まるから失礼するよ。お昼休みに裏の食堂あたりで待つてゐて下さい。」

と、弟は横つ跳びに走り去つた。

弟は兄に陸上競技場について問われ、「東洋一」と誇らしげに胸を張る。二人で歩くその道に、銀杏の並木はまだない。校舎に向かう道も舗装されておらず、雨の日は悪路に足をとられ苦労したとのことである。舗装工事が進み、銀杏が植えられたのは、この年の夏であった。[*30]

構内は未だ造成中で、植樹も進んでいなかった。そのため校舎は日吉駅からはっきり見えた。夏草の向こうに浮かぶ「白亜三層の大ビルディング」、筆者はその印象を「大きな汽船」にたとえている。ちなみに二年後の昭和十一年、第二校舎竣工時の訪問記[*31]には、次のようにある。

日吉の美しさは、緑の丘陵を貫ぬく十二間幅の舗装路の直線感に始まる。そして丘の上に立つ二つの白亜の校舎。その正端な姿は近代建築美の壮観である。

かつて僕の友人が、電車の中から、この美しい風景を見て、

「あれは何だい」

と訊いた。

「塾だよ。慶應だよ。予科の新校舎だよ」

「へー、あれが学校かね、立派なもんだね。僕はまたビルディングかと思つたよ」

笑ひ話ではない。そうも感じられるではないか。

〈写真9〉屋上の鐘　昭和9年5月
［慶應義塾福澤研究センター蔵］

ここでも「ビルディング」（高層建築）と形容されている。駅から校舎を望む時、丘の上に建つゆえに、何よりもまずその高さ（大きさ）が印象的だったのだろう。「近代建築美の壮観」とも評された「大きな汽船」のようなこの建物は、のちに安岡章太郎によって「兵営のような」と形容されることになる。

丘の上には、朝の始業時に澄み切った鐘の音色が響いた。正面玄関の屋上に据えられた米国メアリー社製の鐘である（写真9）。「日吉建設工事の概要」によれば、径二十六インチ、重さ三五〇ポンド、「カーン、ルヽン、カーン、ルヽン」と電動装置で鳴らされたこの鐘は、屋上に設えられた小さな塔のような四角い屋根とともに、正面玄関の顔の一部になっていた。[*32]

弟は急いで授業に向かい、兄はそのまままっすぐに歩き、校舎西側端（北側玄関横）の、今はなき大時計の下に立つ。

トラック・フィールドの東側スタンドの周囲には松の大樹が亭々《ていてい》とそゝり立つて、涼しい木陰を作つてゐる。その後に松の翠と絶好の対照をなして、真白な新

〈写真 10〉予科時代の第一校舎［慶應義塾福澤研究センター蔵］
撮影年は不詳、道路は舗装され、銀杏も欅もまだ若木である。3階の壁にあった大時計はシンボルクロックで、2階にアール・デコのレリーフ、1階外側には「世界地図」のカップがある。カップの後ろはガラスブロックの壁になっている。階段室は規則正しく小窓が並び、その左側に柱廊がある。

校舎が紺碧の空を押上げるやうに聳えてゐる。白亜の壁面にくつきりと黒い輪を描くものは大時計である。これは輪郭と大小の針だけで時刻の目盛りはなく、如何にも簡素で近代的な明朗性を示してゐる。
　校舎の全長は間口九十間、奥行四十間、高さ六十五尺――これは、後で事務所で貰つた工事概要といふ刷り物に拠つたものであるが、左側学生入口を入つた階段広間の壮麗は目を驚かすばかりだ。西側の大きな窓から落ちる光線は多面の色ガラスを通して広間を複雑なニュアンスに色どる。廊下も広々として所々に小さな手洗台が設備してある。階段は緩い勾配をなして幅広く、手摺は碧緑の斑も美しい磨き上げた大理石が使つてある。

　余分な装飾のないシンプルなデザインの大時計は「近代的な明朗性」に通じ、その下にはこれもまたモダンなアール・デコのレリーフが壁面を飾る。[*33] ガラスブロックを通した光は校舎北側の玄関ホールを彩り、左手の階段には一階から三階までの壁全面三列に窓が並ぶ（写真10、13）。北向きとはいえ階段と玄関ホールは十分に明るい。正面玄関のホールと同様、ここにも独立した円柱が立ち、天井には同じ円形の装飾もあった。南に向かってまっすぐ伸びる廊下には、球形の照明が奥まで等間隔に連なり、右手（校舎西側）の縦長の窓からは明るい光が注ぐ（写真11）。西日が差す夕刻の時間には、ガラスブロックの陰影が特に美しかったと思われる。その外側には、陸上競技場越しに太陽の光を受ける「世界地図のカップ」が据えられている[*34]（写真12）。

〈写真12〉「世界地図のカップ」
昭和９年５月
［慶應義塾福澤研究センター蔵］

〈写真11〉北側玄関ホールと廊下　昭和９年５月
［慶應義塾福澤研究センター蔵］

階段の手摺は、今も「碧緑の斑も美しい磨き上げた大理石」そのままである。

筆者は長い廊下をそのまま進み、正面玄関のホールに出る。

廊下を通つて玄関広間へ出ると素晴らしい大理石の大円柱が天井を支え、床はテラツオー仕上げ、所々に翼を張つた大きな鷲が図案風に褐色で浮き出てゐる。

〈写真13〉北側の階段　昭和９年５月
［慶應義塾福澤研究センター蔵］
現在ここには「フーコーの振り子」が設置されている

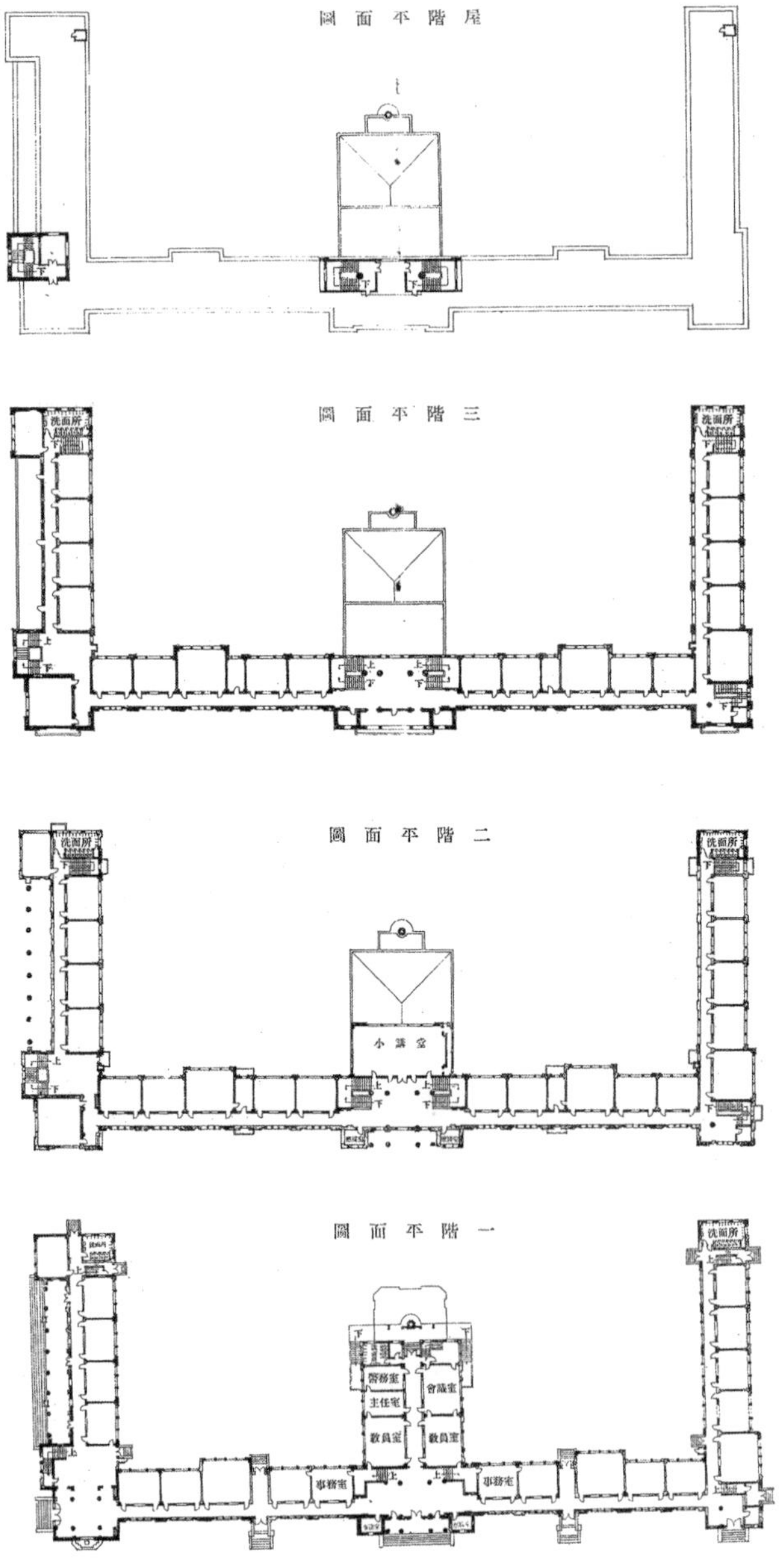

〈資料 2〉第一校舎各階の平面図（昭和九年十一月「慶應義塾大学予科日吉建設工事の概要」より）

〈写真 14〉主任室　昭和９年５月　［慶應義塾福澤研究センター蔵］

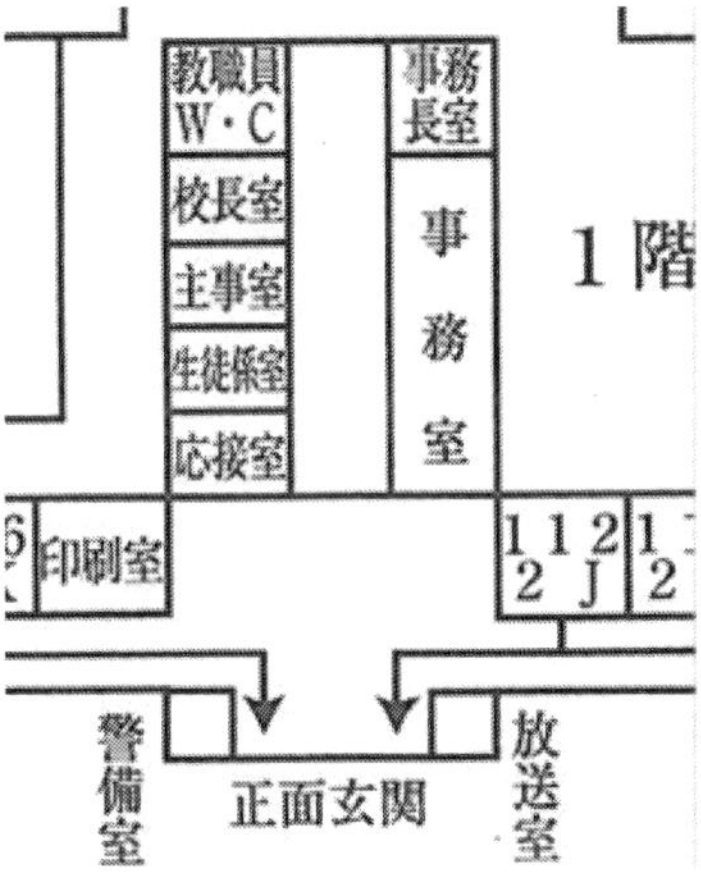

〈資料４〉現在の１階中央部分　『塾高ガイド』（慶應義塾高等学校、2021 年度版）より

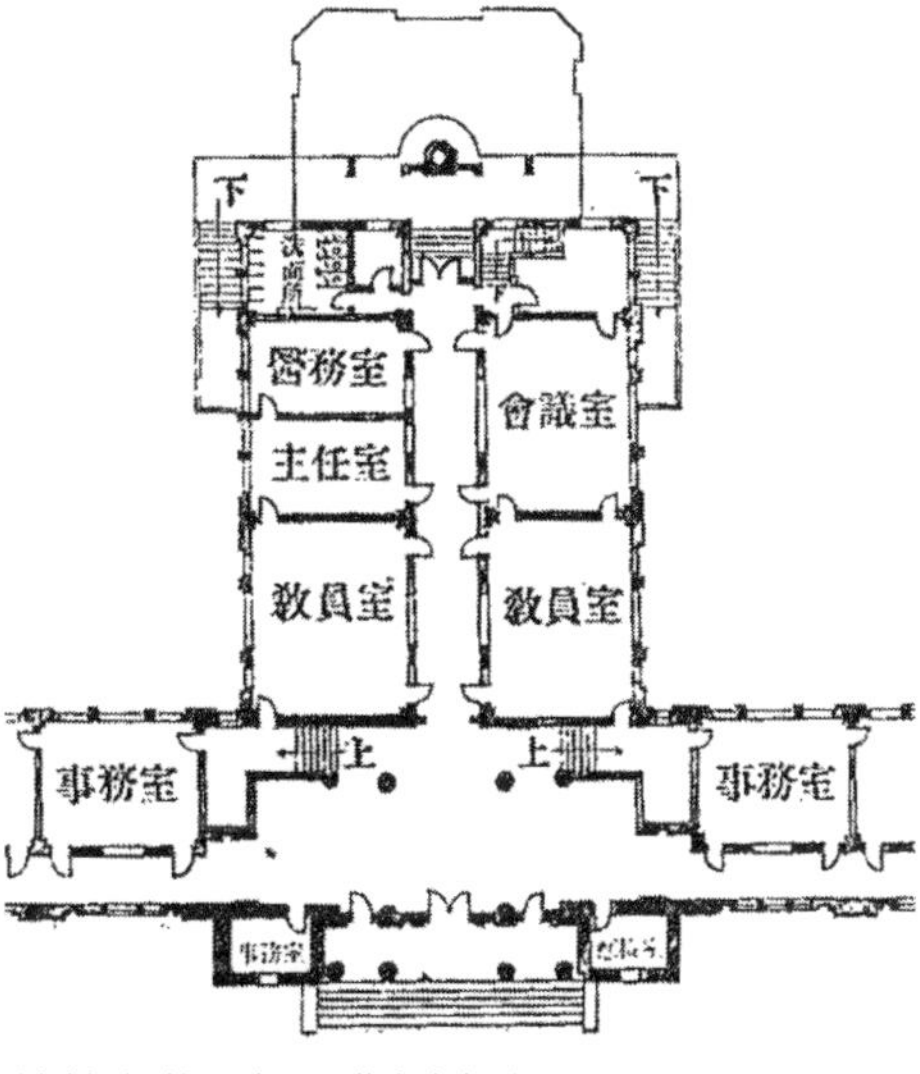

〈資料３〉竣工時の１階中央部分
前ページ「平面図」より拡大

〈写真15〉事務室、昭和9年5月［慶應義塾福澤研究センター蔵］
窓の外の様子から、現2Ｊの教室と考えられる。

広間の左右に教員室、主任室、医務室、会議室、事務室等が並んでゐる。

正面玄関ホールに関しては、第二章で述べた通りである。ペンと鷲をあしらった図柄が並ぶホールは、この校舎の表玄関であるとともに、主任室・教員室・事務室といった予科の運営に関わる主要な部屋が集まる空間でもあった。昭和九年十一月「慶應義塾大学予科　日吉建設工事の概要」に掲載された各階の平面図は七八ページ（資料2）の通りである。

「主任室」は現在の「主事室」である。ここには予科主任の小林澄兄教授がいた（写真14）。現在の「校長室」は「医務室」、「生徒係室」と「応接室」は「教員室」だった。廊下を挟んだ向かい側、現在「事務室」がある部屋は、奥に「会議室」、手前に「教員室」があり、「事務室」は廊下に面した現在の「印刷室」およびホールを隔てた反対側の「一二一教室」（現・二年J組の教室）にあった（資料3、4、写真15）。のちに「医務室」は「教練室」になり、「主任室」の手前の「教員室」は「事務室（学生課）」、向かい側の奥の「会議室」は「教員室」になり、現在の「事務室」には、「教員室」が並んで置かれることになった。[*35]「校長室」は元の「教練室」であり、軍事教練の配属将校が詰める部屋だったということになる。

さて、肝心の教室はどうだったのか。「日吉建設工事の概要」によれば、竣工時の教室数は、

小講堂　一　　　三五二席
大教室　一一　各　一二一席
教室　五一　各　五二席

〈写真16〉教室、昭和９年５月［慶應義塾福澤研究センター蔵］

机と椅子が分離せず、固定された構造になっている。自分の机の前にセットされた椅子に前の座席の者が座る。かなり窮屈な印象だが、実際にはどのような座り心地だったのだろうか。左側の窓の下にはパイプヒーターが見える。

とある。小講堂はいま、二階の「多目的室」と「談話室」に分けられ、その名残はない。わずかに二階中央のホールに面した壁に、往時の扉が閉め切ったまま残されているのみである。「日吉台を訪ふの記」には、小講堂の内部について、次のように記されている。

　此の校舎最大の室は二階の小講堂で約三百五十人を収容する。正面黒板の右には福澤先生の大肖像額が掲げられ、左側には「慶應義塾は単に一所の学塾に非ず云々」といふ有名な福澤先生遺墨を掲げる筈で今その写真複製を作ってゐるとのことである。後ろ側には鎌田先生筆「独立自尊」の大扁額が掲げられてある。

　教室の採光と防音に関しては、「全部左光線を採り入れ、窓を大きくとり、壁や天井にケンテックスを貼つて雑音を防止する装置になつてゐる」とあり、黒板は、「特に塗料に注意してどんな角度から見ても光らぬやうに出来てゐる」と記される。加えて、

　通風採光に遺憾なく、室の背面の壁にはスチールの帽子外套掛けが設備してあり、左側窓下にはパイプヒーターが数條通つてゐて三冬極寒の際なほ春日照々の感あらしめるといふ趣向になつてゐる。机は普通教室は一人席、大教室は二人席で、下に金網の棚がつけてある。

「三田の教室では、机の下は板の棚になつてゐますが、あれは隅々に埃がたまつて掃除に不便なので、日吉では網棚にしました」

　如何にも細かいところまで眼が行届いてゐて、全く近代式の完備した理想的教室といつても過言ではある

まい。

とある。廊下には電気時計を設置し、授業の始めと終わりには「ヴーヴー」とブザーが鳴った。これもまた当時最新の設備だった。〈写真16〉を見ると、机の下には確かに網棚が付いている。背面の壁の帽子外套掛けは今も変わらず各教室に並んでいる。パイプヒーター（スチーム暖房）は、二〇〇二年に全教室に空調設備を入れるまで使用されていた。校舎中央裏手（東側）には大きな煙突が一本据えられており、その地下にボイラー室があった。この大煙突は長くキャンパスのランドマークでもあったはずだが、八十二年の時を経て、「高等学校開設七十年事業」の新教室棟（日吉協育棟）建設工事のため二〇一六年十一月に解体された。パイプヒーターを撤去したいまとなっては、煙突は「無用の長物」でしかないが、第一校舎竣工以来のオリジナルデザインの一部でもあるため、近代建築の保存という点から見て、それが失われたのはまことに残念でならない（写真17、18）。いずれにせよ、このような「近代式の完備した理想的教室」で予科の授業が行われていたのである。

　トイレもまた特筆に値するものであった。

　それから衛生設備の完全なことも日吉の特長の一つださうだ。両翼の末端にそれぞれ立派なトイレがついてゐて、一階中央広間の奥にも一つ、合計七ヶ所其他廊下の諸所に水呑器、手洗器等が設備してある。トイレットは床も腰壁もすべてタイル張り、隔板及び間仕切は大理石で、便器は洋風腰掛式、中央には噴き上げの水が渾々と湧き出で、其他大きな鏡や洗面器もついてをり、全部浄化装置となつてゐる。排水は汚水処分槽

〈写真17〉第一校舎の裏手（東側）［慶應義塾福澤研究センター蔵］
煙突の奥には「第一学生控室」がある。「第一館」「第二館」「第二学生控室」がまだないことから（建築工事中か）、昭和10年の撮影かと思われる。

で浄化し清浄な水となって矢上川に放流されるのだそうである。

トイレの中央には「噴き上げ」式の給水器があった。これは現在失われているが、「設計図」で確認することができる（資料5）。給水設備に関しては、設計者の網戸武夫もとりわけ工夫したようで、

便所には手洗い場の機能と、また運動から帰ってきた場合の手洗い場としての機能が必要です。そのために、便所の手洗いのための面積も必要ですが、それだけでは非常に不経済です。それで便所の真ん中にいわゆる丸い手洗い場を作りました。つまり両方の機能をそこで一括処理するものです。これは好評でした。

と言っている。[*36]

筆者（「M・K生」）は屋上に上り、見はるかす風景に驚きを新たにする。四方を望めば一面茫々の「蒼海」であり、

〈写真18〉解体された煙突下部、2016年9月2日筆者撮影

大煙突の根元には円形の庇が付され、その下に計3本の円柱（実際には18角柱）が立つ。庇を境に下は五つの面に切られ、校舎に接する背後の壁には8つの正方形の穴が左右に2列ずつ並ぶ。全体の印象はアール・デコである。円柱の間の足元に残るのは、靴洗い用の水道管である（「設計図」No.68、昭和8年7月25日に拠る）。デザインと衛生設備に対する細部のこだわりが感じられる。竣工時のまま保存されていたが、煙突とともに取り壊されてしまった。

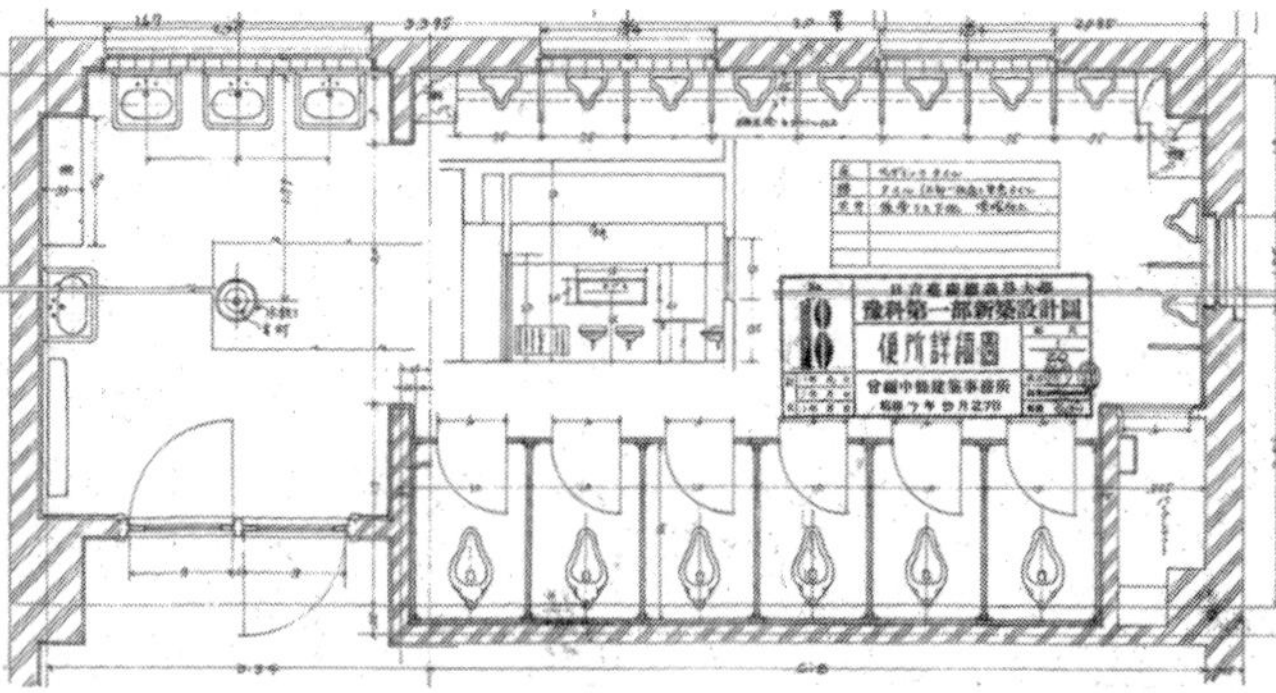

〈資料5〉「日吉台慶應義塾大学予科第一部建築設計図№.18、昭和7年9月27日」（曾禰中條建築事務所、慶應義塾所蔵）より、「便所詳細図」。
これを見ると手洗い場の中央に網戸の言う「丸い手洗い場」があり、「水飲ミ」と記されている。「洋風腰掛式」の水洗トイレは、当時としては最新の設備だったと思われる。

丘陵や谷間の起伏する「波」を越えて、遠景の山脈や市街地が目の前に迫る。屋上からの眺めを「海」にたとえ、「建物もろともに押し揺がされるやうな」感覚を味わい、まるで「濃緑の波を切つて進む純白新造の軍艦の甲板に立つてゐる感じ」だと言う。大海原を波を切って進む巨大な船のような校舎、その甲板にいま立っている。日吉駅に降り立った時に感じた「大きな汽船」という印象は、ここでは「純白新造の軍艦」になり、それはのちに安岡章太郎によって「兵営」にたとえられた。歴史はきわめて皮肉な方向に進み、やがてこの「軍艦」に海軍の軍令部第三部が入り、キャンパスの最南端、俗称「イタリア半島」の突端に位置する寄宿舎には連合艦隊司令部が入った。寄宿舎もまた大海原に浮かぶ三隻の白い船のようである。その後の運命を暗示するかのような重い比喩が、開校直後に書かれたこの軽妙な文章に至極あっさりと書かれている。

案内の方の指さすまゝに、あれは何、これはどこと、眼を走らせると、東京方面は、多摩川流域の低地一帯を俯瞰して、西郊蒲田、大森、目黒、世田谷あたりの台地と相対し、大岡山の工業大学の白い建物が真正面に聳えてゐる。麹町永田町の新築議事堂のドームも翠緑深きあたりに光つて見える。

目の下には、新興日吉の街がぽつぽつ出来かゝつてゐるが、まだ街並を成すほどに至らず、上から見ると空地の方が多い。東南は東京湾を越えて房総半島の連山が紫に匂つて見える。川崎鶴見横浜あたりは、飛行機から俯瞰するかのやうだ。東海道線の列車が百足の這ふやうに小さく動いて行く。

遠くに都心を望む見晴らしのいいこの郊外の地に、慶應義塾は予科の校舎を開いたのである。

註

＊1　『若き日の詩人たちの肖像』（上）集英社文庫、一九七七年、一三九頁
＊2　同右、一三～一四頁
＊3　同右、五八頁
＊4　同右、一〇二頁
＊5　同右、五〇頁
＊6　同右、一三〇～一三一頁
＊7　同右、一三一頁
＊8　『僕の昭和史』新潮文庫、二〇〇五年、一五三頁
＊9　同右、一五三頁
＊10　同右、一五四頁
＊11　同右、一五九頁
＊12　同右、一五九頁
＊13　同右、一五九～一六〇頁
＊14　同右、一六五頁
＊15　同右、一六七頁
＊16　以上、『三田評論』第四四六号、昭和九（一九三四）年十月、「昭和九年度大学予科入学者ニ関スル諸統計表」参照。ちなみに入学試験科目は、文・経済・法の文系学部は「国語漢文、英文和訳、和文英訳、数学、体格」（但、文学部予科志願者は数学を国史に代ふ）であり、医学部は「国語漢文、英語又は独語、物理、化学、数学、体格」であった（『慶應義塾百年史』中巻（後）四三六頁）。
＊17　『慶應義塾百年史』中巻（後）、慶應義塾、一九六四年、一八頁
＊18　詳細は、同右、三六～三八頁参照。
＊19　同右、四三一～四三七頁に拠る。
＊20　同右、四三七頁
＊21　小林澄兄の「田園家塾」「労作教育」に関しては、本書第一章で詳述した。
＊22　旧制高等学校で外国語の占める割合は、全体の時間数の「三割から四割」（秦郁彦『旧制高校物語』文春新書、二〇〇三年、六一頁）、「三分の一強」（竹内洋『学歴貴族の栄光と挫折』講談社学術文庫、二〇一一年、二六八頁）であった。
＊23　本書第二章参照
＊24　前掲『慶應義塾百年史』中巻（後）、九二八～九三一頁
＊25　『慶應義塾年表』（慶應義塾、一九八五年）に拠る。
＊26　『慶應義塾年表』には「予科校舎および教職員食堂として使用」とある（八三頁）。慶應義塾福澤研究センター所蔵の『大

学々則変更認可申請関係綴』（自昭和五年六月至昭和十六年四月）の「予科設備概況附建物平面図」では、「第一館」に関して「小教室三」とあり、昭和二十四（一九四九）年の新制高等学校としての慶應義塾高等学校発足時には、「前者（筆者注・第一館）には二十坪の教室三、後者（同・第二館）には四十坪と三十坪の教室各一」が設けられたとある（『慶應義塾百年史』下巻、三一三頁）。ちなみに『慶應義塾百年史』下巻発行時（昭和四十三年）の記載では、「現在では木造の第一館、第二館はそれぞれ生徒の会議室や医務室、用務員室等に転用され」とあり、第二館は翌四十四（一九六九）年の慶應義塾高等学校特別教育棟（現・A棟）の建設工事に伴い取り壊され、第一館は五十八（一九八三）年の新校舎建設（現・B棟）工事に伴い取り壊された。

*27 前掲『慶應義塾百年史』中巻（後）、三六四〜三六五頁。なお第一学生控室は慶應義塾高等学校発足時には小講堂として改修され、第二学生控室は米軍による接収中に増築が施され、体育館として使用された。昭和三十八（一九六三）年に日吉会堂（慶應義塾高等学校体育館）が完成したため、体育館としての使用はなくなり、柔道場および体育団体連盟や生徒会の部室等に使用された（『慶應義塾百年史』下巻、三一四頁）。第一学生控室は、A棟の建設の際に、第二学生控室はB棟の建設の際に取り壊された。

*28 前掲『大学々則変更認可申請関係綴』の「予科設備概況附建物平面図」〈資料1〉には「第四館」と記されており、総坪数二四〇坪、三十坪の「大教室」が計八とある。

*29 『慶應義塾百年史』下巻、慶應義塾、一九六八年、二七〇〜二七一頁

*30 小林澄兄「日吉予科一ヶ年を回顧して」（『三田評論』第四五二号、昭和十年四月）参照。なお構内の風致や植林、排水、街灯・ベンチの配置の工夫などについては、『慶應義塾百年史』中巻（後）三四八頁、『慶應義塾史事典』（慶應義塾、二〇〇八年）五七〇〜五七一頁「銀杏並木」の項を参照。「日吉建築工事の概要」の「道路工事概要」には、「駅前の植樹を密にして、校舎建物の奥行深く雅趣に富ましむるに専ら留意し、其主なる部分は本夏季休暇中に施工中で、十月には大体完了する予定」とある。

*31 吉村久夫「同窓会漫筆　塾員日吉へ行く」（『三田評論』第四六六号、昭和十一年六月号）

*32 この鐘は現在設置されていない。その行方も不明である。ただ鐘が設置された屋根と四本の短い柱は現在も残っており、電動装置の痕跡も認められる。昭和三十五（一九六〇）年、屋上に四階部分として社会科教室が増築された。それに伴い、鐘の下の空間は壁で塞がれ、現在は文化祭（日吉祭）の倉庫として利用されている。文化祭用の備品が雑然と置かれた倉庫の壁には、白いタイルの壁が残っており、かつてここが屋上の一角を構成するスペースだったことがうかがえる。

*33 本書第二章参照

*34 残念なことに現在、北側ホールはクラブの部室と生徒会室、

エレベーター室等によって仕切られ、かつての姿が失われている。ガラスブロックには今も西日が当たるが、生徒会室があるためその光がホールを彩ることはない。

＊35　前掲『大学々則変更認可申請関係綴』参照。なお医務室は「第二学生控室」に移されたと思われる。

＊36　網戸武夫『建築・経験とモラル』住まいの図書館出版局、一九九九年、七五頁

第四章　予科の教育（後編）　塾生のライフ・スタイル

「すぐ役に立つ人間はすぐに役に立たなくなるとは至言である。」
（小泉信三）[*1]

一　アルバム『予科時代』

写真家の芳賀日出男は、昭和十四（一九三九）年四月、中国の大連第一中学校から慶應義塾大学文学部予科に入学した。満鉄に勤務していた父の関係で大連に生まれ育った芳賀にとって、日本の四季の変化とその美しさは新鮮な驚きをもって感じられるものだった。[*2] 中学時代から写真に親しんでいた彼は、カメラクラブに入部する。一学年上には三木淳[*3]がいて、勉強よりも写真に熱中する学生時代を過ごした。三田の本科では中国文学を専攻し、奥野信太郎の指導を受け、国文学の授業で折口信夫の講義を聴いた。これが後に民俗写真の第一人者として、生涯を貫く仕事を拓く原点になるのだが、折口教授の授業は難解で、十分に理解できるものではなかった。

秋の日の午後の授業、私は居眠り半分で折口の語る言葉を聞いていた。「村の祭りの日に、若者が笠をかぶり、蓑を着て、杖をつき、遠来の神の姿で訪れてくる」という、今思えば「まれびと」のことだった。

ぱっと眠気がさめた、その講義がもし本当なら、写真に撮れるかも知れない、と思った。[*4]

その後の人生を決める決定的瞬間は、若者の心にいつも突然にやってくる。それはまるで村祭りに訪れる遠来の神のようであり、「その一瞬」を鮮やかに切り取ったスナップショットのようでもある。しかしながら、この「目覚め」が芳賀の中ではっきりと自覚され、熟していくまでに十年近い歳月を要した。その間、戦争があった。三田での学生生活は、昭和十七（一九四二）年四月から翌十八（一九四三）年十二月までの二年に満たない。学徒出陣によって横須賀海兵団に入り、三田で過ごした豊かな時間は、海軍飛行予備学生としての訓練の日々に変わってしまった。予科入学から始まった芳賀の塾生生活は、日中戦争から真珠湾攻撃を経て、アジア・太平洋の広大な地域に拡大された戦争と完全に重なるものである。海軍航空隊では写真の特技を生かして偵察用の航空写真を担当、千島列島方面など主に北方の偵察に従事し、中尉で敗戦の日を迎えた。

『予科時代』と題されたアルバムがある。表紙裏に手書きで、

昭和十六年度
文学部三年B組
クラス・アルバム
昭和十七年三月
アルバム製作完了

その上に「アルバム委員」として、

総務会計・梅津裕
撮影・芳賀日出男
中村一
鵜野次郎

と記されている。芳賀の予科修了記念の私蔵アルバムである。計三十四枚の写真には、芳賀自身による手書きのコメントが書き加えられている。半数以上が芳賀の撮影によるもので、「撮影・芳賀」と明記されているものは一九枚である。アルバムを開くと、最初のページに大きめの字で「豫科時代」のタイトル、その下に小字二行で入学年（昭和十四年四月）と修了年（昭和十七年三月）が記され、巻頭に次の写真が置かれている（写真1）。

第一校舎北側入口のホールの内側から、キャンパス中央の中庭（広場）を挟んで第二校舎が見える。背を向けた二人は文学部予科三年B組のクラスメイトだろうか。一人は左手に煙草を持ち、一人は扉に左手を添える。影絵のような後ろ姿と第一校舎内部の暗さ、その向こうに見える真っ白な第二校舎とのコントラストが美しい。扉の模様は幾何学的で、直線と直角をベースとした第二校舎のデザインとともに、全体にアール・デコ風のモダンな印象を与えている。南側に面した校舎の白い壁は、太陽の光を受けて眩しい。昼休みの風景だろうか。中庭広場を歩く予科の生徒た

〈写真1〉芳賀日出男撮影［慶應義塾福澤研究センター提供］

ちは明るい陽を浴び、「理想的新学園」と「学びの空間のロマン」の夢が、まさしくここに実現されているように見える。しかしながら、黒のフレームワークの中に広がる世界が眩しければ眩しいほど、白と黒の対比が際立つ。黒色の深みは、まるで拡がりゆく底なし沼のような戦争の時代を象徴するかのようだ。こちらに背を向ける生徒の背中の影は、やがて戦場に送り出される彼らの運命を暗示するかのように、その闇を濃くしている。ファインダーを覗く若き芳賀日出男は、この時いったい何を見ていたのだろうか。中庭を歩く予科生たちはどことなくうつむき加減で、友人との接触を避けるかのように互いに交差しながら歩いている。

ページを開けると第一校舎正面玄関の写真に続いて、次のタイトルの写真が並ぶ。

塾長
クラス担任・英語・加藤憲市先生
仏蘭西語・高橋廣江先生
登校時刻
風光る日吉の丘
国語選択・高原武臣先生
仏語選択・後藤末雄先生
英語選択・加藤憲市先生

以下、クラスメイトの名前とそれぞれを写したスナップ写真が並び、手書きのコメントが小さな字でかなり細かく書き込まれている。途中、「若き早慶戦の感激」と題されたページには、神宮球場での野球の試合の写真二枚、そこには応援歌「若き血」の歌詞とともに、詩のように分かち書きされた次の文章がある。

神宮外苑紺碧の空のもと
今白球飛んで天下の早慶戦始まる。

六万の観衆、唯興奮そのものの。

ここには確かに、慶應で学ぶ塾生の典型的な「青春」がある。

芳賀の第二外国語はフランス語だった。担当教員の高橋廣江は、『僕の昭和史』で安岡章太郎が繰り返し回想する予科時代のクラス担任である。パリがドイツに占領された時、教壇で泣き伏したというが、のちに軍の嘱託として仏印に行き、帰国してからは人が変わったように急進的な国家主義者になっていた。[*5] 芳賀のアルバムには、高橋の写真に添えて次のコメントが付されている（写真2）。

〈写真2〉「仏蘭西語・高橋廣江先生」芳賀日出男撮影
［慶應義塾福澤研究センター提供］

　僕はまだ覚えてゐる。二年の二学期の終りに「先生、僕にどうして良をくれないのですか。」と尋ねたら「君は可だらう。可なら結好《（ママ）》だよ。」と言はれた。マルタン・ドユ・ガールの「チボー家の人々」。山内義雄氏の名訳を暗記して行つたけれど、睨まれてゐた僕は可だつた。しかし、写真は珍らしく気持よく撮らしてくれた。その上僕よりフランス語の出来る中村より、僕の名前を覚えてゐてくれた。

二〇一六年八月二十五日、私は高田馬場にある芳賀の事務所を訪れた。九十五歳の芳賀は、予科時代の思い出、海軍時代、そして折口信夫のこと、古いアルバムを開きながら丁寧に記憶を辿ってくれた。その時、高橋廣江に関して次のように話している。

　私（芳賀）が（予科に）いた時にパリの留学を終えて帰ってきた。この人はあまり戦争が好きな人ではなかった。（アルバムに）このように書いてあると、いろいろ思い出す。この人は平和主義の人だった。フランスに長くいたので戦争は嫌いだった。

安岡章太郎の回想とは、およそ印象が違う。高橋の留学は、昭和十二（一九三七）年八月から翌十三年九月までである。[*6] 芳賀の入学は十四年四月、留学から戻ったばかりの高橋にフランス語を習ったことになる。この年、高橋は随想集『パリの生活』を刊行する。安岡が文学部予科に入学したのは十六年四月であるから、芳賀と安岡とは第一校舎で一年間、同じ時間を過ごしていた。しかし、高橋に対する印象は、このように違っている。芳賀の撮った写真からも、そこに彼が書いた文章からも、「急進的な国家主義者」の面影は見えない。そこにあるのは、どこにでもいる普通の教師の姿である。

高橋は十六年九月から十二月までの三ヵ月間、仏印（フランス領インドシナ）を旅した。その印象記が随筆『仏印の旅に思ふ』である。[*7] アルバムにある高橋の写真は、これがもし予科三年次に撮ったものならば、帰国直後の十六年十二月から翌十七年三月までの間ということになるだろう。机の上に分厚い書物を広げ、火鉢にあたる高橋は、この時四十五歳である。

安岡は高橋を評して「急進的な国家主義者」と言い、言動が「奇っ怪」で「僕らをしばしば戸惑わせた」と言う。[*8] しかしながら、『仏印の旅に思ふ』を読む限り、安岡が言うほどの「急進的」な印象は感じない。ただその「はしがき」には時代の影響を明らかに受けた表現が散見される。たとえば次のような一節である。

　この大和民族の素質的高貴さの本質こそは、今までに地上の文化を築いてゐた西洋人の識らなかつたことであり、それを把握し、それを文化の上に実現し、そして日常の生活においてこの美しい心情の流露を妨げてゐるものを訂正し除去することによつてのみ、私どもは今までの西洋人の文化を超克して、独自の文化を建設することが出来、そして今まで西洋文明に服従して来た東亜共栄圏の諸民族に大和民族の文化を欽仰させることが出来るのである。

高橋は「仏印から帰った私の感懐」であると結ぶ。パリで学び、西洋の文化を深く理解するフランス文学者の言葉が、これである。安岡によれば、仏印から帰国後、高橋が選んだ教科書は、フランスの右翼や超国家主義者の評論が並んでいるものばかりで、「これでは、まるで僕らはフランス語を通じて、学校へファシズムを習いに行かされているようなものではないか。[*9]」ということになる。

芳賀の言う「平和主義の人」から、安岡の言う「急進的な国家主義者」へ——この時代の学者や文学者、そして教師が、どのように戦争に協力し、どのように国家主義的な言動を重ねたか、ここで詳しく述べる余裕はない。仮に安岡の回想が真実だとしても、彼が言うような高橋の言葉や行動の変化を、彼個人の問題に帰すべきか、あるいは広く時代というものの中で捉えるべきか、まずは慎重であるべきだろう。ただ、私がここで注目しておきたいのは、安岡が記した次の文章である。

僕らの接した高橋先生はこの本（筆者注『パリの生活』）を書いていたときの高橋先生ではなかった。僕らの前にあらわれた先生は、すでに時代の環境に傷つけられ、教壇の上でヒステリックに荒れた言葉を吐いたり、ふさぎこんだりしておられたのである。[*10]

冷静な観察者である生徒・安岡の目に映ったこの教師は、「時代の環境に傷つけられた」者に他ならなかったのである。

芳賀のアルバムに残された二枚の写真、第一校舎北側ホールから見たキャンパスと予科生の光と影のコントラスト、そして火鉢にあたって寛ぐ高橋廣江、カメラのファインダーから覗く芳賀のまなざしもまた冷静である。日吉の予科は、そこで学ぶ生徒も、そしてそこで教える教師も、「時代」によって傷つけられる時を迎えようとしていた。この日吉の丘で、予科生たちが見ていた風景は、いったいどのようなものだったのだろうか。

二　寄宿舎の建設

昭和九（一九三四）年秋、慶應義塾は「福澤先生誕生百年並日吉開校記念祭」を盛大に挙行した。折しも創立者の生誕百年に当たる記念すべき年に、日吉キャンパスは誕生したことになる。十一月二日、三田の大講堂で記念式典が執り行われ、続く三日・四日は「日吉デー」として卒業生や関係者に構内を開放した。

両日ともに快晴で、校舎の屋上からは富士山が望まれ、キャンパス入口には日吉村寄贈の大きなグリーン・アーチ（緑門）が立てられた（写真3）。第一校舎正面入口は杉の緑葉と国旗・塾旗で飾られ、正面玄関ホールでは来観者に「日吉建設工事の概要」と題するリーフレットが配られた。各教室では絵画や写真の展示、レコードコンサートの他、予科生による趣向を凝らした各種展示があり、来場者を大いに楽しませた。

新校舎の壮麗、消費組合建物（筆者注・赤屋根食堂）の瀟洒、紫に煙る薄暮の富士の壮麗、窓々に灯の入った新校舎夜景の美観――義塾新敷地の祝祭二日間は来観者の歓を尽すに遺憾なかった。[*11]

陸上競技場では三日に明治節祝賀式、続いて普通部・商工学校・商業学校の連合運動会、四日には大学・高等部・幼稚舎の連合運動会と予科生の仮装行列が行われた。競技場は華やかに装飾され、両側のスタンドは芝生まで観衆で埋め尽くされ、二日間で来場者は二万五千人に上ったという。まさに義塾をあげての記念行事であり、地元の日吉村からも青年団や小学生が参加して旗行列が楽隊を先頭に村内を行進、夜は提灯行列となり、にぎやかに祝賀の夜が更けた。[*12]

〈写真3〉福澤先生誕生百年並日吉開校記念アルバムより
［慶應義塾図書館所蔵資料］
グリーンアーチの柱に「日吉村」の文字がある。銀杏並木はまだ小さく、第一校舎3階の壁面に設置された時計が見えた。

十一（一九三六）年二月には第二校舎が竣工して医学部予科が入り、第一校舎裏手には二棟の「学生控室」を建設、加えて三田の木造校舎の移築など、予科の施設は着実に拡充されていった。十二年八月には、「イタリア半島」と呼ばれる構内最南端の丘に日吉寄宿舎を竣工、十月にはキリスト教青年会日吉ホール（チャペル）も完成し、これをもって施設の建設はひとつの節目を迎えることになる。十一月には「予科祭」が催され、運動会や展覧会、映写会などが行われた。

日吉に「理想的新学園」を建設する。その計画を初めて打ち出し、校地の選定を含め新キャンパス開設の初期段階の舵取りをしたのは、前塾長の林毅陸であった。林はキャンパスの全体設計を曾禰中條建築事務所に依頼し、中條精一郎は「学びの空間のロマン」の夢を描いた。それを建築の面で具体的に表現したのが網戸武夫であり、クラシックとモダンがせめぎ合い融合する白亜の美しい校舎を設計した。教育の面では、初代主任小林澄兄がヨーロッパの新教育運動に範を求めてドイツの「田園家塾」のイメージを重ね、新しい教育の青写真を描いた。[*13] ここにおいて日吉予科は実際に動き始める。そして施設の拡充や教育環境の充実など、「理想」の実現に向けて強力な推進役を果たしたのは、新塾長小泉信三を支え、常任理事として日吉建設を担当した槇智雄であった。

槇は校舎や体育会施設の建設などハード面での整備に加え、キャンパス全体の風致や植樹など、現在につながる豊かな自然環境の元を作った。キャンパス中央の並木に銀杏を選び、構内に一万二千本にも及ぶ木々を植え、街灯やベンチの配置にも工夫を凝らした。[*14] これもまた「理想的新学園」建設のグランドデザインの中に位置づけられよう。そして槇にとっての大きな仕事の一つに、新しい寄宿舎の建設があった。

寄宿舎は、新キャンパスの構想の段階から教育上重要な位置を担っていた。林毅陸が塾長として正式に日吉建設資金の募集をしたのは、昭和八（一九三三）年十月の『三田評論』（第四三四号）「日吉建設資金募集に就て」である。

さらに、「日吉建設資金募集趣旨書」では次のように記され、以後一年間にわたって毎号掲載されることになる。

日吉台は土地高燥眺望開濶、青少年子弟の教育に最も好適の地にして、其至良の環境の中に完備せる校舎並に寄宿舎を建築し運動設備を整へ大学予科其他を之に移して理想的学園を建設する

このように校舎・寄宿舎・運動設備の三つはセットとなり、それぞれが有機的に結びつき合うところに「理想的新学園」の目指すべき姿があった。日吉の教育にとって寄宿舎は、なくてはならない存在だったのである。

槇は寄宿舎の建設にあたり、設計を東京工業大学助教授の谷口吉郎に依頼した。谷口はすでに広尾の慶應義塾幼稚舎新校舎の設計も手がけていた。谷口は初めて建設予定地を訪れた時の印象を、みずみずしい文章で書き残している。[*15] 静かな雑木林の丘に立ち、「まづ『これはい丶』」と思い、腰まで伸びた笹藪をかき分けながら、岬のように突き出た崖の突端から遠く開けた風景を展望する。帰途、車に揺られながら、頭の中にこれから建てる建物のデッサンが自然と描き出された。

幼稚舎で試みたパネルヒーティングを再びこ丶でも成功させたい希望や、日頃から考へてゐる学生都市の新しい生活様式を、あの見晴らしのい丶丘の上に、一つ実現して見たい願望などが盛り上がつて来るのであつた。

谷口が考えていた「学生都市の新しい生活様式」とはい

かなるものか。

そもそも義塾創立の当初は、塾生のほとんどが塾内で寝食を共にして勉学に励む寄宿舎生であった。文字通り「塾」としての本質がそこにあり、義塾史の中で寄宿舎は重要な役割を果たしてきたことになる。福澤諭吉が安政五（一八五八）年に築地鉄砲洲の中津藩中屋敷に蘭学塾を開き、芝新銭座に移って「慶應義塾」と命名し、三田に移転した後もこの伝統は長く続いた。明治中期以降になると塾生の数が大きく増え、明治三十三（一九〇〇）年には四百名を収容できる新寄宿舎が三田に建設された。やがて三田構内が手狭になったため、大正六（一九一七）年には広尾に移り、さらに日吉開設に伴って新しい寄宿舎が建設されることになった。この間、たとえば明治三十六（一九〇三）年に、寄宿舎生によって日本で初めての「消費組合」（現在の慶應義塾生活共同組合）が設立されるなど、塾生の活動の拠点となり、寄宿舎生は「常に義塾をリード」[*16]し、「全塾生の中核」[*17]をなす存在であったという。福澤の時代には生活に規律を持たせるために、かなり細かな規則を設けていたが、のちには厳しい規則を設けず、塾生（舎生）による自治を特色とするようになった。その伝統は日吉に移転された後も継承されることになる。

『三田評論』昭和十一（一九三六）年八月号（第四六八号）所収の「寄宿舎の移転と新築寮舎」は、谷口による設計が終わり、建築工事着手の少し前に、その全体計画を公表したものである。そこには次のように記されている。

> 寄宿は学生の住居であると同時に学府に於ける教育機関の一部である。即ち教室に於ける智育、体育会の諸設備に於ける体育といふ点から観ると、寄宿舎は徳育機関であらう。また一団の学生の住居であるといふ点から見ると建築上では群集住居であり、この両方面の見地よりあらゆる細部に至るまで研究し、之を統一総合して従来の寄宿の実際に照して設備万端の完全を期することゝなつた。教育設備の方は当局に於いて今後益々慎重に研究を重ねることゝして、建築の方は学校建築方面の専門研究家として令名あると同時に特に群集住居、アパート建築の理論と実際の研究家である工業大学の谷口助教授を嘱託としてアドヴァイスを受けることゝなつた。随つて今回出来上つた設計には長年に亘る研究の成果が遺憾なく現はれ、従来の寄宿舎設計とは全く面目を一新したものである。

日吉開設のグランドデザインにおいて、校舎・体育施設・寄宿舎が三本の柱になったのは、それぞれが知育・体育・徳育を担う場として位置づけられたからである。徳育の場としての寄宿舎の役割は、「慶應義塾寄宿舎舎則」の「一　総則」に次のように示されている。

第一条　慶應義塾寄宿舎ハ義塾教育精神ニ則リ共同生活ヲ通シ舎生ヲ訓育スルコトヲ以テ目的トス

そして義塾が入学志願者向けに『三田評論』誌上に発表した「寄宿舎に就て」の次の一節を読めば、その教育の目的は明らかである。[*18]

（一）舎生の自治を基調とせる共同生活の効果を実現することと、（二）教師と舎生との親しき日常の接触を通じて温い家庭的雰囲気の中に舎生の指導をなすことの二点に帰する。かくして智育、徳育、体育の三者を併せて教育の完全を期し有為の人材を養成することこそ寄宿舎教育の眼目である。

谷口による新しい寄宿舎は、建物や設備の面で「従来の寄宿舎設計とは全く面目を一新したもの」であったが、一方でそこに形成されるべき文化は、福澤塾以来の義塾の伝統を受け継ぎ、寄宿舎教育の重要な二つの眼目を満たしたものでなければならなかった。では、谷口は義塾の要求にどのように応え、自身が考えていた「学生都市の新しい生活様式」をどのような形で実現しようとしたのだろうか。

三　学生都市の新しい生活様式

谷口が設計した寄宿舎は、鉄筋コンクリート三階建の白い箱型の建物が三棟南向きに並び、これに浴場棟が付属するものである。外壁はタイル貼りで、同じく谷口の手になる幼稚舎校舎とともに昭和初期を代表する端正なモダニズム建築である（写真4）。

「南寮・中寮・北寮」と呼ばれる三棟の建物は、ともに四十の個室から成り、各部屋は約五畳で、一人一室、室内には勉強机・椅子・ベッド・洋服ダンス・本棚・電気スタンド・洗面台・鏡などが備えつけられていた（写真5）。暖房はパネル・ヒーティング（床下温水暖房）で、各階には水洗式のトイレもあった。言うまでもなく当時最新の設備であり、「東洋一」とも称された。[*19]

その最大の特徴は、モダンな外観だけでなく、何より個室が与えられたところにある。それは旧制高校に代表される当時の学生寮では考えられないことであった。義塾の広尾の寄宿舎でも一室（寝室）を八名で使い、新寄宿舎の計画の際には、複数の学生を同室にするか個室にするかの議論があったという。[*20]個室にすることで、日常の起居に加え勉学に関しても、他人からの干渉に煩わされることのない落ち着いた環境が与えられた。それは箱形の外観も含め、「寮」と言うより、まさに「アパート」と呼ぶのがふさわしい。加えて特徴的なものに浴場施設がある。前出の「寄宿舎の移転と新築寮舎」には次のように記されている。

　元来学生々活は勉学が中心となるもので、どうしても居室及び教室に於ける机に倚《よ》る生活が一日の最も長い時間を占めるので、か丶る生活より生ずる身体の鬱抑を散じ、読書による姿勢の悪化を匡正《きょうせい》する目的の下に、浴場を以て単なる入浴所とせず、姿勢を直し、延び延びして休息し得る場所として設計した。

浴室は「ローマ風呂」と呼ばれる円形の浴槽を中心に据え、他に水風呂、娯楽室を備え、卓球台などの運動用具も置かれた。浴室は天井までの高さのガラス窓で、遠く鶴見

〈写真4〉日吉寄宿舎の全景　渡辺義雄撮影［慶應義塾福澤研究センター蔵］
左から南寮・中寮・北寮

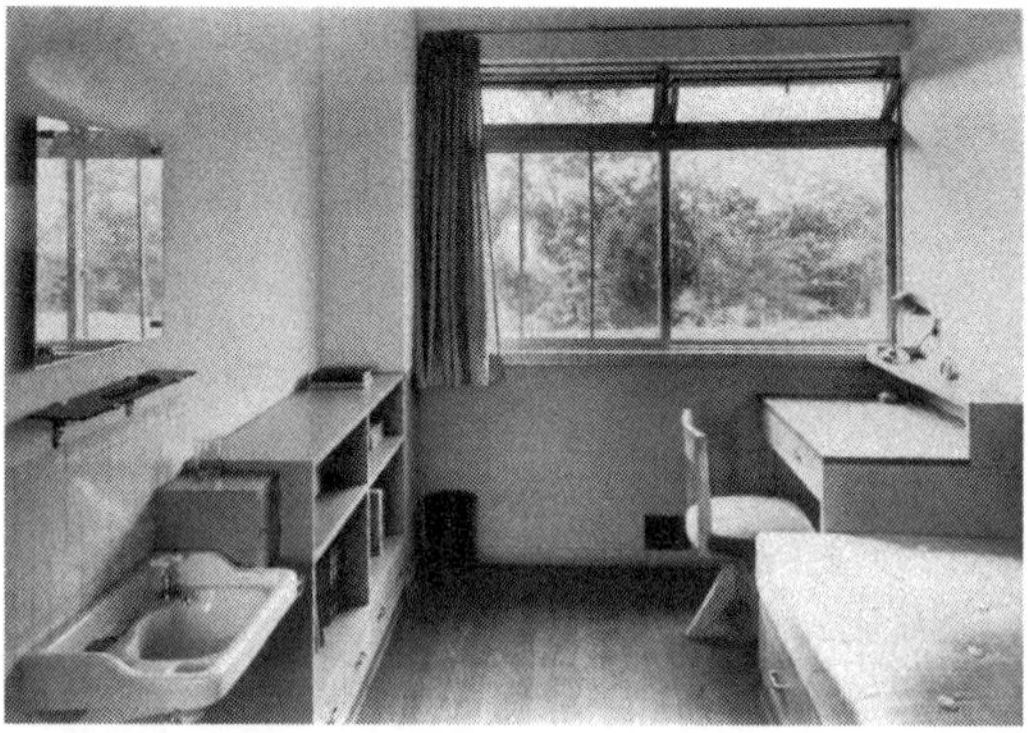

〈写真5〉日吉寄宿舎の個室　渡辺義雄撮影［慶應義塾福澤研究センター蔵］

や川崎方面の展望が開け、春には眼下に綱島の桃畑の赤い花が一面に広がり、開放的な気分で入浴を楽しむことができた（写真6、7）。

寄宿舎は学生（舎生）による自治を基本としたが、教員も共に生活していた。「慶應義塾寄宿舎舎則」の第二条に、「舎生ハ寄宿主任、舎監及ヒ副舎監ノ指導及ヒ監督ヲ受ク」とあり、共に暮らす教員（舎監）から学問的にも人間的にも多大な感化を受けた。

各寮の一階には、玄関を入ってすぐ左手に舎監室と副舎監室があり、その奥に日当たりのいい食堂があり、談話室があった。朝は屋上でラジオ体操をした。朝食は全員揃って舎監とともに摂り、いない者がいれば起こしに行った。放課後は野球やサッカーに興じ、友人の部屋で雑談や議論をし、夜には酒も飲んだ。秋には寮対校の運動会が行われ、赤屋根食堂での慰労会ではテーブルに特別メニューやビールが並び、大いに飲み、歌い、踊ることが許されたという。野球・サッカー・テニスなどの寮対校の試合、演劇、義塾出身の財界人や義塾の教授による講演会など、学生主体で多種多様な企画や行事が運営された。当時の寄宿舎生活の様子については、慶應義塾大学寮和会発行の『慶應義塾大学日吉寮開設五十周年記念誌』（一九八七年）に詳しい。総じて自由で伸び伸びとした空気をそこに感じ取ることができる。日吉寄宿舎の最大の特色である個室に関しては、たとえば次のように回想されている。

> 何といってもよかったのは一人一部屋で中から鍵がかかり、プライバシーが保たれていることだった。個人主義と集団生活の調和ということが寮設立の趣旨にあったのか、新人へのしごきだとか、ストームなどで不快な思いをしたことはなかった。[*21]

当時の旧制高校の寮生活にあったような蛮カラを是とする気風や文化とはおよそ異質な空間がそこに作り出されていたことがうかがわれる。世間一般で言ういわゆる「慶應ボーイ」的な、都会的でスマートな気風がそこにはあった。これがおそらく谷口が作ろうとした「学生都市の新しい生活様式」の一つの形であり、「文化」と言い換えてもいい。

日吉寄宿舎の「文化」を考える時、何より重要なのは舎監の教員からの影響である。寄宿舎開設時に北寮の舎監を務めた伊東岱吉《たいきち》（当時高等部教員）によれば、夕食後に舎生と読書会を行い、ツルゲーネフを輪読したり、各々興味ある分野の研究を発表したりする会を行ったとのことである。[*22] こうした読書会や勉強会は寮ごとに行われ、やがて同好会も作られるようになり、経済学に関する同好会は中寮舎監の山本登が、哲学は南寮舎監の宮崎友愛《ゆうあい》が、自然科学は北寮舎監で医師でもあった山口與市が指導した。北寮副舎監の宇尾野久は唯物史観の解説書や文学の小品を読み、舎生との自由な討論を楽しんだという。[*23] 宮崎は当時三十代、予科の教員で哲学と修身を教えた。戦後は文学部で倫理学を講じ、三田哲学会会長、文学部長などを歴任する。山口は医学部の内科助手、のち国立第二病院院長、伊東も山本も宇尾野も当時二十代で、のちに経済学部教授として戦後日本の経済学を牽引することになる気鋭の学者である。

〈写真 6〉日吉寄宿舎浴場棟外観　渡辺義雄撮影［慶應義塾福澤研究センター蔵］

> 副舎監の山本先生は、教師というよりは、寮生の兄貴分と言った方が良い程の自由な先生であったので、寮生活の親睦の中心であった。

と当時の舎生が回想するように、[*24] 年齢が自分とさほど変わらない若い教師との生活は、知的な刺激に満ちたものだったに違いない。食堂は読書会や勉強会をする場でもあり、食堂の隣にあった談話室は友人との語らいの場であり、音質の良い蓄音機で音楽を鑑賞する場であり、若い学者との

〈写真 7〉日吉寄宿舎浴場棟内部　渡辺義雄撮影［慶應義塾福澤研究センター蔵］
通称「ローマ風呂」

知的な会話の場であった。「くつろいだ中にも思索と探究のムードが漂っていた」[*25]という。

入学志願者向けに書かれた前出「寄宿舎に就て」には、舎監に関して次のように記されている。

> 即ち寄宿舎を分つて三棟三寮となし、一寮に各々四十名の舎生を収容し、これを一名の舎監と副舎監とが担当し、学業上の指導は勿論、一身上の隅々のことにまで世話を引受けることゝなつてゐる。寮は云はゞ第二の父兄とも云ふべき舎監、副舎監の下に構成せられた四十名の大家族の観を呈するものと云へよう。換言すれば二十名の舎生に対し一名の教師が指導の任につくわけであるから、最も親密に一切を世話し得るものと信じてゐる。而して寄宿舎主任は全寮を統轄するものとして置かれてゐる。

都心を離れた静かな郊外の地で、知育・体育・徳育の三つの領域にわたって全人格的な教育を行う。これこそが「理想的新学園」の目指すべき教育の姿であり、日吉予科全体の教育の理想であった。学生が教師と寝食を共にし、規律ある生活をしながら知的な刺激を受け、「温い家庭的雰囲気の中」で「有為な人材」を育成し、社会に送り出す。これは寄宿舎教育の目的であるとともに、「塾」としての義塾本来の教育のあり方でもあった。同時にそれは、学問や課外活動を通じて知・徳・体のバランスのとれた人格を育成するヨーロッパの新教育運動、小林澄兄が範を求めたドイツの「田園家塾」の全人教育の理想と重なり合うものでもあり、担当理事槇智雄のイギリス・オックスフォード大学留学の経験も色濃く反映していると思われる。欧米のボーディングスクールの文化である。

実際、開設五十年を記念してOBが編んだ冊子（前出『五十周年記念誌』）は、友人との思い出とともに舎監の教員との思い出で満ちている。文字通りの「恩師」との出会いがそこにあった。

寄宿舎生のほとんどは予科生であった。昭和十一年度の予科入学者は一二四五名、三学年合わせれば、予科だけで三千五百名を優に超える学生数になる。一方、寄宿舎は一棟四〇名であるため三棟合計しても一二〇名に過ぎず、全体の僅か三パーセント程度でしかない。寄宿舎が義塾の歴史の中で「中核」をなす存在だったとしても、学部本科や高等部の学生まであわせれば、実際にはここで生活する者は全塾生の中ではきわめて少数派である。したがって寄宿舎を含めた総合的な意味での「理想的新学園」の完成は、正しくは「理想」のままで終わったと言うべきかもしれない。当初の計画では六棟建てる予定であったが、仮にそれが実現したとしても二四〇名に過ぎない。堀田善衞も安岡章太郎も芳賀日出男も入っていない。だからこそ彼らなりの「自由」な学生生活があったのだが、寄宿舎には寄宿舎の「自由」があり、「規律」もあった。そしてそこに流れていたリベラルで居心地のいい「思索と探究のムード」は、そのまま日吉の丘に吹く風の一部だったのである。

四　リベラル・読書・教養

堀田善衞が予科に入学したのは、昭和十一（一九三六）年四月であった。第二校舎で授業が始まった年、寄宿舎完成の前年である。『若き日の詩人たちの肖像』[*26]によれば、上京した「少年」は、まず兄の下宿で暮らし、次に青山の畳屋の二階に移った。そこの主人は荒れた酒を飲む男で、細君を刺し殺すという事件に遭遇し、早々に下宿を変える。その後下北沢のガード脇のアパートに移り、ある日突然刑事に連行され、二週間近く拘留された。左翼思想にかぶれた学生と思われたからである。堀田の予科生活は寄宿舎の清潔で秩序ある集団生活とは無縁のものであった。[*27]その後も下宿やアパートを転々と変えながら、文学的な仲間たちとの交遊を深めていく。彼の周囲の「若き詩人たち」とは、たとえば白井浩司（仏文学者）であり、芥川比呂志《ひろし》（俳優・演出家）であり、加藤道夫（劇作家）である。みな日吉予科に学んだ塾生であり、きらびやかな才能と教養にあふれた友人たちとの交流があった。

ここに描かれた「青春」は、もちろん文学作品としてのひとつの青春の形である。それは確かに文学的で特殊なものにも見えるが、ひとつひとつのエピソードの底には、ある種典型的な予科の空気が流れている。それもやはり「文化」と言い換えていい。それをもう少し重層的に、同時代の塾生の記憶を辿りながら眺めてみたい。

『証言　太平洋戦争下の慶應義塾』は、戦前から戦中にかけて義塾で学んだ卒業生からの聞き取りの記録であり、貴重なオーラルヒストリーである。[*28]そこでは学徒出陣や軍隊経験、戦場体験のみならず、当時の学校の雰囲気や塾生生活が、生き生きとした記憶と言葉で語られている。

浅田光輝（昭和十八年経済学部卒）は、堀田の一年後、昭和十二（一九三七）年に予科に入学した。その年の夏に日中戦争が始まり、世の中の雰囲気も窮屈になり、年々厳しさを増していくのを肌身に感じた。入学当時は左翼的な学生運動はすでに存在しておらず、ものを考えようとする学生にできたのは、社会思想や哲学の本を仲間同士で読み合うサークルに入ることだった。入学後すぐに廊下の掲示板で見た日吉哲学会に入り、宮崎友愛の指導のもと西田幾太郎を読んだ。勉強会は月に何回かあり、渋谷の喫茶店に毎回十五、六人は集まっていた。学外の思想家や評論家の話を聞く集まりも何度かあった。日吉での勉強会では、授業の後に週一回、構内の学生食堂の片隅に三つか四つあった小部屋の一つに集まって、和辻哲郎『人間の学としての倫理学』を読んだ。テキストの議論よりも、「国民精神総動員法」などで日々硬直化していく世相への批判や憤懣に話が集まったのを記憶している。

予科二年に進級すると学生新聞である『三田新聞』に関わるようになった。ところが、昭和十四年秋から翌年一月にかけて、編集長以下の中心メンバー四人が治安維持法違反容疑で突然検挙される。翌年の十一月には、浅田自身も警視庁と地元警察の三人の刑事によって連行された。部屋の本は全て持って行かれ、警察では「特高」（特別高等警察）による殴る蹴るの取り調べを受けた。逮捕された理由は『三田新聞』との関係でなく、取るに足らない理由によるものだった。一方的にマルクス主義者とみなされ、形式的な「転向」を約束したのちに、翌十六年の七月になって執行猶予付きの有罪判決を受けてようやく保釈された。

その後大学に戻り、早稲田の学生とマルクス主義に関する研究会を始める。このサークルは仲間たちが「学徒出陣」で動員されるまで続けられたが、特高に再び検挙される危険を承知しながら、何かにつき動かされるようにのめりこんでいった。大学の雰囲気は総じてリベラルで、右寄りの意見や左寄りの意見が反発しあうこともなく、お互いの思想信条に寛容な雰囲気があった。

『若き日の詩人たちの肖像』に描かれていたような、学生が教室から直接連行されるような出来事は、『証言　太平洋戦争下の慶應義塾』からは見出すことができない。ただし官憲による学生の検挙に関しては、いわゆる「学生狩り」まで含めれば数限りなくあった時代である。浅田の証言記録だけでも、『三田新聞』幹部の検挙に加えて、東大や早稲田をはじめとする東京の主な大学での百名を超える学生の検挙、慶應でも学生団体の「日本経済事情研究会」で二十四名に及ぶ塾生が検挙されている。[*29]

新入生の浅田が日吉哲学会で指導を受けた宮崎友愛は、予科の教員と寄宿舎南寮舎監を兼ねた。授業で哲学を教え、放課後はサークルで、夜は寮で生徒と共に哲学書を読んだ。日吉の丘に吹く風は、教師を媒介にして予科と寄宿舎で連続している。当時三十代の若き教師・宮崎にとっても、幸福な時間だったに違いない。

神山《こうやま》四郎（昭和十九年文学部卒）は、浅田と同じ年に予科に入学した。世の中では軍国主義の風が確実に強まっていたが、右寄りの学生が団体を作ったり、集団で行動したりすることもなく、自由主義的な学生や教授が圧倒的に多かったと言う。

亀田廣（昭和十九年経済学部卒）は昭和十四（一九三九）年に入学した。学外では友人と下宿で話したり、映画を観たり、ハイキングやアイススケートをするなど、楽しい時間を過ごした。本もよく読み、岩波文庫を一日一冊読む友人もいた。亀田自身も哲学から文学まで千冊近く持っていた。影響を受けた本は主にドイツ文学で、ゲーテやシラーを愛読した。ヒトラーの『我が闘争』は原書をドイツから取り寄せて読んだ。授業に関しては、奥野信太郎の中国文学、高原武臣の国文学、近山金次郎の西洋史などが楽しく、千種義人の経済原論も熱心に聞いた。語学も好きで、英語は鷲巣尚、三浦又治郎、田中木叉、青木厳、ドイツ語は相内武千雄、淵田一雄、田島重雄に習った。ドイツ語では希望者だけのレベルの高い補講があり、ヘッセの『美しきは青春』を読んだ。

哲学や文学・芸術に対する関心、特に読書についての思い出は、同書の中で繰り返し語られている。それは当時の予科生に共通する「文化」であったと言っていい。同じ昭和十四年に入学した山下悦三（昭和十九年経済学部卒）は、テニスや山登り・スキーで体を鍛え、文学青年が集まる喫茶店で時間を忘れて語り合った。友人たちの文学・哲学・芸術に関する知識の幅の広さに驚き、彼らから読書の楽しさも教えてもらい、映画もよく観た。「われわれはよく遊びよく学んだと思うし、青春に悔いなしでした」と語る。一方で、自由な談笑の中でも思想的な会話などには注意をしなければならない時代になってきた。左がかった本は処分し、三田に通うようになってからは、銀座も新宿も盛り場の賑わいを失っていった。

読書に関しての思い出は尽きない。「大学予科から本科へかけて、自分の好きな勉強ばかりしていましたよ。嫌いな科目はスレスレでパス。興味のある科目の他に文学、哲学に熱を入れていました。世界文学全集の小説を片っ端から読み、それについて学友と深夜まで語り合ったものです」（石井公一郎、昭和二十一年経済学部卒）、「クラスの友人と話をすると、俺は遅れているのではないか、本の読み方も足りない、古典の読み方も足りない、そういう焦りを感じながら、それでも必死に学生生活を送っていました」（石川滋、昭和十九年経済学部卒）――こうした文学・哲学に対する強い関心は、所属する学部に関係ないものであった。日常のごく当たり前の風景として友人との知的な語らいがあり、書物に向き合う時間があったのである。

その背景には、この時代の大学予科および旧制高校における教養主義的志向がある。この場合の「教養」とは、哲学や文学・歴史などを通して自我を確立し、理想的な人格の完成を目指す「人格主義」と言い換えることもできる。[*30]阿部次郎の『三太郎の日記』、倉田百三の『出家とその弟子』『愛と認識との出発』、西田幾太郎の『善の研究』、和辻哲郎の『古寺巡礼』などは当時の学生のバイブルとされ、カントやヘーゲル、ニーチェ、ショーペンハウアー、トルストイ、ゲーテなどの西洋の哲学者・文学者の書物を競い合うようにして読んでいた。予科および旧制高校のカリキュラムにおける充実した語学教育もまた、こうした教養主義を涵養する基盤になっていたはずである。

外国語の学習は、その国の文化や歴史への関心につながり、文学や哲学、芸術への窓を開く。彼らの目は外国語によって「世界」に開かれていった。昭和十六（一九四一）年の時点での大学の数は、帝国大学七校、官・公立大学十四校、私立大学は二十六校であり、大学進学率は僅か二パーセント、大学予科・旧制高校・専門学校などの高等教育機関を加えても約三パーセントでしかない。[*31]大学生はまさにエリートであり、そうした意識も彼らの教養主義的志向を強く支えるものであった。

竹内洋によれば、旧制高校的な文化としての教養主義は大正時代に形作られたが、社会主義的な活動の広がりとともに学生の知的関心はマルクス主義に移っていった。その傾向は大正末から昭和初期まで続いたが、やがて左翼活動が弾圧されると、昭和十年頃から再び教養主義が復活する。[*32]そのきっかけになったのは河合栄治郎を編者とする全十二巻の『学生叢書』の刊行だった。それが学生たちのバイブルとなり、「教養主義的ライフ・スタイルや教養書の読書に誘う」ことになった。[*33]『学生叢書』の刊行は、昭和十一年から十六年にかけてである。ここから竹内の言う「昭和教養主義」が始まるとすれば、『若き日の詩人たちの肖像』における青春も、寄宿舎における青春も、『証言　太平洋戦争下の慶應義塾』における青春も、芳賀日出男の青春も、まさにそうした学生文化の中にあったということになる。マルクス主義に関係する本を読むことも、左翼的な活動をすることも、教養主義の潮流の中に含めて考えることができるのである。

五　塾生のライフ・スタイル

さて、当時の塾生の生活スタイル、竹内の言う「教養主義的ライフ・スタイル」とは実際にはどのようなものだったのか。昭和十（一九三五）年六月に文・経・法の文系三学部本科生と高等部生に対して行われた調査結果が、昭和十二（一九三七）年版『慶應義塾案内』に、「塾生生活調

〈写真8〉アルバム『予科時代』より　芳賀日出男撮影［慶應義塾福澤研究センター提供］
「風光る日吉の丘」と題された写真の左側に、カレッジソング「丘の上」の歌詞の一節が書き込まれている。背景は第二校舎。

査」としてまとめられている。[*34] 配布数三千枚のうち、一〇二二人分が回収された。予科生に対しては同年十一月に行われたが、残念ながらその記録は残っていない。ただし当時の大学生（本科生）の調査結果から、予科生のそれをおおよそ推察することができると思う。調査項目は次の通りである。

現住所
本籍地の府県別
現住所以外の本籍地に家庭を有する者
住所別
現住所に於ける居住年限
通学所要時間
一ヶ月間の交通費
住所の種類による通学所用《ママ》時間
登校中昼食の場所
塾生の好んで出掛ける場所
好きな人物
酒と煙草の嗜好状態
映画
如何なる時事問題に興味を持つて居るか
愛読書
愛読雑誌
購読新聞
興味を有する科目
学校に対する学生の希望

質問はかなり個人的な内容をも含み、当時の大学生の生活を具体的に知ることができる。ここではそのすべてを紹介することはできないが、本稿に関連ある項目に関して、いくつか拾い出してみたい。

「住所別」に関しては、自宅六二〇、素人下宿一一八、親戚一一三、知人宅四七、下宿四〇、寄宿舎二六、アパート

二三、間借一三であり、自宅が全体の六割を占める。素人下宿が比較的多い理由について、「其の家庭的雰囲気が故郷を離れてゐる学生にとって親み易いからであらう」とコメントされている。寄宿舎は回答数の二パーセントでしかない。

「塾生の好んで出掛ける場所」は、「盛り場」として銀座五四四、新宿五六、浅草三〇。「百貨店」は松屋三五六、三越一七二、伊東屋一七〇、松坂屋四三。「映画館」は帝劇四二二、日比谷映画劇場二九六、日本劇場一四四、丸の内松竹六三。「劇場」は東宝劇場一五九、新宿第一劇場二三、ムーランルージュ二三、歌舞伎座八九、東劇七一、明治座一八、築地小劇場一六、「世は正にレビュー全盛と云つた形である」と記されている。銀座が圧倒的に多いのは、「慶應ボーイ」の面目躍如たるものがある。

「好きな人物」は、学界で福澤諭吉が三〇〇、小泉塾長一九二、高橋誠一郎五五、続いて美濃部達吉四四。以降、政界・実業界のランキングが続く。「女性」では九条武子が三四でトップ、続いて樋口一葉、村岡花子、乃木静子、水ノ江滝子、等々。九条武子は大正三美人と称された歌人・教育者である。「職業別に之を見ると塾生は女優さんがお好きとみえて断然三九％で他を圧してゐる」とあるように、女優の名前を答えた者が多かったようだ。

「映画」のランキングは、「（1）未完成交響楽（2）メリイウイドー（3）ベンガルの槍騎兵（4）外人部隊（5）別れの曲（6）男の世界（7）お琴と佐助（8）或夜の出来事（9）ロスチャイルド（10）商船テナシチー」となっている。トップの『未完成交響楽』はオーストリア映画、『メリー・ウィドー』『ベンガルの槍騎兵』『男の世界』『或る夜の出来事』『ロスチャイルド』はアメリカ映画、『外人部隊』『商船テナシチー』はフランス映画、『別れの曲』はドイツ映画、日本映画は谷崎潤一郎の『春琴抄』を映画化した『お琴と佐助』のみである。当時人気のあった田中絹代が主演して大ヒットした作品である。塾生の映画に対する好みは、圧倒的に欧米の作品に向けられている。

「如何なる時事問題に興味を持つてゐるか」に関しては、国内の政治問題で美濃部達吉の「天皇機関説」問題が最も多い（一〇六）。国外では「北支事変」である（一三八）。この調査は昭和十（一九三五）年六月のものであるから、同年二月に貴族院で始まった天皇機関説問題は、最も直近の政治的トピックであった。昭和十年六月の塾生は、二年前の昭和八（一九三三）年三月の国際連盟からの脱退以後、世界の中で孤立の道を進む日本という国を、どのような目で見ていたのだろうか。彼らの考えをより詳しく見ると、政府特に軍部の行動に対して肯定的態度を示している者七二、批判的態度三四、否定的態度四である。賛成が反対を上回る状況だったことがわかるが、少なくともこの時はまだ、政府や軍部に対する批判的あるいは否定的態度の個人的表明が学内で許される時代であった。ただし、この「生活調査」の意図そのものに、ややわかりにくいところがある。調査の四カ月後に「学生生活の思想的方面の一調査」というタイトルで詳細な集計結果をまとめていることから見ると、学生のどのような「思想」を調べようとしたのか、その目的が非常に気になるのである。[*35] 三千枚配布のうち、三分の一の一〇二二枚しか回収できなかったということに、当時の塾生の敏感な警戒心と反発心を感じることができるのではないか。

「愛読書」に関しては、経済・社会・法律に関する本を愛読する学生が三四・六%を占め、「マルクシズム文献」九六を筆頭に、「社会思想及社会思想史」五一、「経済原論」四二、少し置いて「哲学及心理学」二〇となる。宗教書を愛読する者は一六・一%、仏教書一八五が最も多い。自然科学書は八・九%、『ファーブル昆虫記』やダーウィン『種の起源』が見える。そして何と言っても愛読者が最も多いのは文学書で、全体の四七・四%を占めている。人気のある作家は次の通りである。

夏目漱石（八五）、谷崎潤一郎（三五）、芥川龍之介（三四）、トルストイ（三〇）、ドストイエフスキー（二六）、アンドレジード（二〇）、島崎藤村（一九）、ゲーテ（一七）、横光利一（一六）、石川啄木（一六）、シェークスピア（一三）、徳富蘆花（一二）、森鷗外（一二）

先に見たように、昭和十二（一九三七）年に予科に入学した浅田光輝は、哲学や社会思想の本をサークルの仲間と読み合っていたと言う。昭和十年の調査では、マルクス主義に関する本が塾生の間でかくも多く読まれていた。むろん回答数全体の中では大きな比率ではないが、少なくとも九六名がそれをいちおう隠さずに申告しているということは、まだそれを読む自由が許されていたということだろう。

一方で、浅田の回想にあるように十四（一九三九）年秋から翌十五年一月にかけて、『三田新聞』の塾生幹部が検挙され、浅田自身も警察に連行された。早慶を含む東京の主だった大学で、百名を超える学生の検挙もあった。昭和十年から十五年までの六年間の、学生を、そして社会を取り巻く状況は、確実に、そして激しく変化したことがわかる。

「愛読雑誌」は総合雑誌六〇三が最も多く、これに文学雑誌一九六が続く。総合雑誌で多いのは、『改造』二二六、『中央公論』二〇七、『文芸春秋』一三二、『経済往来』一

○七となる。総合雑誌の購読は、社会の動きに対する関心だけでなく、彼らの知的世界や教養を支えるものであった。総合雑誌を通して最新の論壇の状況を知り、気鋭の学者の論文を読み、新しい文学にふれたのである。当時の学生は、『中央公論』や『改造』を読まないと時代に遅れると考えており、「この二つの雑誌に掲載された論文や小説がその月の知識階級の話題の中心」になっていたという。[*36] 昭和戦前期の旧制高校生や大学生の教養は、総合雑誌や文庫本、特に岩波文庫によって獲得されるものであった。

漱石の『こころ』や『三四郎』は、現代でも若者の生き方を問う教養書であり続けている。当時の学生は、漱石を谷崎・芥川を、トルストイやドストエフスキーやゲーテを、岩波文庫で貪るようにして読んだ。それは「知る」という楽しみだけでなく、彼らの「生き方」や「人格」の形成に直接関わるものであった。それが彼らの「教養」だった。昭和十四年入学の亀田廣の回想にあったように、「一日一冊、岩波文庫を読む」ということも決して誇張ではないだろう。「僕も哲学から文学まで千冊近く持っていました」と言うように、どれだけ読むか、あるいはどれだけ持っているかということが「教養主義的ライフ・スタイル」の尺度でもあった。岩波文庫で「赤帯」と呼ばれる外国文学は、西洋世界に対する知的関心や憧れを刺激し、それを十分に満たした。そして、彼らは好んで外国映画を観た。授業で洋書を読み、翻訳された西洋の小説や哲学を読み、銀座で欧米の映画を楽しむ。このように彼らの知的世界は外へ外へと向いている。にもかかわらず、時代は内向きの志向を強め、彼らが生きる国は世界の中で孤立の道を進み、侵略という形でその力を外へ外へと拡げていこうとしていた。

〈写真 9〉アルバム『予科時代』より
芳賀日出男撮影［慶應義塾福澤研究センター提供］

六　「風光る日吉の丘」

「塾生生活調査」が行われた昭和十（一九三五）年六月は、自由と不自由との潮目がちょうど変わり始める時期だったと言えるかもしれない。時代は確実に戦争の色を濃くしていった。翌十一年には二・二六事件があり、十二年七月から始まった日中戦争は、やがて泥沼の様相を呈するようになる。

日支事変は、とめどもなくひろがりきりにひろがって、どうすればどうなるのかというメドがどこにも見当らず、英米などの諸国の非難はたかまる一方であり、排英の示威デモが東京で行われ、天津では英租界の封鎖ということさえが行われたことであった。（『若き日の詩人たちの肖像[*37]』）

　こうした先の見えない時代ではあったが、少なくとも昭和十六（一九四一）年以前の予科は、まだ「のんびり、伸び伸びと自由主義の教育」[*38]（神山四郎）をしていた。昭和十四（一九三九）年に入学した神代《こうしろ》忠男（昭和十九年経済学部卒）は、「（予科は）全く今の高校と同じで、五〇人ぐらいの人間が毎日出席を取られて同じ教室にいる。だから、すごく仲良くなります。」と言い、休講があると多摩川に行ってボートに乗り、友人と女性の話ばかりしていたと語っている。[*39] 同期の河相真澄は次のように回想する。

日吉の時代（予科）と三田の時代（本科）は違うと思います。私は昭和一四（一九三九）年、一五年、一六年と日吉にいました。われわれは日吉の何期生になるのかな。まだ日吉の駅から続く並木のイチョウが植えられたばかりで、私が飛び上がると葉先に手が届いたような時代です。

　そのころはちょうど大正の雰囲気がなくなるという境目であったと思います。というのは、俗に言われる大正デモクラシーという時代があったわけですね。そして、昭和三（一九二八）年の昭和恐慌を経て、だんだん昭和の時代が暗くなってくる。そのちょうど境目であった。ですから、日吉における塾生生活というのは、誠に明るく華やかな時代だった。

　今でこそ日吉の町というのはあんなにたくさんビルが建っていますし、日吉の丘の上にもいろいろな建物ができてしまいましたが、当時は校舎の上から見ると、遠くに山が見え、日吉の向こう側の丘に麦畑が見えたものです。そういう時代でした。ですから、これは皆さんには想像もつかないような日吉であったと思います。ただ、日吉から三田に来た時期というのは、戦争時代に入る時期でした。ですから、日吉の空気と三田の空気ではガラリと変わったように思います。[*40]

時代の制約や戦争の風を受けながら、それでも日吉の空気は「誠に明るく華やか」なものだった。あるいは、だからこそ余計に学園の光を「明るく」感じたのかもしれない。昭和十四（一九三九）年に入学した彼らは、まだかろうじて昭和初期のモダンな都市文化の残り香と教養主義的な学生文化の中にいることができた。先にふれた亀田廣も山下悦三も、そして芳賀日出男も同じ昭和十四年入学である。芳賀がカメラのレンズを通して写し出した風景、あの白と黒のコントラストで切り取られたキャンパス空間の「明るさ」は、要するにそのようなものだったと言うことができるだろう。昭和十一（一九三六）年に入学した堀田善衛や「若き詩人たち」の青春も、同じ空気感の中で捉えることができる。しかしながら、そのほんの少し後の昭和十六（一九四一）年に入学した安岡章太郎の目に映った日吉は、「鉄筋コンクリート建の兵営のような校舎だけがヤケに目につく」場所になっていた。[*41]

「塾生生活調査」を行なった二カ月前、昭和十年四月に、予科は新入生に「断髪令」を出した。これは当然大きな事件で、ストライキの騒ぎになった。翌年には服装統制も強化され、頭髪だけでなく身なりも厳しく注意されるようになる。「明るく華やか」な日吉の学生生活は、実は開設早々から「断髪」を条件とするものだったのである。

それに関しては、『証言　太平洋戦争下の慶應義塾』でも繰り返し語られている。当時の予科生にとって印象的な、忘れがたい規則であった。当時予科主任の小林澄兄は「大学予科入学志願者諸君に告ぐ」で、次のように述べている。[*42]

新入生が収容されて以来、特に規律節制を重んじ、一定の制約の下に真の自由へと導かれつつある。由来義塾の学風は他の追随を許さざる福澤精神を以て貫かれ、在学数年にして塾生皆この学風に薫陶されるのであるが、日吉予科に於てもこの美しき伝統の維持を期するは勿論、更に時勢に適せる新進気鋭の学徒の輩出せんことを待望しつゝ営々一日も怠らざるところである。

予科の「規律節制」と「一定の制約」は、小林が理想とした「田園家塾」に代表されるヨーロッパの寄宿学校の全人教育的なモラルに理念的には重なり合うものであろう。だからと言って、それが「断髪」という形で現れるのは極端なように思われる。やはりそこにはこの時代の義塾が受けなければならなかった「時勢」というものの制約があったと言うべきである。「明るく華やか」で「のんびり、伸び伸び」した予科の空気は、同時にそれと対極にある暗さと緊迫感を内に秘めたものだった。受験生に対する小林のメッセージは「一旦入学の叶つた者の前途は洵《まこと》に洋々たる

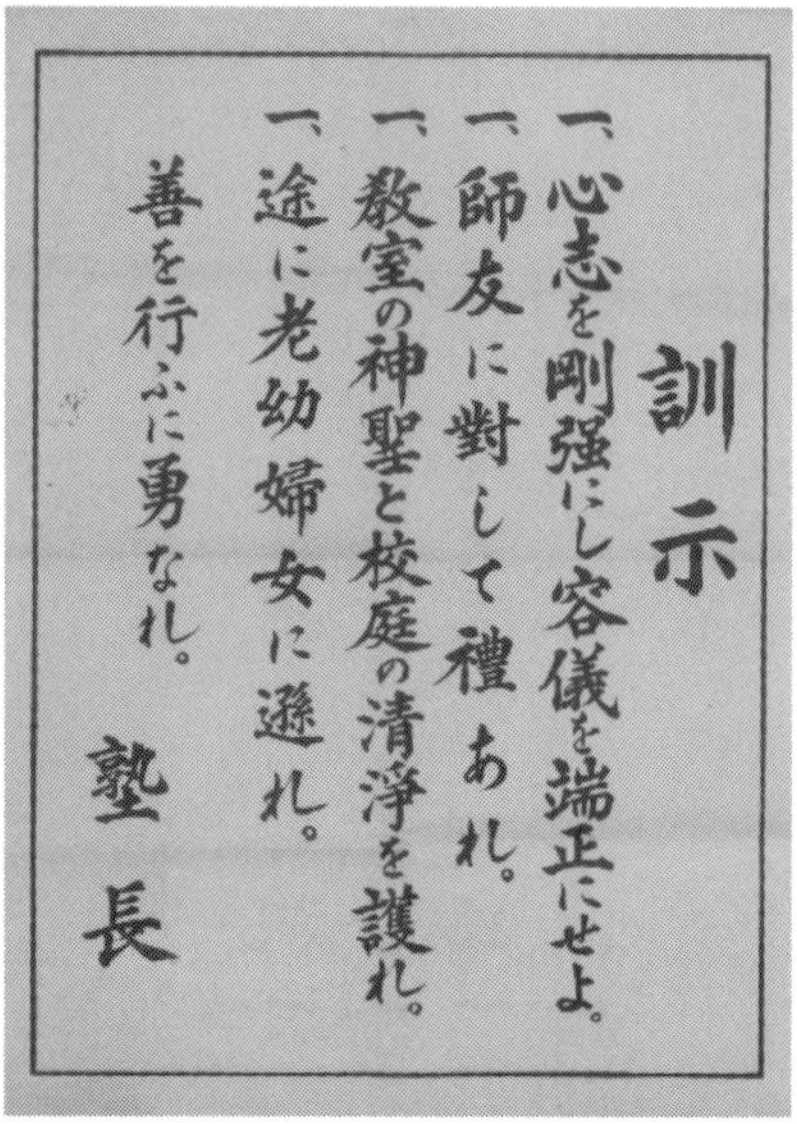
訓示
一、心志を剛強にし容儀を端正にせよ。
一、師友に對して禮あれ。
一、教室の神聖と校庭の清淨を護れ。
一、途に老幼婦女に遜れ。
善を行ふに勇なれ。
塾長

〈写真10〉「塾長訓示」［慶應義塾福澤研究センター提供］

ものである。至嘱《ししょく》、努力せよ志願者諸君！」という言葉で結ばれる。この翌月の二月二十五日、堀田は入学試験のために上京した。彼がこのメッセージを読んだかどうかは不明だが、断髪問題で学校が揺れる中、入学したことになる。

堀田の入学年である昭和十一年『入学者の栞』の「学生心得適要」には、頭髪の規定として「大学予科学生は必ず短髪たること」とある。これが昭和十五年になると「大学予科学生は必ず短髪、丸刈りたること」になる。「短髪」はすなわち「丸刈り」として、より明確な表現で言い換えられている。「靴」に関しては、ともに「黒色とす」とあるが、昭和十五年では「他の色は不可」と特に付記される。制服・制帽・制靴はすべて黒で統一、冬外套は黒または濃紺色か濃鼠色の無地のもの、レインコートは薄茶バーバリ、襟巻・スプリングコートは禁止、ズボンはバンド幅や裾幅などが細かく決められ、変形ズボンは禁止。これらに違反すると処罰となる。こうした頭髪や服装に対する厳しい指導に対して、赤靴や茶色のオーバーや長髪で対抗する学生もいたと言われている。[43] 安岡はこの「丸刈り」と「黒色」の学校に入学した。

昭和十五（一九四〇）年一月、小泉塾長は「塾の徽章」を『三田評論』と『三田新聞』に発表、小冊子にして塾生に配布した。戦時下での塾生としてのあり方、モラルを説いたものである。十月には、それを簡潔にまとめた「塾長訓示」を教室に掲示、小さな紙にも印刷して全塾生に常時携帯させた（写真10）。また「時局に際しての学生の本分」と題する講演を七回にわたって行う。一連の動きは「塾生道徳化運動」と呼ばれ、塾長自らが先頭に立って推し進めた。

その前年の十四（一九三九）年四月には、大学学部で軍事教練が必修科目になった。すでに予科では大正十四（一九二五）年以降、陸軍の現役将校が配属され、週二時間の正課の授業としてカリキュラムに組み込まれていた。昭和十五年の『慶應義塾総覧』には、予科の配属将校に陸軍砲兵大佐藤堂大輔以下、九名の軍人（歩兵中佐二名、同少佐一名、大尉二名、中尉一名、少尉一名、准尉一名、砲兵中佐一名）の名が見える。教練の修了者には徴兵時の幹部候補生志願資格や在営期間短縮の特権が与えられ、小銃操作を中心とする実技や部隊訓練などが行われた。富士山麓や習志野などで行われる野外演習もあった。キャンパス中央の中庭広場では教練の授業が行われ、その奥の一角（現在の日吉記念館正面右側、蝮谷に下りる階段脇）には銃器庫もあった。[*44] 芳賀の写真に写し出されていた、あのたくさんの予科生が行き交う明るい中庭は、実は教練の場でもあったのである（写真11）。「風光る日吉の丘」と題され、その横にカレッジソング「丘の上」の一節を書き込んだあの場所（写真8）でもある。

〈写真11〉教練で行進する予科生　鈴木大次郎撮影［慶應義塾福澤研究センター蔵］

ここでもういちど日吉キャンパス開設時のグランドデザインに想いを馳せたい。キャンパスの中心軸を一直線に貫く並木道の先には、それぞれ八本の列柱を持つ第一校舎と第二校舎を左右に配し、その奥の正面中央にやはり列柱を持つ大講堂を構える。そこには鉄筋コンクリート打放しに白色セメントスプレーを吹き付けた白亜の一大列柱空間が現出され、キャンパス全体のシンボルとなる。古代ギリシアに通じる自由な精神や哲学を象徴する古典主義的な建築群は、中條精一郎や網戸武夫が夢見た「学びの空間のロマン」そのものであった。日吉の初代主任となった教育学者小林澄兄は、ヨーロッパの新教育運動を範とする全人教育的な教育理念を重ね、語学教育に重きをおいたカリキュラムを展開した。常任理事の槇智雄は植栽に到るまで心を砕き、校舎・陸上競技場・寄宿舎の三つの柱からなる新キャンパスを日吉の丘に完成させた。むろんそれを根底から支えたのは、塾長小泉信三の情熱であり、義塾内外からの莫大な寄付金であった。日吉の丘に花開いた教養主義的な学校文化こそ、ここに関わったすべての人々の理想や夢にふさわしいものであった。一方で、文学部予科三年の芳賀日出男が「風光る日吉の丘」と名付けたその広場は、配属将校の号令と予科生の行進、匍匐《ほふく》前進の泥にまみれる場所でもあった。そこに吹いた「風」の「光」とはいったい何か。

昭和十四（一九三九）年六月には藤原工業大学の開校式を挙行、ここに理工系の教育が始まる。同年、予科校舎三

〈写真12〉慶應義塾報国隊結成式　鈴木大次郎撮影［慶應義塾福澤研究センター蔵］

棟を竣工、日吉は文学部・経済学部・法学部・医学部の予科生四千人の他に、藤原工業大学の予科新入生二百名が集う場にもなった。

昭和十六（一九四一）年九月十五日には、報国隊結成式を陸上競技場で挙行。大学学部、予科、高等部、藤原工大予科の学生生徒、教職員全員が参加した（写真12）。隊長は小泉信三、副隊長槇智雄、小泉の訓示に続く開会の辞は文学部長小林澄兄、大学学部隊長は増井幸雄（経済学部長）、予科隊長は大学予科主任の西本辰之助（法学部長）、高等部隊長は高木寿一（高等部主任）、藤原工大予科隊長は石井誠（予科主任）である。式典後は塾生の分列行進に移り、各隊に分かれて元住吉まで行軍した。塾生はこののち教室での授業の他に軍需工場で勤労する日を持つようになる。この時の小泉の訓示は次のような言葉で始まった。[*45]

　ここに慶應義塾及び藤原工業大学報国隊の結成式を行うについて諸君に一言したいと思う。
　今を距《へだた》る四年、即ち支那事変の起った昭和十二年の秋、私は屢々《しばしば》塾生諸君に集まって貰って話をした。それは後に『忠烈なる我が将兵』と題し小冊子にして配布したから読んで記憶しておらるる人もある筈である。私がわが将兵の忠烈について語った後左の如く言った。

「学生諸君。諸君はもしも戦局拡大して国家が諸君を戦場に要するの日至らば直ちに起って飛丸の下に進み、諸君の忠烈決して今の将兵の忠烈に遜《へりくだ》らざるべきは固より諸君の期するところであろう。云々」

今日は或る意味においてその日が来たのである。勿論今日国家が諸君を戦場に要するに至ったとは言うことが出来ない。しかし今日わが国は諸君のひとり諸君の学校において学問技術の習得に専心するに止まらず、更にその力を倍加して身をもって直ちに国家必要の役務に就くことを求めるに至ったのである。

「国家必要の役務」とは、ここでは軍需工場での勤労である。学生の労働によって前線に送られる砲弾の包装には、勤労学生の所属学校名が記される。塾生の勤労が国家の必要を満たすのだから、それを承知して励めと言うのである。同時にこれは小泉が塾長として説く「学生生活の道徳化」（塾生道徳化運動）を実現する上においても必要なものであり、「ただ諸君は報国隊員として兼ねての私の訓示の主旨を徹底せしむるために活動すべきである」と説く。

この時、本部員や隊長として名を連ねたのは、小泉以下、槇にしても小林にしても、日吉建設のグランドデザインに深く関与した人々であった。かつて小林は予科受験生に向けて「一旦入学の叶った者の前途は洵に洋々たるものである。至嘱、努力せよ志願者諸君！」というメッセージを送った。彼らの「前途」とは、これからどのようなものになるのか。昭和十一年にこのメッセージを受け取った塾生は、五年後のいま、陸上競技場で報国隊の分列行進の中にいる。小泉が塾生に「今日は或る意味においてその日が来た」と言った「その日」は、教師の側にも来た。そこにはもちろん小泉自身も含まれる。彼らはやがて軍需工場ではなく戦場に、教え子を送り出す日を迎えることになるのである。

芳賀のアルバム『予科時代』には「吾等のクラス会に」と題された写真がある（写真13）。二十歳の芳賀はそこに次のように書き込んでいる。

クラス会はいつも吾々が落合を煽立てゝ、授業時間を潰す為に、一日に何回も「此をもつて切上げます」と言はしめた。そして梅津が会費を集めた。しかし、此の方は一回きりだつた。落合は渋谷の住人なので、クラス会は渋谷ばつかしで開かれた。そして最後に吾々はあらん限りの感激と声で「若き血」を歌つて拍手をして別れた。渋谷の街の灯はその時落合や吾々の瞳に涙で濡れて見える程吾々は若さの中に感激し合つて別れたものだつた。

このアルバムが作られた昭和十六年の冬から昭和十七年の春は、日本が米英に宣戦布告した十二月八日を間にはさむものであった。あらんかぎりの声で「若き血」を歌い、感激の涙を流す「若さ」の中に彼らは生きていた。

〈写真 13〉アルバム『予科時代』より
芳賀日出男撮影［慶應義塾福澤研究センター提供］

註

＊1　小泉信三『読書論』岩波新書、一九五〇年、一二頁

＊2　新藤健一「『祭りと民俗』を撮る芳賀日出男（1）」（『写真工業』二〇〇八年二月号、写真工業出版社）、および菊地暁「距離感――民俗写真家・芳賀日出男の軌跡と方法――」（『人文学報』第九十一号、二〇〇四年十二月、京都大学人文科学研究所）、参照

＊3　芳賀日出男「まつり・日本と世界」『三田評論』第八八九号、一九八八年二月

＊4　芳賀日出男「折口教授の授業」『折口信夫と古代を旅ゆく』二〇〇九年、慶應義塾大学出版会、一二三頁

＊5　安岡章太郎『僕の昭和史』新潮文庫、二〇〇五年、一五〇〜一六四頁参照。『僕の昭和史』については、本書第三章でふれた。

＊6　『慶應義塾一五〇年史資料集2』慶應義塾、二〇一六年、参照。同書には「研究の為海外出張中」とある。

＊7　高橋は主にハノイに滞在した。帰国直前にはサイゴンからプノンペン、そしてアンコールワットを巡る旅をしている。『仏印の旅に思ふ』（大和書房、一九四二年）の他に、「仏印の印象」（『三田文学』一九四二年二月号）、「南方のうた」（『同』一九四二年三月号）、「大陸の姿　仏印の思ひ出」（『同』一九四二年八月号）などの随筆も参照。

＊8＊9　ともに前掲『僕の昭和史』一八七頁

＊10　同右、一五四頁

＊11　「福澤先生誕生百年並に日吉開校記念祝賀会記事」『三田評論』第四四九号、一九三五年一月

＊12　同右参照。予科生の仮装行列については、「祝祭第三日、日吉デーの二日目には、正午に日吉予科生の仮装行列が現はれて、満場の観衆を笑倒させた。彦左登城、花嫁行列、お上りさん、茶坊主行列、俵行列、エチオピア結婚行進、等、等。」と記されている。

＊13　本書第一章で詳述した。

＊14　『慶應義塾百年史』中巻（後）、慶應義塾、一九六四年、三四八頁。銀杏並木については『慶應義塾史事典』慶應義塾、二〇〇八年、五七〇～五七一頁「銀杏並木」の項参照。植えられたばかりの銀杏は、直径三寸（約九センチ）、高さ二間（約三六〇センチ）で、一本八円で購入した。第一校舎前の欅並木に関しては、照井伊豆「慶応義塾日吉校舎建設の功労者」（『槇の実――槇智雄先生追想集――』防衛大学校同窓会槇記念出版委員会、一九七二年十一月）に経緯が語られている。明治神宮の造園と重なったため東京近郊に手頃な欅がなく、横浜線沿線の長津田や中山、小机まで探しまわり、農家の裏庭から一本三円五十銭で譲り受けた。照井によれば、槇は常任理事就任二年前の昭和六（一九三一）年八月に、造成工事前の雑木や蔓草の伐採作業を指揮、それが「日吉移転事業の第一歩」だったという。槇はこの時、体育会理事であった。実際にはかなり早い段階から日吉の運動施設の建設計画に関与していたと思われる（昆野和七「槇智雄先生の追憶――慶應義塾に残した足跡――」『槇の実』六八八頁参照）。ちなみに照井によれば、造成工事前の日吉台は「中心部の平地に、東横電鉄直営の檜で区画された苺畑があるほかは、斜面は杉、松、椹《さわら》の巨木が群生し、大部分は雑木や薄の繁茂にまかせた十二万坪」であった。その奥にある蝮谷は「壇上の水田が数枚耕作されており、周囲の土地は足の踏み入れようもない、茨の藪」（『慶應義塾史事典』五七一～五七二頁「蝮谷」の項）だったとのことで、開発前の日吉の原風景が具体的にイメージできる。

＊15　谷口吉郎「設計日誌の一節」『国際建築』第十四巻第一号別刷、国際建築協会、一九三九年一月

＊16　前掲『慶應義塾史事典』四二六頁

＊17　前掲『慶應義塾百年史』中巻（後）、三六五頁。義塾史における寄宿舎の位置づけと役割については、都倉武之「慶應義塾の寄宿舎は、慶應義塾そのものである――寄宿舎をめぐる慶應義塾史――」『三田評論』第一二一〇号、二〇一七年四月、参照。

＊18　『三田評論』第四八五号、昭和十三（一九三八）年一月。なお「慶應義塾寄宿舎舎則」も同号から引用した。

＊19　『入学者の栞』（慶應義塾大学予科、高等部、昭和十五年）には「寝具一式（敷布団、毛布五枚、シーツ三枚、枕及びカバー一式）を備え、更にシーツカバーの洗濯をも寄宿舎が無料で引受けることになつてゐる。」とある。ホテル並みのサービスと言えるかもしれない。ただし、費用は決して安いもの

ではなく、同書によれば舎費は年額百八十円（これとは別に食費が月額二十一円）であった。この年の予科一年の授業料は百二十円（教科書代等、その他諸費用含まず）であるから、かなり高額である。

＊20　伊東岱吉「慶應義塾と寄宿舎」『慶應義塾大学日吉寮開設五十周年記念誌』慶應義塾大学寮和会、一九八七年、一七～二七頁

＊21　橋本迪夫「北寮の思い出」右同書所収、八四～八五頁

＊22　前掲「慶應義塾と寄宿舎」

＊23　谷井博「草創の頃」右同書所収、五五～六三頁

＊24　小村聡「中寮の思い出から」右同書所収、五一頁

＊25　前掲「草創の頃」

＊26　『若き日の詩人たちの肖像』（上）集英社文庫、一九七七年

＊27　ちなみに安岡章太郎は予科に入学すると築地小田原町の路地奥の家に間借りした（前掲『僕の昭和史』一二七～一三一頁）。ボードレールがセーヌ河のほとりに暮らしたことを真似て隅田川近くの下宿を選んだとのことのだが、路地奥は家が建て混んでいて川は見えず、最初の夜からナンキン虫の襲撃に悩まされることになる。

＊28　白井厚・浅羽久美子・翠川紀子編、慶大経済学部白井ゼミナール調査『証言　太平洋戦争下の慶應義塾』慶應義塾大学出版会、二〇〇三年。以下、浅田氏以下の証言記録は同書に拠る。引用頁は省略する。予科生の回想記に関しては、他に昭和十六（一九四一）年経済学部予科I組の同窓生による『I組の仲間たち』（I組の仲間たち編集委員会編、一九八四年）、『藤原工業大学——教育の軌跡——第一期生の記録』（第一期生同期会編集委員会編、一九九九年）も参考になった。

＊29　『若き日の詩人たちの肖像』の当該箇所については、本書第三章参照。なお当時特高が調査していた塾内の社会主義団体に関しては、白井厚監修『共同研究　太平洋戦争と慶應義塾本文編』（慶應義塾大学出版会、二〇〇九年）に「慶大左翼組織図」として紹介されている（二三～二六頁）。思想弾圧や「学生狩り」の実態は、同書一一一～一二〇頁参照。『三田新聞』に対する取り締まりに関しては、前掲『証言　太平洋戦争下の慶應義塾』所収の座談会「戦時中の『三田新聞』を語る」に詳しい。

＊30　竹内洋『学歴貴族の栄光と挫折』講談社学術文庫、二〇一一年、二五四頁

＊31　前掲『共同研究　太平洋戦争と慶應義塾　本文編』、十九頁に拠る。

＊32　竹内洋『教養主義の没落』中公新書、二〇〇三年、三九～五九頁

＊33　右同書、五七頁

＊34　三田新聞学会編『慶應義塾案内　新訂昭和十二年版』丸善株式会社、二四〇～二五〇頁参照。同書には入学試験問題と模範解答集も付されていて興味深い。なおその調査結果は、調査の行われた年に早くも詳細な集計にまとめられている。奥井復太郎「学生の日常生活に於ける『動き』の調査（学生

生活調査によつて得たる一結果」」（慶應義塾理財学会『三田学会雑誌』一九三五年八月号）、奥井復太郎・藤林敬三「学生生活の思想的方面の一調査――学生生活調査第二報告――」（『三田学会雑誌』一九三五年十月号）、参照。

＊35　同論文（＊34）の冒頭では「本論をば『学生生活の思想的方面』と称したのは、左の諸項目が各々学生の思想生活を窺ふのに多少の資料を提供するからである。」と記しているが、特にその結論は示されていない。

＊36　前掲『教養主義の没落』十四頁

＊37　前掲『若き日の詩人たちの肖像』（上）二一一～二一二頁

＊38　前掲『証言　太平洋戦争下の慶應義塾』九五頁

＊39　右同書、二二八～二二九頁

＊40　右同書、二〇五～二〇六頁

＊41　前掲『僕の昭和史』一五九頁

＊42　『三田評論』第四六一号、昭和十一年一月

＊43　前掲『共同研究　太平洋戦争と慶應義塾　本文編』四十七頁。なお頭髪や服装の規程に関しては、昭和十五年十二月一日実施の「慶應義塾大学及高等部学生服装規程」（『慶應義塾百年史』中巻（後）、九四五～九四七頁）参照。

＊44　前掲『証言　太平洋戦争下の慶應義塾』一四二頁には、第一校舎前のロータリーで軍事教練を教える配属将校の写真が掲載されている。教練に関する証言は、同書一四〇～一四三頁に詳しい（山下悦三、昭和十九年経済学部卒）。「銃器庫」は、慶應義塾福澤研究センター所蔵『大学々則変更認可申請関係綴』（自昭和五年六月至昭和十六年四月）の「予科設備概況附建物平面図」に二棟記されている。

＊45　小泉信三「報国隊結成式訓示　昭和十六年九月十五日日吉大学予科競技場における訓辞要旨」『小泉信三全集』第十三巻、文藝春秋、一九六八年、所収。なお「報国隊」については、『慶應義塾百年史』中巻（後）九七四～九七七頁、『慶應義塾史事典』一〇八頁、参照。

第五章　学徒出陣まで　日米開戦と予科生

「私は読んでいくうちに、上原少尉の、人を正視することのない、つぶらな目が、私を横に見ながら、にやりと笑うように感じた。」
（高木俊朗[*1]）

一　開戦の日

昭和十六（一九四一）年十二月八日、日本は米英に宣戦を布告した。月曜日のこの日、慶應義塾大学経済学部予科一年の上原良司は、日吉の第一校舎の教室で初めてこの報に接した。

月曜日の今日は、一時間目がなく、二時間目が数学の小野さんなので、七時に起きたのだが、ゆっくりしていた。そして二時間目も五分ばかり遅れて学校に行き、教室に入って席に坐るや否や、宇野が「おい大変だな」と言う。何だか判らないので、「なにが」と言うと、「まだ聞かんのだな。西太平洋で、日米が交戦状態に入ったんだよ。大変だな」と言った。

『文集（他人見るべからず集）』と名付けられた上原の日記には、この日の出来事がこのように書き起こされている[*2]（写真1）。

数学の授業は普段通りに行われたが、休み時間に教室の中は「けんけんごうごう」となった。誰も詳しいことはわからない。三時間目のブザーが鳴っても教師は来る様子がない。クラスメイトが黒板に「大本営陸海軍部発表今八日未明我国は英米と交戦状態に入った。上海方面において英艦一隻撃沈、米艦一隻捕獲」と書いた。皆がその字を追い、「思はず、わぁと」歓声を上げた。他の教室からも大勢の

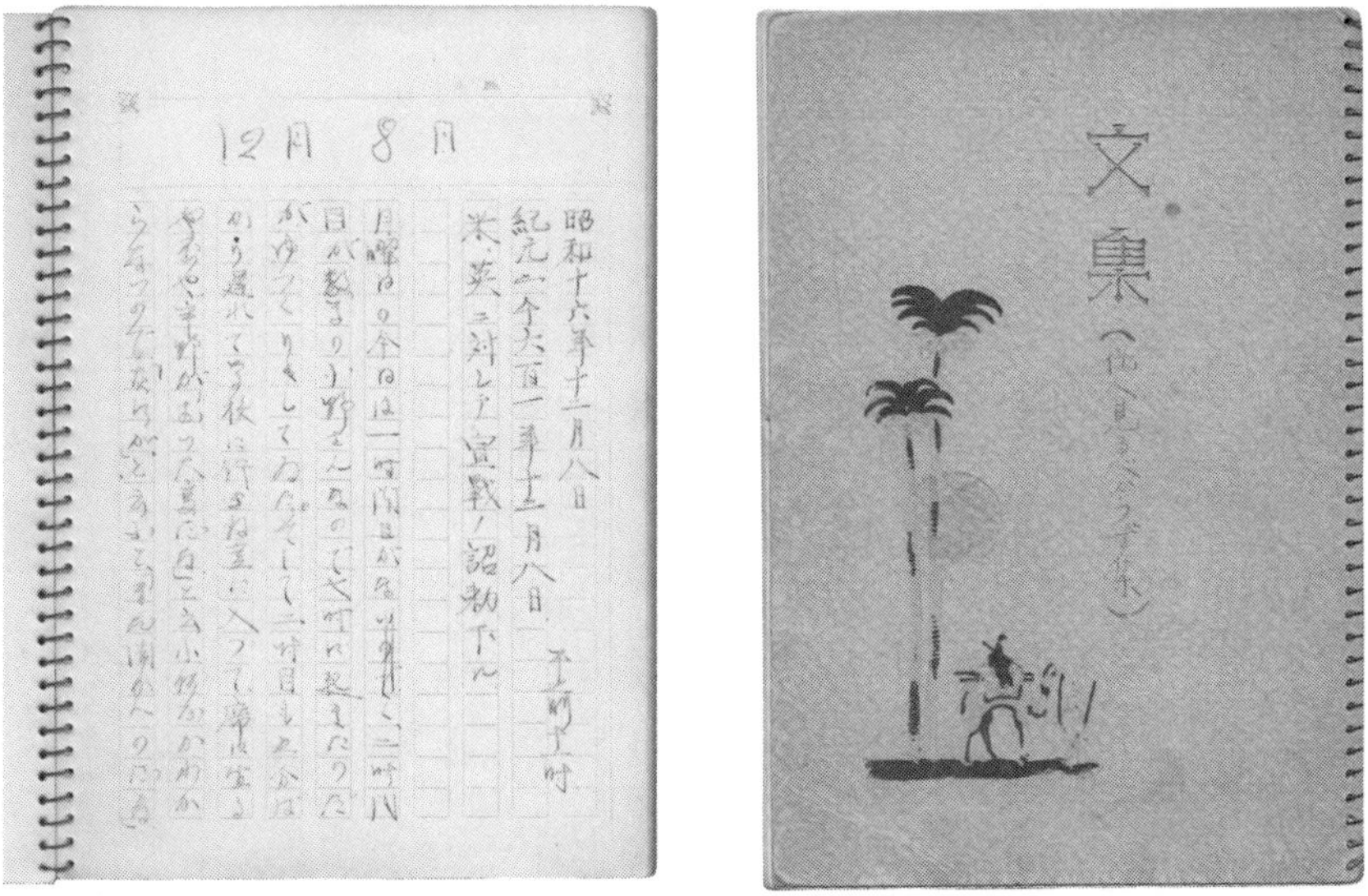

〈写真 1〉『文集（他人見るべからず集）』表紙と昭和 16 年 12 月 8 日条
［慶應義塾福澤研究センター提供］

者が入ってきて、黒板を見て歓声を上げる。誰かが職員室の方を指差す。「それっ」と皆が廊下に出た。職員室では教師がまるくなってラジオを聞いているのがガラス越しに見えた。

外では大勢の者が聞いている。四時間目のブザーが鳴ったが、誰一人教室に入る者はいない。教師も来ない。ニュースを聞こうと食堂のところまで行くと、ブザーの音でたくさんの者が駆けてくる。そのうちの一人が言った。ハワイ、シンガポール、ホンコンを爆撃したと。「私は快哉を叫んだ」。教室に戻るが、教師は依然として来ない。ニュースを聞くために再び職員室のところまで行くと、ニュースはすでに終わり、軍艦マーチが奏されていた。これを聞いて「熱い血がわきたつ思い」がした。四時間目は「グリッグス（英人）」の英語の授業だが、休講と告げられた。[*3] 教室では「あんなのなぐってしまえ、あいつは今頃警察だ」と言う者もある。「かくて教室はあわただしい空気につつまれて、あちらでも、こちらでも四五人がかたまって論じている」。日記には、この日の様子がさらに詳しく綴られる。「教練は一時十分より、一四三番教室と黒板に書いてある。相川は『冷静たれ』と黒板に大書した」。――「冷静たれ」という言葉がまさに相応しいこの日の午前の予科一年のクラスであった。

上原は長野県に生まれ、旧制松本中学（現・県立松本深志高校）を卒業後、一年浪人してこの年の四月に入学した。この時十九歳である。十八や十九の若者たちが、米英との開戦の報に冷静でいられるはずがない。彼はニュースを聞こうと思い、学校を出た。すると頭上に爆音がして、戦闘機が一機低空で飛んで行った。当時、日吉の駅を降りた右手に丸善があった。まずは友人と丸善に行く。友人も興奮していた。ところがそこにはラジオがなく、「写真機屋」に飛び込んだ。ラジオはなかなか戦況を伝えない。やがて正午の時報が聞こえ、それが終わると宣戦の詔勅の奉読が始まった。脱帽し、起立してこれを聞く。続いて東条首相の「熱烈なる、祖国愛にもえる演説」を聞く。「我々の心を打たざるものなし」と彼は書く。戦況ニュースがあり、「ここでも我々は歓声を上げた」。一時まで聞いて、「学校前の本通り」（筆者注／銀杏並木のことか）まで来ると、友人から「〇時五十分までに全予科生は中庭に集合」と告げられ、急いで行くと、すでに多くの者が集まっていた。「ラウドスピーカーのラッパ」が二階の窓に据え付けられている。まず「小泉塾長によく似た学生主事の先生」から訓示があった。

このさい我々は冷静に落ち着いて一層勉強すべし、この際我々がさわいだところで、我々のためにも国家のためにもならない、もし国家が諸君を学校以外の地において必要としたならば、敢然戦に赴くべし

続いて「ガンジーに似た先生」から訓示があった。

塾生の記章を輝かすのはこの時である、よく沈着に行動して貰いたい、戦は長期戦であるから、ここに思いを至して、勉強して貰いたい

「長沢大佐」が壇上に上がると、みなが拍手して迎えた。

諸君は陸海軍を信頼して勉強されんことを望む。とにかくこの最初の戦果は良い結果をもたらすでしょう。それにもまして必勝の信念を敵から奪い去ることができる。この点我々のきいたニュースは、帝国のために万歳を唱えてもよろしい状態ですとのお話があり、我々を頼もしがらせた。

集会はこれで解散となり、五時間目の教練の授業は平常通り行われた。

「小泉塾長によく似た学生主事の先生」「ガンジーに似た先生」とは誰のことだろうか。塾長の小泉信三は知っていても、自分が学ぶ予科の「学生主事の先生」の名前を上原

は知らない。いかにも普通の、ごく一般的な、どこにでもいる学生・生徒の認識だろうと思う。訓示をした教師も将校も、「落ち着いて勉強すべし」と言う。しかしその一方で国家が必要とするならば「敢然戦に赴くべし」と言う。「塾生の記章を輝かすのはこの時である」という言葉は、もちろん小泉塾長が進める「塾生道徳化運動」と連動するものである。[4] 教室で歓声を上げ、喧々囂々となり、快哉を叫び、熱い血が沸き立つ思いがし、冷静でいられない予科生たち。日吉で学ぶ彼らは、開戦をこのように迎え、開戦の日をこのように過ごした。彼らはこれから何を見て、何を考えて、どのような青春の時間を過ごすことになるのだろうか。そして、この校舎でいったい何があったのだろうか。

二　南側の中庭

文学部予科三年の芳賀日出男は、この日の様子を写真に残している。クラスアルバム『予科時代』で「大東亜戦争の感激」と題された二枚の写真のうちの一枚である[5]（写真2）。写真のすぐ下には、小字で次の書き込みがある。

　聖断の時遂ひに至る！

　昭和十六年十二月八日！

「吾が精鋭なる海軍は真珠湾にせまりつゝあり、又空軍はすでにハワイ空襲……」スピーカーの前に塾生が耳をすまして胸と頬をふるはしてゐる……。

場所は第一校舎裏手の中庭と考えて間違いない。上げ下げ式のスチールサッシの窓が少し開けられ、中央には丸いスピーカーが置かれている。すぐ外では制帽に眼鏡の生徒が真剣な表情で聞き入っている。そのすぐ後ろの者は、鋭い眼差しでこちらを見る。緊迫した雰囲気が伝わる。芳賀はカメラクラブに所属していたため、特別に許されて校舎

〈写真2〉芳賀日出男撮影　昭和16年12月8日
［慶應義塾福澤研究センター提供］

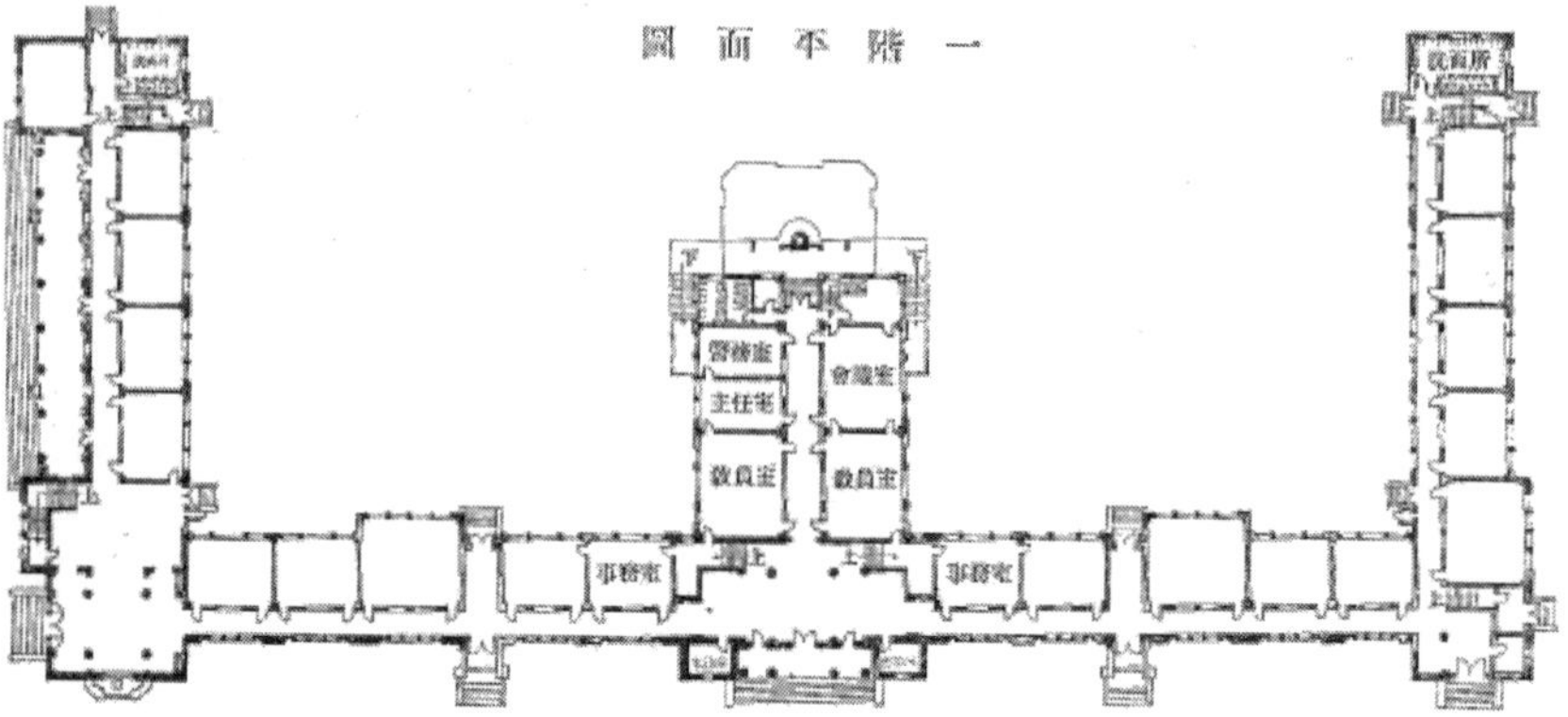

〈資料1〉「慶應義塾大学予科　日吉建設工事の概要」1階平面図、昭和9（1934）年11月より
［慶應義塾福澤研究センター提供］

の中にいたのだろうか。だとすれば記録者のまなざしとなるはずだが、冷静な観察者でないことはその書き込みを読めばわかる。この時二十歳の彼もまた「胸と頬をふるはして」いたにちがいない。ガラスを通した向こうには、校舎の壁と窓、そして黒山のような予科生の頭と顔が茫漠と霞んで見える。中央のスピーカーは、上原が書いた「二階の窓」に据えられた「ラウドスピーカーのラッパ」なのだろうか（ただし「ラッパ」の形状には見えない）。仮にそうだとしても、窓のすぐ外に立つ生徒たちの頭の位置が高すぎ、向こうに見える二階の窓も高すぎる。そのためここは一階と考えるのが妥当だろう。第一校舎の正面玄関を入った奥には、廊下を隔てて右手に教員室と会議室、左手にも教員室、そして主任室が並んでいた。第一校舎はアルファベットの「E」の形をしており、平面図で言えば校舎裏手の右と左、方角で言えば南と北の二カ所が中庭になっている。この時芳賀はどの部屋からカメラを構えていたのだろうか。

芳賀のもう一枚の写真は、翌十七（一九四二）年二月のシンガポール陥落の祝賀式である（写真3）。写真の上に小字で次の書き込みがある。

　昭和十七年二月十六日、シンガポール陥落
　塾生は直ちに校庭に集り、祝賀式を挙行、塾歌と太平洋行進曲を歌った。

ここで言う「校庭」は、やはり中庭のことである。制帽を被り白い紙を見ながら歌う予科生たち、壇上で指揮をする者、そのすぐ後方左手には軍服の将校、演奏する一団、地面には雪が積もり、ヒマラヤ杉の丈はまだ低い。撮影場所は二階の教室の窓だろうか、ほぼ真上から見下ろすアングルである。写真の左側にはカレッジソング「丘の上」の一節が書き込まれている。

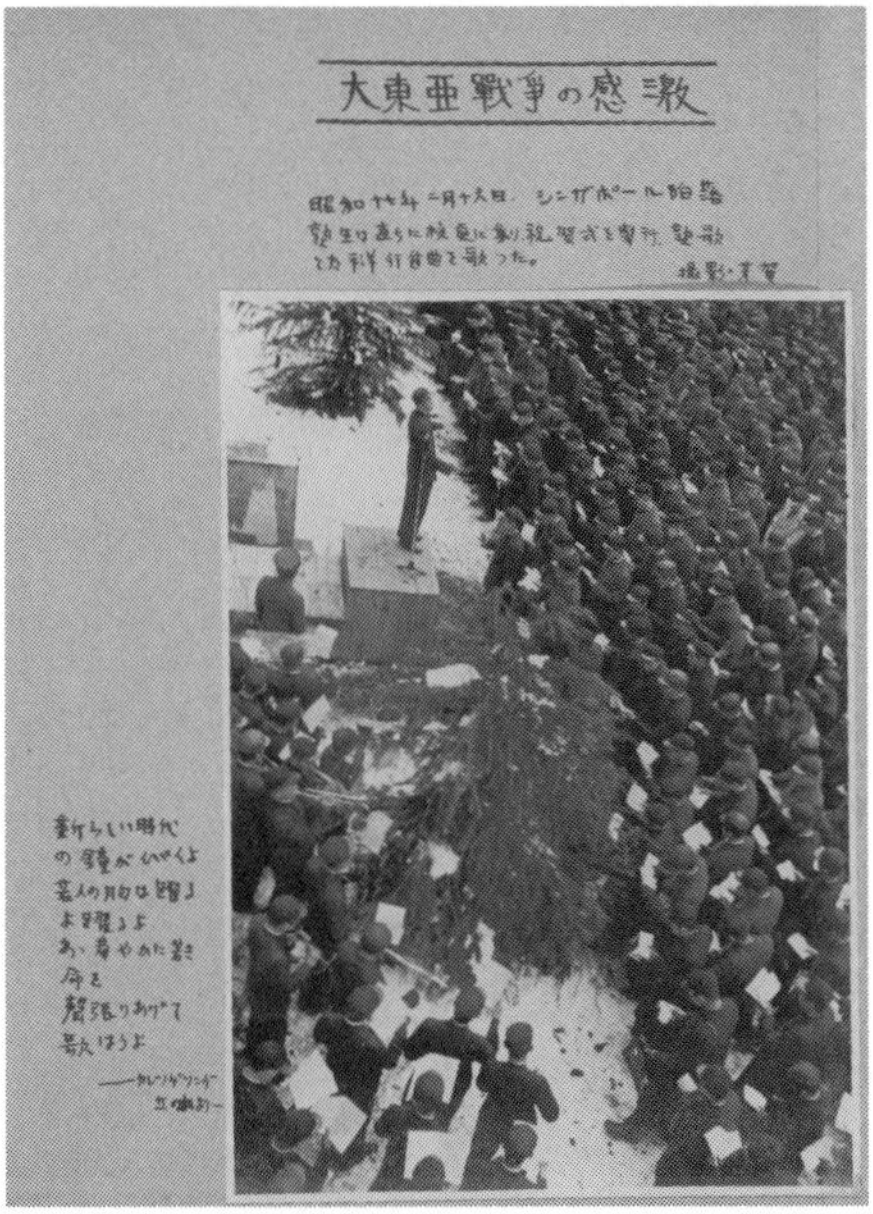

〈写真3〉芳賀日出男撮影　昭和17年2月16日［慶應義塾福澤研究センター提供］

〈写真4〉は芳賀のアルバムからではないが、「昭和十七年初旬」と推定されるものである。[*6] ここは明らかに「南側の中庭」である。校舎の壁に庇が出ていて、その下に軍人が立つ。ここは中庭への出入り口であり、今の慶應義塾高校二年H組と二年I組の教室の間、外に出る扉は現在ふさがれているが、庇と階段はそのまま残っている。

写真には、「平出大佐　太平洋戦争を語るの日！」と説

〈写真4〉時局に関する講話を聴く予科生［慶應義塾福澤研究センター蔵］

明が付されている。『三田評論』昭和十七年三月号（第五三二号）所収の「塾報」には「軍事講演」として次の記録がある。

> 二月二十日午前十時二十分より日吉大学予科に於ては国防研究会主催、学生局の後援の下に海軍報道部課長海軍大佐平出英夫氏を招き軍事講演会を開催、学生に多大の感銘を与へた

したがってこれは二月二十日午前に撮影したものということになろう。庇の下に立つ軍人は平出大佐だろうか。校舎に沿って横一列に並ぶ教職員の間には、軍人の姿も混じる。予科生は全員脱帽し、おそらく整列している。

戦局に関する勇ましい話を聴いたのだろうが、それにしても大変な人数である。写真には写っていないが、彼らの背中の後方（写真の右側、現在の慶應義塾高校A棟の位置）には木造平屋建モルタル塗の「第一学生控室」があった。[*7] 当時、第一校舎で学ぶ文系予科（文・経済・法学部）の在校生は三学年あわせて約三八〇〇名、第二校舎の理系（医学部）は約四二〇名、[*8] そのため第一校舎裏の中庭は、全予科生が集まるスペースとして十分な広さではない。立錐の余地もなく立ち並ぶ生徒たちの黒い頭の向こうには、校舎中央部を形成する白い壁がある。写真の上半分の白い壁面と、下半分の黒い頭・黒い制服のコントラスト。写真中央の二階の白い壁の中には小講堂があり、一階には会議室と教員室があった。右側二つの窓は会議室、その左側三つは教員室の窓である。

芳賀が写したシンガポール陥落祝賀式も、同じ南側の中庭と考えてよいだろう。壇上の生徒が歌の指揮をしているのは、やはり出入り口の階段前である。この当時、南側の中庭では予科生の全校集会が行われていた。庇が付いて少し高い階段付近は、出入り口であるとともに、教員や将校が訓示をする場でもあったのである。

さて、芳賀の写真の窓は縦長で、左にはカーテンの白い布が、開いた窓の右端にはヒマラヤ杉の枝らしきものが見える。窓枠の下の部分は陽の光を受けて眩しい。円形のスピーカーにも陽が当たっている。この日の日吉の天気は晴れで、[*9] 眼鏡の生徒の帽子の鍔も輝いている。太陽は真上から彼らを照らす。もしガラス窓の向こうの校舎の壁が南向きであるならば、陽を受けて白く輝くはずである。しかしそのようには見えない。むしろ暗くぼんやり霞むようである。ということは、北向きということになり、芳賀は南を向いてカメラを構えていることになる。この日、予科生たちが集まっていたのは、やはり北ではなく南側の中庭である。彼はそれに面した会議室か教員室の中の、縦長の窓の

内側にいた。現在の慶應義塾高校の事務室である。

芳賀が写したのは、上原が書いた全校集会なのだろうか。ただし窓の外の生徒たちは整列しているように見えない。「学生主事の先生」や「長沢大佐」の訓示に対し背筋を伸ばして聴いているというより、スピーカーから流れるラジオの音に耳を傾けていると言う方がふさわしい。上原は「職員室」で教師が「まるくなって」ラジオを聞いているのをガラス越しに見た。そのラジオから流されたニュースだろうか。

経済学部予科三年の亀田廣は、開戦の日の様子を次のように回想している。[10]

> 真珠湾攻撃の第一報では、さすがに「えらいことが始まった」と驚きました。ちょうど予科三年の期末テストの最中で、開戦の詔書は校内のラジオで聞きました。ＥＳＳ（英語会）の仲間らしく見えたアメリカ人二世の四、五人の学生と一緒でしたが、一斉に英語で悲鳴を上げていました。彼らはこれからが大変だなと思ったのを覚えています。

経済学部予科二年だった阿加井延雄は、自身のアルバムに次のように記録している。「巻末に際して」と題した一ページにわたる長文の書き込みである。日付は「昭和十八年九月二十二日」、徴兵延期停止が発表された日に書き記したとあるから、開戦の日から約二年後ということになる。[11]

> 当時を回顧すれば朝のニュースを聞かずして登校したるに話題は最早や之に及び、九時より日吉に出向かれた小泉塾長より講話あり、□《初カ》に清々しい気味であると云はれ我々も何だかホッとした気味であった事を認めると共に更に一層勉学する様にと云はれた。当日は授業身に入らず、毎時間、ラヂオの前で戦況を聞く、恐れ多くも宣戦の詔を聞き更に何とも云へない気味になった。

阿加井によれば、上原が日記に「小泉塾長によく似た学生主事の先生」と書いたのは、紛れもなく「小泉塾長」だったということになる。しかし、小泉はこの日、日吉に来ていない。翌九日の午後一時半から日吉で訓示を行っているので、[12]阿加井の記録は記憶違いということになる。いずれにせよ、亀田も阿加井も校内でラジオを聞いている。この日の正午の放送は宣戦の詔勅を受けた東条首相の演説であり、上原はそれを日吉の街の写真機屋で聞いていた。続く十二時半のニュースは真珠湾攻撃の詳報と各国の反応に関するものであった。上原が書いている「戦況ニュース」とはこのことだろう。彼は一時までそこにいて、学校に戻る。その同じ時間帯に、学校では南側の中庭でラジオ放送を流し、引き続きその場所で全校集会が行われたということではないか。ちなみに十二時半のニュースの内容は次のようなものであった。[*13]

わが海軍航空隊の大編隊がハワイのホノルルに対して最初の空襲を行いました。わが海軍航空隊の大編隊がハワイのホノルルに対して最初の空襲を行いました。

ホノルル発同盟。日本海軍航空隊の大編隊は、ハワイ時間七日午前七時三十五分、日本の今朝三時五分、ホノルルに初の空襲を開始しました。

ニューヨーク発同盟。ホノルルからのUP電報によれば、真珠湾西方のハーバーポイント沖に、日本軍を乗せた輸送船の影が認められたと伝えております。

(以下、略)

これは芳賀がアルバムに書き込んだ内容と大筋で重なる。むろん日記と違い、その日の書き込みではなく、ある程度の時間が経ってのもの(翌年三月のアルバム編纂時か)ということになる。そのためラジオ放送をそのまま反映したものではないはずだが、芳賀にとっては印象深いニュースだったと思われる。彼が記録した開戦の日の写真は、第一校舎裏の南側の中庭でラジオニュースを聞く予科生たちの様子を写したものと考えてよい。

この日の朝の第一報、午前七時の臨時ニュースは、「大本営陸海軍部、十二月八日午前六時発表。帝国陸海軍は、本八日未明、西太平洋においてアメリカ、イギリス軍と戦闘状態に入れり。」であった。[*14] この段階では「ハワイ」とはっきり伝えていない。上原の日記の冒頭で、二時間目の授業の始めに宇野という友人が言った「西太平洋で、日米が交戦状態に入ったんだよ。大変だな」という言葉は、このニュースを踏まえている。それが三時間目になると「上海方面」になる。黒板に書かれた「大本営陸海軍部発表今八日未明我国は英米と交戦状態に入った。上海方面において英艦一隻撃沈、米艦一隻捕獲」という情報は、いったい何にもとづくものだったのだろうか。それが四時間目のブザーが鳴った直後に聞いた話では、「ハワイ、シンガポール、ホンコンを爆撃した」になっている。香港攻撃は十一時四十分の大本営発表、上海でのイギリス砲艦撃沈とアメリカ砲艦降伏、シンガポール爆撃は、午後一時の大本営発表である。

上原はこの日の夜に日記を書いたのだろうから、彼の記憶(記載)に誤りがあるのか、それとも何らかの情報が流れていたのか確たることはわからない。ただ予科生たちの間に憶測や希望的観測が入り混じった不確かな情報が飛び交っていたことは想像できる。だからこそ余計に興奮し、喧々囂々となり、快哉を叫び、右往左往したのである。それが昼の全校集会でいったん収まり、午後から授業が平常に復したということだろう。

全校集会に関して上原は、「長沢大佐、急拵えの壇上に上れば、皆拍手してこれを迎う」と書いている。「小泉塾長によく似た学生主事の先生」や「ガンジーによく似た先生」、「長沢大佐」が訓示したのは、シンガポール陥落祝賀式や平出大佐の軍事講演会と同じく、南側の中庭出入り口

〈写真5〉タンスの落書き（中寮309号室）　石戸晋撮影
［慶應義塾福澤研究センター提供］

前の階段付近と考えられる。「二階の窓」の「ラウドスピーカーのラッパ」は、この壇の上あたりの二階の教室に置かれていたのだろうか。あるいは芳賀の写真のように一階の教員室か会議室の窓に置かれていたのを、窓の位置が高いため「二階」と勘違いしたのだろうか。平出大佐の講演会の写真では二階の窓にスピーカーらしきものは見えない。

開戦のこの日、予科一年の上原良司は日記にその日の行動と気持ちを詳細に記録し、三年の芳賀日出男は一枚の写真に記録した。この日、寄宿舎ではタンスの扉の裏側に次のような文字が書かれた（写真5）。

日本英米に宣戦す
　銘記すべし
　　昭和十六年
　　　十二月八日

楷書で大きく四行に分ち書きされたこの文字から、興奮と緊張で「胸と頬をふるはせて」いた塾生の気持ちが読み取れる。日本は真珠湾を奇襲し、米英に宣戦布告をしたのである。

三　敵愾心なき戦争

安岡章太郎は、上原と同じ昭和十六（一九四一）年四月に文学部予科に入学した。三年浪人しているので上原より二歳年上になる。すでに成人し、この時二十一歳であった。

その朝、僕はラジオもきかず、新聞も見ずに家を出てきたのだが、西南太平洋上でアメリカ軍との戦争がはじまっているというのである。僕ばかりではなく、そのときクラス・メートの大半は、この戦争勃発《ぼっぱつ》のニュースを知らなかった。勿論《もちろん》、いずれアメリカとも戦争になるに違いないとは思っていた。しかし、それがいま始まったといわれても、すぐさま信じる気にはなれなかった。だいたい、西南太平洋上などというのはバクゼンとしすぎて、おお海原の何処《どこ》いらへんを指しているのか、見当もつけかねるのである。*15

〈写真6〉「塾長」　芳賀日出男撮影
［慶應義塾福澤研究センター提供］
芳賀日出男のアルバム『予科時代』には「塾長」と題された写真がある。撮影日は不明だが、小泉塾長の頭の後ろには、中庭への出入り口の庇が見える。演説場所は出入り口の階段付近、机を設えてマイクを前に話している。式服を着ているので何らかの式典の折の写真だろう。12月9日の「訓辞」の際の写真だろうか。マイクがあること、マイクのコードらしきものが庇の上方に延びているのがわかる。とすれば、この上の階にスピーカーがあったということになるだろうか。

彼もまた、上原と同じく朝七時の臨時ニュースを聞かずに登校した。多くの予科生がそうだったのだろう。この日の朝のクラスの様子が想像出来る。ラジオで言う「西太平洋」はあまりに漠然としすぎていて現実味を欠き、なおのこと彼らの間の情報も錯綜したはずである。ただ、安岡のまなざしは上原より冷静である。これは日記と回想、記録と記憶の違いだろうか。『僕の昭和史』初版の刊行は昭和五十九（一九八四）年である。この時六十四歳、開戦の日からすでに四十年以上の歳月が経っている。

安岡は、開戦の翌々月に雑誌『文学界』に載った小林秀雄の文章（「戦争と平和」）を引用しながら、その日の記憶を次のように記す。[*16]

戦争という驚くべきものに、「驚くべきものが少しもないといふ困惑」を、誰もが一様におぼえていたはずである。ラジオは一日中、『軍艦マーチ』と『抜刀隊の歌』を繰り返し、大本営発表の戦果をつぎつぎに発表していた。僕らがそれに昂奮しなかったといえば嘘になる。まるで毎日が早慶戦の騒ぎなのだ。真珠湾攻撃の戦果や、特殊潜航艇のはたらき、そして英最新鋭戦艦プリンス・オヴ・ウェールズとレパルスの轟沈《ごうちん》、こういったことは、まさに夢のような現実であった。

ラジオが大声にがなり立てなくたって、僕らは驚かざるを得ないのである。しかし、夢のような現実だけが、戦争であり得るわけはなかった。本当に驚くべきことは、この小さな日本がアメリカやイギリスその他、ほとんど全世界を敵にまわして戦っているということそのものでなければならなかったが、そういう実感は僕らにはなかった。日本がアメリカと戦争をして勝てるとは、おそらく誰一人おもってはいない。にもかかわらず、現にその戦争がおこなわれている。そのような驚くべきことがあるのに、僕らは少しも驚いていない。

彼もまた華々しい戦果のニュースに興奮する同級生たちの中にいる。中庭の全校集会にも出ていたのだろうか。「毎日が早慶戦の騒ぎ」のような「僕ら」の一人として、同じようにこの「夢のような現実」に興奮している。しかし「本当に驚くべきことは」と続ける。この小さな日本がアメリカと全世界を敵にして勝てるはずのない戦争を始めた。それを誰も驚いていないのに、現にそれが行われている。そうした「驚くべき」戦争が始まったと言うのである。

作家・詩人の伊藤整は、戦時中の出来事を詳細な日記に残している。三十六歳の成熟した大人の眼に、開戦の日はどのように映っていたのだろうか。午後一時、ラジオがハワイに決死的大空襲をしたこと、タイに進駐したことなどを報じる。彼は街の様子を見たくて外に出る。[17]

タバコ屋にてタバコを買う。魚屋や八百屋の行列の女たち、いつものとおりなり。郵便局へ抜ける道の空地で防空壕を女たちが作っている。それでやっとはじめて戦争来の感がする。人々があまり明るく当り前なので、変に思われる。

バスで新宿駅まで出たが、バスの中は皆黙りがちで誰も戦争のことを言わない。新宿駅の停留所は少しも変わったところがない。さらに銀座まで行く。人通りは少ないがやはり変わったことがない。日比谷で日劇の地下室に入る。皆がラジオを聞き、新聞を開いている。ラジオから軍歌が流れると「わくわくして涙ぐんで来る」。日劇の前では大学生が四、五人集まって「少しコーフンしたむっとした顔」で喋っている。帰宅して家族と過ごす。「自分はハワイ空襲はよくやったと思いうれしくなる」。ただし「夜になり、落ちつかぬ」とも。「十一時四十分眠る。」

弁士・漫談家・役者・作家として戦前から多彩な活動で知られた徳川夢声もまた、この日のことを日記に克明に記している。彼は伊藤より十一歳年長の四十七歳、公演のため関西にいた。[18]

帳場のところで、東条首相の全国民に告ぐる放送を聴く。言葉が難かしすぎてどうかと思うが、とにかく歴史的の放送。身体がキューッとなる感じで、隣に立ってる若坊（筆者注／女優の若原春江）が抱きしめたくなる。

表へ出る。昨日までの神戸と別物のような感じだ。途から見える温室の、シクラメンや西洋館まで違って見える。

翌九日の日記は次のごとくである。

いつになく早く床を離れ、新聞を片はしから読む。米国の戦艦二隻撃沈。四隻大破。大型巡洋艦四隻大破。航空母艦一隻撃沈。あんまり物凄い戦果であるのでピッタリ来ない。日本海軍は魔法を使ったとしか思えない。いくら万歳を叫んでも追っつかない。万歳なんて言葉では物足りない。

開戦と真珠湾攻撃の大戦果の報に接して、分別ある大人であり、すでに名の知れた知識人である伊藤整も徳川夢声も十分に興奮し、平常心を失っている。同時にいつもと変わらず静かな街の様子に違和感を覚える。「驚くべき」戦争が始まったにも関わらず、街の人たちは少なくとも表面的には意外なほど驚いていないのである。それは「魔法」を使ったとしか思えないあまりに「物凄い」戦果と関係しているのかもしれない。安岡が書くように、人々は「夢のような現実」に対して現実的な感覚を持てないでいるのである。

伊藤は、この日の長い日記の最後を次のようにまとめる。[*19] 書くことによって「現実感」を手繰り寄せようとしているようにも見える。

> 感想――我々は白人の第一級者と戦う外、世界一流人の自覚に立てない宿命を持っている。
> はじめて日本と日本人の姿の一つ一つの意味が現実感と限ないいとおしさで自分にわかって来た。
> 今度の戦争の予想がいろいろとあったが、ハワイをまさか襲うとは思われなかった。シンガポールあたりは防空壕などあり、準備していたらしいが、ハワイだけは我々も意外であり、米人も予想しなかったのであろう。

十二月八日、日本軍はマレー半島に上陸、ハワイ真珠湾を空襲、米英に宣戦を布告した。十日、マレー沖海戦でイギリスの戦艦二隻を撃沈、グアム島占領。二十五日、香港占領。明けて昭和十七（一九四二）年一月二日、マニラ占領。二月十五日、シンガポールのイギリス軍降伏。開戦直後の華々しい勝利を受け、慶應義塾では十二月九日に緒戦祝捷戦勝祈願大行進、[*20] 二月十八日にはシンガポール陥落祝賀会と祝賀行進を挙行した。この日、全国一斉に祝賀行事が行われ、義塾ではまず午前九時に大学学部・予科・高等部・藤原工大の学生と幼稚舎の代表児童が参集の上で祝賀式を行い、祝賀行進に移った。午前十時に塾旗を先頭にワグネル・ソサイエティー部員からなる楽隊が続き、塾長・教職員・幼稚舎児童代表・大学学部・予科・藤原工大・高等部の順序で行進、普通部・商工学校生徒がこれに加わり、芝公園・愛宕下から宮城広場に向かった。そこで高らかに万歳三唱し、各学部・各校の代表者はさらに靖国神社を参拝、一般の教職員と学生・生徒・児童は往路と同じコースで三田綱町運動場に戻って散会した。[*21] 芳賀の写真は二月十六日の予科でのシンガポール陥落の祝賀式であった。これはその二日後に行われた全塾挙げての大掛かりな行進である。安岡が言うような「毎日が早慶戦の騒ぎ」の中で、塾生たちはどのような感覚でこの現実を受け止めていたのだろうか。

慶應義塾大学経済学部白井厚ゼミナールの共同研究「太平洋戦争と慶應義塾」の中に、昭和十七年から二十四年の慶應義塾大学の卒業生に対するアンケート調査がある。住所が判明している卒業生約七五〇〇名にアンケートを送付、約一七〇〇名分の回答に対し、その集計結果をまとめている。[*22]二十六項目に及ぶ質問の中に、開戦時に関するものがある。「真珠湾攻撃の報を聞いて、どのように感じましたか？」という質問に対して、「とんでもないことになったと思った」が三九パーセントで最も多く、「大感激だった」三二パーセント、「半信半疑だった」十四パーセント、「不意打ちは良くないと思った」二パーセントである。「とんでもないことになったと思った」は、卒業年が古いほど率が高く、「大感激だった」は逆に卒業年が新しいほど高い。[*23]先にふれた亀田廣と芳賀日出男の予科入学年は昭和十四年、上原良司と安岡章太郎は十六年、いわゆる「学徒出陣」の世代である。集計結果を見ると彼らの学年は「とんでもないことになったと思った」と「大感激だった」がほぼ拮抗している。彼らが残した開戦の日の記録や記憶に共通する喧騒と興奮、「夢のような現実」の中身は、この二つの思いがないまぜになったものだったと言えるのではないか。

加えてもう一つ、「開戦時には、アメリカとイギリスについてどのように思っていましたか？」という問いに対して、全体では「恐怖を感じていた」二二パーセント、「よく知らなかった」二一パーセント、「自由主義国として尊重していた」一五パーセント、「好感をもっていた」一四パーセント、「裏切られたと思った」九パーセント、「鬼畜米英と思っていた」八パーセントである。米英に「恐怖」は感じていたが、それは決して「鬼畜米英」や「裏切り」といった憎しみではなく、別の意味での「恐怖」だったと思われる。「尊重」し、「好感」を持ち、一方で「恐怖」を感じ、「よく知らない」国を敵国とし、彼らの国家は戦争を始めた。

むろんこのアンケート調査は、戦後五十年を経てのものであり、当時の思いをそのまま反映したものではない。一人一人の戦争体験はもちろん、アンケートに答えた時点での戦争観や人生観が強く影響しているにちがいない。記憶はそのまま正確な記録になりえないのである。いずれにせよ開戦の日を日吉で迎え、勝ち戦さ続きで「毎日が早慶戦の騒ぎ」の中にいた予科生たちの感覚は、このように複雑で多義的なものだったのだと思われる。伊藤整が書くように、アメリカと戦争になるだろうとは思っていても、まさか本当に「ハワイを襲う」とは思っていなかったのかもしれない。成熟した大人も、そして若者も、彼らの現実感覚が浮遊したまま国家は戦争に突入し、全国民を巻き込んでいく。

アメリカに「好感」を持つ若者たちもいた。彼らは好んでアメリカ映画を観た。[*24] 石井公一郎（昭和二十一年卒）は、経済学部予科二年で開戦を迎えた。『証言　太平洋戦争と慶應義塾』で、学生の質問に対して、当時の記憶を次のように語っている。[*25]

慶応では、先生も学生も開戦のラジオを聞いてウハウハ喜んだ者は少なかったと思います。大変なことになったぞと感じた者が半数以上だったと、私は見ています。もちろん私もその一人です。

白井ゼミナールのアンケートの言葉で言えば、「とんでもないことになったと思った」に当たるだろう。「敵国アメリカ」のイメージに関しては、「慶応では、米英は強いと見ていた学生が半数以上だったのではないでしょうか。アメリカの力を軽視するというのは、一般大衆の風潮であって、知識人の中ではごくわずかでした」と述べ、次のように続ける。

当時、一番の娯楽は映画で、アメリカ映画を楽しむ人が多かったし、気に入ったものは何度も見るような映画ファンも少なくなかったですよ。ですから昭和一六（一九四一）年一二月八日を境にして米英映画は上映禁止になって、封切り直前の「風と共に去りぬ」が見られなくなったのには、皆がっかりしました。

そして、「アメリカの若者については、どのように思っていましたか」という問いに対して、このように答える。

アメリカの若者を特に尊敬するとか軽視するとかいう意識はなかったのですが、国力の大きさは感じていました。気持ちの上では米英を敵として憎んだりするのは、どうもしっくりしない、独伊が好きかといえば、ことさらそうでもない。軍部は「鬼畜米英」という標語を流行させせようとして、町の大通りに米英の国旗を描いてそれを人に踏ませようとした。しかしわれわれは、そんな品のない行動に同調する気持はなかったですね。開戦当時を振り返ると、慶応の大学生の半数ぐらいにとって「敵愾心なき大戦争」という感じでした。

映画を通してアメリカに「好感」を持ち、一方でアメリカの大きさに対して「恐怖」を感じる。「鬼畜米英」という言葉に違和感を持っていたということは、アンケートの結果ともそのまま重なる。開戦の報に歓声を上げ、大戦果に興奮しながらも、予科生の心の芯の部分では知識と教養に裏打ちされた冷静さがあった。自分の国の「大きさ」がどの程度のものなのかという現実感覚は多くの塾生が持っていた。安岡が書くように「この小さな日本」がアメリカと戦争をして勝てるとは思っていない。しかし、現に戦争が始まった。しかも「敵愾心」を持てない。これはやはり「驚くべき」ことだろうと思われる。

昭和十三（一九三八）年七月十八日から二十三日にかけて、日本英語学生協会主催による第五回日米学生会議が日吉で開催された（写真7）。『アサヒグラフ』同年八月三日号（通常号七六九号）によれば、「日吉台の慶大講堂」にアメリカの学生男女代表四十一名を迎え、「討論に、親善に大いなる成果を収めることができた」とある。「慶大講堂」とは第一校舎二階にあった「小講堂」（三五二席）であろう。[*26] 日米の学生たち（日本の学生は慶應以外の者も含まれる）は第一校舎でさまざまな問題を討議し、日吉寄宿舎に宿泊した。アメリカの学生たちは「ワンダフルを連発」して寄宿舎を褒め讃えたという。特に気に入ったのは「豪壮な風呂場」で「風呂の中でまるで子供のやうに、はしゃぎ廻る様子は一種の奇観である」と書かれている。「豪壮な風呂場」とはむろん「ローマ風呂」である。[*27] 日光に小旅行にも行った。同誌には、浴衣を着て卓球を楽しむアメリカ人男子学生の写真、ローマ風呂で水しぶきをあげてはしゃぐ写真、日光で観光する写真などが掲載されている。記事は次のように結ばれる。

〈写真7〉日米学生会議［慶應義塾福澤研究センター蔵］
現在の慶應義塾高等学校南側グラウンドにあった学生食堂「赤屋根」の前での一コマ。食堂入り口に日米の国旗が並ぶ。

アメリカの学生位、とッつきやすい学生はないであらう。二度目に会ふ時には、もう十日の知己の様な親しみを感じる。従つて彼等は我々の云ふ事を筋道が通つてさへゐれば実によく理解する。変なこだはりがない。次の時代を背負って起つべき我々学生の間に結ばれた友情が将来二国間延《ひ》いては世界の友好関係に如何程大きな役割を演ずるか、それは測り知れないものがあらう。

この記事は「読者の報道写真　日米学生会議報告」というタイトルで、「慶應大学　望月元雄君」とある。この記事の筆者は塾生ということになる。第一校舎で日米学生会議が開かれた僅か三年後の十二月八日に、日本とアメリカとの全面戦争が始まった。日本の若者たちの「敵愾心」は宙に浮いたまま、戦争という非常時が、やがて日常になっていく。

〈写真 8〉報国隊腕章［慶應義塾福澤研究センター蔵、小笠原昇氏寄贈］

四　小泉信三の昭和十六年

昭和十六（一九四一）年八月八日、文部省訓令「学校報国団の体制確立方」が発せられ、学校内に指揮系統を整えた組織を作ることが求められた。これを受けて慶應義塾は報国隊を結成、九月十五日には日吉陸上競技場で結成式を

〈写真 9〉報国隊結成式［慶應義塾福澤研究センター蔵］
綱島街道を行進する塾生

行った（写真8、9）。その組織はまさに軍隊のそれである。大学学部・予科・高等部の教職員と学生は全員、各隊に所属する。隊は大きく一般隊と特技隊に分けられ、一般隊は学年単位で編成、学部隊は七大隊三十四中隊、予科隊は六大隊三十中隊、高等部隊は六中隊、これをさらに小隊と分隊に分けた。特技隊には次のようなものがあり、一般隊の中から選抜された。

医療隊（医学部教職員および医学部生）
消防隊（特別な訓練を受けた学生三百名）
乗馬隊（体育会馬術部員を中心に約二百名）
自動車隊（自動車部員を中心に運転免許を持つ者）
通信隊（学生団体「軍用鳩研究会」を中心とする）

特技隊はその後増え、十月には、

特別警備隊
自転車隊
水上警備隊（ヨット部等で海上訓練の経験のある者）
音楽隊

十二月にはさらに二つを加え、組織が強化・拡充された。

予科特別警備隊（日吉）
藤原工業大学予科特別警備隊

特別警備隊は学校などの防空や警備にあたり、三田・日吉ともに学校の近くに住む者で編成された。音楽隊はワグネル・ソサイエティー（オーケストラ）、マンドリン・クラブなど塾内の音楽団体によって構成され、五小隊七分隊に分けられた。芳賀日出男撮影のシンガポール陥落祝賀式で演奏した一団は、ワグネル・ソサイエティーを中心とする「音楽隊」の小隊もしくは分隊だろう。全体を統括する隊長は塾長の小泉信三、副隊長は常任理事の槇智雄であり、そのもとに学部長や予科主任・高等部主任・学生主事・配属将校などから成る「本部」が構成された。学生主事の中には予科第二部（医学部）の英語教員・松本良三の名が見える。上原良司が開戦の日の日記に書いた「小泉塾長によく似た学生主事の先生」とは、あるいは松本のことだろうか。

報国隊結成式と塾長訓示に関しては、すでにふれた通りである。[*28] この時小泉は陸上競技場において、全塾生に対して訓示した（一一四ページ参照）。

上原も芳賀も安岡も、亀田も石井も、もちろんこの言葉を聴いていたはずである。彼らの「戦争」は、報国隊の結成の日をもって始まったと言っていいのかもしれない。この翌々日から塾生たちは赤羽の陸軍兵器補給廠に出勤し、砲弾に火薬をつめるという危険な作業に従事することになった。*29

いったい戦時下における予科生の日常とはどのようなものだったのだろうか。同年十一月一日・二日の両日、「大学予科大会」が行われた。二日は運動会を兼ねたため来場者が多く、「文化展覧会場」は満員の盛況を呈した。もちろん第一校舎がその主たる会場である。陸上競技場での運動会は、午前九時に予科主任の開会の辞、国歌二唱の後に競技に移った。この日、「横須賀海軍病院より白衣の勇士」を招待し、記念品を贈呈したという。*30 今で言う文化祭と運動会を兼ねた行事で、「白衣の勇士（看護婦）」とも交流し、予科生たちにとって楽しいひとときだったにちがいない。開戦の日の一カ月前のことである。

その一方で、翌十二月には大学の卒業式が行われた。十月十六日に公布された勅令と文部省令によって、大学学部や予科等の修業年限が三カ月短縮され、十七年三月に卒業予定だった者の卒業が十二月に早められたからである。昭和十六年度は、三月と十二月の二度、卒業式が行われた異例の年となった。むろんこれは国家総動員の戦時体制と直接に関係している。昭和十六年十二月は日米開戦の月であり、「夢のような」戦勝のニュースに湧いた月であり、慌ただしく卒業式が挙行された月でもあった。

卒業式は十二月二十六日に三田の大講堂で行われた。小泉による塾長式辞は次のようなものである。*31

今日の卒業式には、過去幾十回の卒業式と些か趣きの異なるものがある。吾々は昨日を思うよりも、今、皆なこの瞬間における、また明日以後における日本を思うに忙しい。はじめ諸君の卒業が明年の三月から今年の十二月にくり上げられた時、そのくり上げの決定した当時、諸君を送る日の邇《にわ》かに迫ったことを感じ、諸君の去ることの速かなるを惜しむの情が強かった。これは確かに事実である。勿論今日と雖も名残りはなかなか尽きないが、しかし吾々は今低徊顧望して別離を惜しむの情に耽ける遑《いとま》がない。吾々は今、我が君国の今日と明日を思わなければならぬ。国家は今諸君を必要と求めることが急である。アジャの海陸到る処において、諸君は武器を執って君国を護らなければならぬ。また広義における産業のありとあらゆる部門に就いて、君国のために働かなければならぬ。諸君、試みに地図を展《ひら》け。東はハワイから西は——マレエとしよう——

> マレエまで、北は蘇満国境から――南は何といったら宜しいか、兎に角遠い南の島々国々に至るまで、国家は切に人を求めている。軍人としても、あらゆる種類の経営に当るべき人としても、国家は実に諸君を待っているのである。これは諸君よく御承知の通りである。
> そうして私は思う。諸君は充分待たれる資格のある人々である。諸君は充分国家の期待に応ぜらるることを吾々は確く信じているのである。これが私の今別離を惜しむに遑なく、諸君の速かに国家の必要とするそれぞれの部署に就かれんことを願う所以であり、また諸君の勇躍して塾の門を辞せらるる所以である。

この後、「見識」とは何かについて語り、「友情」について語る。そして「諸君を待つものは何であるか。諸君の前途は実に想い見るだに心を躍らしめる」という言葉で結びつつ、卒業生を送り出したのである。

この時小泉は、どのような考えや態度で「時局」というものに向き合っていたのだろうか。もともとは親米論者であり、日米開戦に反対する立場にあったと言われる。[32] 経済学者として、また社会思想史の研究者としてマルクス経済学を批判する論客であり、福澤諭吉の思想を継承する自由主義者でもあった小泉は、誰よりもアメリカを深く知る当代一流の知識人であった。二十代でロンドン大学、ベルリン大学、ケンブリッジ大学に留学、パリのソルボンヌ大学にも学んだ。塾長就任後の昭和十一（一九三六）年八月には、ハーバード大学創立三百年記念祝賀式に参列のため渡米、コロンビア大学、イエール大学、プリンストン大学、スタンフォード大学などを歴訪、十一月に帰国している。サンフランシスコから大陸横断鉄道でボストンに入り、ニューヨーク、ワシントン、シカゴ、ロサンゼルスを経由して再びサンフランシスコに戻り、帰国の船に乗るという長い旅である。

ここで彼が見聞したこと、考えたことは、旅行記『アメリカ紀行』に詳しい。[33] 歴史と伝統ある名門大学を訪問することで、大学教育や運営のあり方、卒業生の母校愛などを目の当たりにし、塾長として大きな刺激を受けた。同時に経済学者として客観的な目でアメリカ経済を観察し、多くの著名な教育者や学者に会い、一般市民ともふれあいながら、アメリカの社会や文化、国民性を知った。彼もまたこの時点では、アメリカに対して（もちろん留学経験のあるイギリスに対しても）、少しの「敵愾心」も抱いていなかったはずである。

旅行中に大ベストセラー『風と共に去りぬ』を買い、帰国後の毎週日曜日の朝、数週間かけて読み終えたという。

『アメリカ紀行』の最後の章では「私がアメリカ人を好むのは、その態度の率直無造作で、人の顔色を見て物を言うことを知らないように見える点である」と述べる。白井ゼミナールのアンケートの言葉を借りるなら、小泉は目の前にいる塾生の誰よりもアメリカの国力の大きさを知り、自由と民主主義の国であるアメリカに「好感」を持ち「尊重」していた。そうした見識をもってしても、訓辞や式辞であのように述べなければならない局面に立ち至っていたと考えなければならないだろう。

ひとつには慶應義塾の塾長としての社会的な立場があった。国家がまさに国を挙げて戦争を遂行しようとする中で、日本を代表する私学の長がその流れに抗うことはもはや許されない。福澤諭吉に由来するこの巨大な学塾を守らなければならないからである。個人主義や自由主義を教育の理念とする慶應義塾に対する軍や世間からの風当たりが強くなっていた時代でもある。[*34] そしてもうひとつ、国家の危機や独立に対する彼個人の揺るぎない信念がそこにあったと言われる。「自国が外国からの危機に晒されているとき、これを傍観したり、日本が不利になるようなことを、小泉は受け入れることができなかった」というものである。[*35]

しかし、いかなる理由があったにしても、塾長として学生を鼓舞し、「国家必要の役務」に就くことを求め、祖国のために武器を手に戦うことを勧めたのもまた事実である。十代から二十代前半の若者たちにとって、その言葉の意味することはやはり重い。小泉は単に塾長だったからということだけではなく、その人物・識見ともに塾生たちの誇りであり、圧倒的な存在感と影響力があったからである。

小泉の言動に対して、むろん塾生のすべてが肯定的に受け止めていたわけではない。すでにたびたびふれた堀田善衞の発言はその極端な例だが、[*36] たとえば浅田光輝（昭和十八年経済学部卒）は次のように回想している。[*37]

> 小泉先生のご講義はマルクスの学説批判を内容とした「社会思想」という題目でした。僕が出席した講義の中で、開戦に至るまでは賛否こもごもさまざまな議論がありうるだろう、しかし、国がひとたび開戦に踏み切った以上、国民としてこの戦争に一身を捧げるしかない、という趣旨のことを言われた。当時どこでも聞かれた戦争追随とは確かに違った言い方だが、先生にして、もし、戦争を始めた国家の政策に一片の疑念をお持ちであったなら、戦争に一身を捧げよとそこまで学生に言われるのはどうなのか。そういう不満を禁じえなかったのを、今も強く記憶に残しています。

塾生も、そして教職員も、小泉に敬愛の念を抱きながらも、その言動に違和感や反発を感じていた。[*38] それぞれの感情を抱きながら報国隊の結成式に参加し、工場での勤労に従事していたのである。このような中、塾内では学校週番制も始まり、彼らの日常はいやがうえにも「戦時」に改変されていく。

五　雨に濡れた校舎

芳賀日出男のアルバムには「週番の門衛」と題する写真があり（写真10）、その下に次の書き込みがある。

> 二月の寒の寒い寒い日、島崎と福岡が週番の門衛にあたつた。そして登校する塾生の敬礼を一つ一つ受けた。おかげで福岡は風邪を引き、その風邪は黄疸にまでなつた。しかし、不思議なことには、その黄疸は本当にたつた一日で癒つてしまつた。科学主義者福岡も此には驚ろいてゐた。

週番制は、報国隊の校内訓練のために昭和十七（一九四二）年一月十二日（日吉では十九日）から始められた。教練服を着た塾生が衛兵として正門に立ち、校内警備、巡察、服装注意などを行ったのである。[*39] 芳賀の写真は週番制の開始まもなくの時期で、「寒の寒い寒い日」と書くので、この日はよほど寒かったのだろう。場所は銀杏並木の一番下、いまの大学警備室の辺りと思われる。木造の小屋が新しい。予科生たちはコートを着て歩いているが、週番は教練服だけである。これでは風邪をひくだろう。

〈写真10〉「週番の門衛」 芳賀日出男撮影［慶應義塾福澤研究センター提供］

報国隊について、『三田評論』は昭和十七年三月号（第五三二号）から五月号（第五三四）の三回にわたって「義塾報国隊を語る」という座談会を掲載している。一回目は「兵器廠に於ける勤労作業」、二回目は「特別警備隊の活動」、三回目が「週番制の実施」である。座談会の日付は「二月四日」、出席者は報国隊本部の教職員七名、学生は大学経済学部から二名、医学部一名、文学部一名、予科から二名、高等部二名である。高等部からは、のちに塾長となる石川忠雄が出席している。勤労作業は、主に赤羽の陸軍兵器廠について語られている。「塾長先生は常に立派な学生は立派な戦士でなければならないと言はれたが、それを産業戦士といふ立場の上から実践してゐるのだといふ気持で非常な誇りと自覚を感じた」という発言とともに、勤労の翌日は「学校の欠席者も非常に多かつた」と言う。塾生の「真面目な態度がさうさせたのではないか」と言うが、実際にはどうだったのだろうか。

〈写真 11〉昭和 17 年頃の日吉キャンパス［慶應義塾福澤研究センター蔵］
写真の右手に木造の小屋が見えるが、芳賀が写した週番の門衛の小屋は、この反対側（現在のキャンパス入口の警備室のあたり）にあったと考えられる。芳賀の写真は白木の色が真新しい。向かって左側が第二校舎、右側が第一校舎であり、3階の壁面には丸い時計が見える。

特別警備隊の活動は、消防隊の訓練について語られる。途中で「『すし』を食ひに行つたり、お茶飲みに行つたりする連中があって、僕達は『困ったなア』と思つた」という発言がある。そして週番制に関しては、まず本部員の今泉孝太郎（法学部教授）が次のようにその趣旨を説明する。学生主事の立場からの発言であるから、週番制に関する義塾の基本的な考えが示されたものである。

> 週番制を布《し》いた趣旨を簡単に言ひますと、これは塾長の訓示の実現、それだけに尽きるのです。塾長の訓示は五つ与へられてゐますが、その具体的な方法が今の週番制を布くといふことです。報国隊は勿論学校長を中心とした教職員及び学生の一元的組織であるが、学生自身の力で塾長の訓示を実現しよう。これが根本趣

旨です。或は衛兵として門に立ち、或は学校内を巡羅して学生にいろいろ注意するといふやうに具体的に現はれてゐるが、この根本趣旨を忘れなければいゝと思ひます。

「塾長の訓示」についてはすでにふれた。「塾生道徳化運動」の根幹にある五つの眼目である。今泉のこの発言を受けて、予科生代表は「予科は中隊組織になってゐるが、予科の結果を見ると、週番をやつた者は結局週番を終つた後も規則の違反をしない。それで規則破りの常習犯も週番をやつた後は規則を破らない」と述べた上で、次のように続ける。

週番で初め敬礼しろと言つてもテレ臭いのか、道の真中を通る人があるので、吾々はメガホンを持つて道路の真中に立つて敬礼を忘れないやうにと怒鳴つたりしましたが、結局教練の出来るクラスは週番のやり方がいゝやうです。それから週番程クラスの纏まりを示すものがないと思ひました。週番はクラスの団結を纏め、延いては塾の団結を増すものだと思ひました。もう一つ、名前は憚りますが、非常に張切ってゐる先生がゐると生徒自身張切らざるを得ないが、余り御熱心でない先生の時にはその週番は駄目ですネ。

『三田評論』には官憲の検閲もあっただろうから、学校側に都合のいい発言だと言ってしまえばそれまでだが、かなり具体的に予科における週番の雰囲気が想像出来る。この予科生は正直なところを語っているのだろう。「学問と報国隊の活動に付てどう思つてゐるネ。」という問いに対しては、「予科に於ては大した変りはないと思ひます。幾ら忙しくても勉強する時には勉強するし…。」と答える。

一方、手厳しい批判もある。『三田新聞』昭和十七年一月二十七日号には「揺がぬぞ精神陣営　丘の上にも軍国調三田日吉に週番制実施」という見出しの記事があり、同じ紙面の投稿欄（「山風鐘声」）には、「週番制度私感」という法学部一年生（無記名）の記事が掲載されている。

三田と日吉に週番制度が布かれた。その実施状態を見て、自分は非常に残念に思ふ。第一に門に立つてゐる衛兵である。学生に対して衛兵とは不思議な名称でちょっと理解しがたいのだが、その衛兵は実際は学生や教職員に敬礼したり（或はしなかつたり）服装違反を指摘する以外のことは何もしないらしいが、たゞその様な役目故に立つてゐるのは一体どういふものであらうか。服装の取締などは学生自身が之れを行ふべきで、学校当局が、学生を信頼出来ないと言ふのなら、それは学生局員に棍棒でも持たせて門に立たせたならよい。自分は決して冗談を言つてゐる積りはない。ただ、こんな細かい形式の□（欠字）ミの方を大々的に制度にまでしなければならない状態を甚だ残念に思ふのだ。週番隊員が放課後紙屑を拾ひ歩いてゐるのを見ても、又教室で喫煙する学生に週番隊員が注意してゐるのを見ても自分は愈々《いよいよ》この感を深くする。

〈写真12〉「日吉の雨」［慶應義塾福澤研究センター提供］

「学生局員」とは、今泉教授をはじめとする報国隊「学生局員」の七名の学生主事の教員のことだろうか。だとすれば、かなり痛烈な学校批判でもある。芳賀がアルバムに書き込んだ「寒の寒い寒い日」に風邪をひいた友人の話からは、週番制に対する彼なりの批判のニュアンスを読み取るべきかもしれない。

芳賀のアルバムには「日吉の雨」と題する写真がある（写真12）。第一校舎の正面玄関から傘をさして出てくる数名の予科生、校舎の前のアスファルトは雨に濡れ、手前の欅が大きく見えるが、幹はまだ細い。校舎の前のヒマラヤ杉は、現在の大きさから想像ができないくらい小さい。ところが不思議なことに、校舎や学生服を着た塾生の様子は、いまの慶應義塾高校の生徒の佇まいと何も変わらない。まるで時間が止まっているかのようだ。写真の下には次の書き込みがある。

秋から冬に季節のかはる頃　よく冷たい

雨が降つた。吾々は雨にぬれた桜の葉の落ちたのを踏んで学校に通つた。
此んな雨の降る日は学校の中もうすら寒く、講議（ママ）もはつきりしなかつた。旅愁に似た侘しい気もした。しかし、学殿はその蕭條《しょうじょう》たる日、日吉に厳然たる一層の壮麗さを加へて立つてゐた。

季節は晩秋であろう。このアルバムは、「昭和十七年三月アルバム製作完了」とあるので、昭和十六年の十一月中旬から十二月上旬であろうか。とすれば、手前の欅は紅葉しているはずである。十一月一日・二日の両日に「大学予科大会」（文化祭と運動会）が盛大に行われ、十二月八日に米英に宣戦布告したちょうどその頃、日吉では「冷たい雨」の降る日があった。

六　上原良司の昭和十八年

昭和十八（一九四三）年の元旦を上原良司は故郷の信州で迎えた。この日、一人でスキー場に行き、スキーを楽しむ。四日は長兄の結婚式。八日、友人の出征を駅まで見送る。この夜、父と口論する。

今日より学校なり。今日は皆出たろうか。何も出来ずに終った休みとなってしまった。時は過ぐ。しこうして我何物かを摑み得ず。淋しい。焦慮を感ず。これでよいか。駄目だ。ではどうすればよいか判らぬ。自分には判らぬ。

彼はなぜ父親と口論し、何を焦っていたのだろうか。よくある青春の焦燥だろうか、それとも切迫する時局がそうさせたのか。上原は新しい日記帳のページを開き、彼の昭和十八年はこのように始まった。[*40]

正月休みが終わって、日吉に戻った。一月十九日の昼休み、校舎の屋上で友人と理想の女性について語り合う。恋を打ち明けろとしつこく言われるが、上原は語らない。

彼女を話題に上らすことは、彼女を侮辱し、けがすようなものだもの、どうして自分に出来よう。

純粋な思いである。この頃彼は幼馴染の女性に恋をしていた。

二十三日は雨、小雨だが風が強かった。やがて晴れ、十一時に代々木練兵場に着いた。そこから陸軍戸山学校へ移動。ぬかるんだ校庭で靴を失くした者が多数いたというから、分列行進をしたのだろう。日記には「御視閲終り、戦場運動、剣術等あり」とある。

三十日、恋する人への思いを書く。「自分には彼女を幸せにしてやる見込みはない」「前途を見ろ。先づ戦場」「帰れたら、いや帰ることなんか考えてはならぬ。戦死こそ汝の最も希望するものではないか」そう書きながらも、「心中では死を恐れていないか」と自問する。彼の前には戦場があり、死があった。

三十一日には新宿で次兄に偶然会い、「不二家」でご飯と肉を、「むらさき」でしることとあんみつ、「聚楽」でコーヒー・ケーキをご馳走になる。[*41]

二月二日、「耐寒訓練」が終わった。寒中での早朝の軍事教練である。

木村の奴、ついにさぼる。一週間を省みて、果してこれが訓練といえるかと思うほどのなまぬるさ、しかも参加者は、毎日平均七十人位。こんなところにもＫＯらしいところあり。また木村にもＫＯの型を見出したと思う。

上原は、前月二十三日にも代々木練兵場に「半分以上来ていた」ことに驚いている。塾生のこの種の軍事的行事に対する取り組みの悪さ、意識の低さがうかがわれる。あるいはこれも、時勢に対する彼らなりの抵抗だろうか。そうした中で上原は真面目に参加していたということか。批判の言葉は教員にも向けられる。

松本良三が最後に挨拶をして、この訓練が諸君の一生の中で良い経験になることを願うし、またそうなることを確信すると言ったが、自分には、そんなに印象深いものとは思えなかった。

先述したように、松本は予科の教員で学生主事でもあった。二年前の開戦の日の日記には、「小泉塾長によく似た学生主事の先生」という表現があった。この学生主事が松本のことかどうかは不明だが、教員の名前を知らないままも、そこに幾ばくかの敬意を込めて「先生」と書いていた。それがここでは呼び捨てになっている。開戦の日にあれだけ興奮していた上原が、ここでは冷めた目で自分自身を取り巻く現実を見つめている。

二月五日、この日の日記では授業について書いている。

佐藤先生風邪をひいている。曰く恋愛の時、こちらからあなたはきれいだと言うべきで、女から好かれようとする如き態度は女性的でいかん。

「佐藤先生」とは国語の佐藤信彦（のちの文学部教授）だろうか。上原は一月十九日の日記に「国語は相変わらず面

〈写真 13〉第一校舎南側入り口（陸上競技場側）付近での上原（中央）［上原幸一氏蔵、慶應義塾福澤研究センター提供］

白い」と書くので、国語は好きな教科だったのだろう。

　二月に入り、学年末の試験が近づいてきた。十二日の夜はドイツ語の勉強でゲーテを読む。十三日は週番だった。三時間目の休みに週番の交替、日吉の街で汁粉屋に入った。駅前の丸善の前では防火用水の大きな穴を掘っていた。夜は経済原論の勉強。試験については、彼が残した手帳に次のように記されている。[*42]

二月二十四日（水）　試験開始、自然科学・漢文・修身。
二月二十五日（木）　英会話、西洋史。
二月二十六日（金）　東洋史、論理。
二月二十七日（土）　法通、エッセイ。
三月一日（月）　ドイツ語、経済原論。
三月二日（火）　数学、ストーリー。
三月三日（水）　英作、国語。

　一週間の長い試験期間である。そして彼は学年が進んで予科三年になった。

　六月には二十五日から二十七日にかけて恒例の予科大会が行われた。戦時下ということもあって、開催が危ぶまれたようだが、物資と資材の徹底的な節約を条件に開催にこぎつけたという。『三田新聞』昭和十八年六月二十五日号には、「決戦下塾生々活の粋　予科大会の幕開く　日吉移転十周年記念も兼ね」という見出しで、その詳細が記されている。一日目は林毅陸前塾長による記念講演、二日目と三日目には「音楽会」と「文化建設展」[*43]、運動会は「体錬会」として二日目に行われた。「例年と大いにその趣を異にし純然たる戦場運動の形態」をとるものとなった。上原の日記には「日吉移転十周年記念運動会。早駆け、棒倒し、戦場運動に出る」とある。早駆けは四等で、キャプテンとして出た戦場運動は一等、棒倒しは二回ともに勝った。

「戦場運動」について、次のように記している。
蜂《マ》谷《マ》（筆者注／蝮谷のこと）の坂を、縦横にとび回る。庭球部クラブハウスの後ろで交代、三人ずつ走る。僕は後半。交代する所壕あり。勢い余り壕の中へ頭から突込み、全身泥まみれとなりたるものあり。交代後直ちに坂を上り、壕を越え、鉄棒に出る、えいと一回尻上がり、それからやぶの中に入り、木のバリケードをくぐり、ネットの所より、中庭へ平均台を飛び渡り、並木道を下ってトラックへ。入口の所で三人まとまり、コースを逆にかけて一着。終始キャプテンの責任もて一等。スタンドに帰り、皆に感謝の歌を歌って貰う。こんな気持ちのよいことなし。然れども気持ち悪し。

〈写真14〉予科大会の運動会　河村堅太郎撮影［慶應義塾福澤研究センター蔵］
撮影年月日不詳だが、昭和18年6月の「体練会」のものか。あるいは後述の11月19日か。

今で言えば、クロスカントリーと障害物競争をあわせたようなものなのだろうが、競技としてはかなりハードであり、やはり戦時色がきわめて強い。上原はこの後、原因不明の腹痛を起こし、数日寝込んだ。張り切りすぎたための熱中症による脱水症状が原因だろうか。日記の彼の言葉からは、キャンパスを力の限り走った弾けるような若さと喜びが感じられる。

この運動会の日、飛行機二機が校舎をかすめ、芝生に影を流しながら上空を旋回した。入隊した塾生が操縦する九五式練習機（通称「赤トンボ」）である。『三田新聞』昭和十八年七月十日号には、

第一校舎に向つてぐうんと物凄い急降下、何処かで『キャーッ』と悲鳴が聞えた、引起こす翼がぎらりと光る、仰ぐ塾生の瞳は大空への憧れをこめて、積乱雲渦巻く南の空を思ふ。

とある。二機は翼を振りながら遠のいていった。上原もこの旋回と急降下を見ていたはずである。同じ号には「塾生空への進軍譜　往くぞ！　大空の決戦へ　敢然二年も続々決起」の見出しの記事がある。

六月二十九日には、海軍飛行予備少尉による講演があった。運動会での飛行は、そのデモンストレーションでもあったのだろうか。「血の湧くを覚ゆ」「応募せんことを願う」「早く行きたい」と書く。その後、教練。

三十日、「功利主義に対する哲学的反対とは何か」を教師に問うが、本をたたんで逃げ去られた。「究学の志も空しくなり、教師とはあんなものかと、さげすみたくなる」。このような教師批判は七月二日にもある。休講した教師に対する不満である。「下田（敢て私は呼び捨てにする、その価値充分なり）休講」で始まる。いつも大幅に遅れて来るのに偉そうなことばかり言う。「経済に興味のもてないのは先生が悪いからだ」「こんな教師がいるうちはケイオーはだめだ」。

七月三日、十時から二階小講堂で長沢少将の講演があった。「相変わらず、我等の信頼を集むるに充分なる人なり」と書く一方で、「少し変ったところといえば、わざとらしい謙虚さが、見えるようになった」と続ける。「長沢少将」とは、開戦の日に中庭で訓示をした「長沢大佐」だろうが、正確には「永澤大佐」である。[*44] この「わざとらしい謙虚さ」とは何だろうか。講演の内容は陸軍予備士官学校についてであった。学生を軍隊に志願させようとする意図を敏感に感じたということか。上原の感性は、やはり開戦の日のそれとは明らかに異なっている。それを青年から大人への成長と言うべきか、時代の空気に対する違和感と言うべきか。この講演会には小泉塾長も出席していた。上原は塾長や槇常任理事（この時は予科主任を兼務）の頭の「てっぺん」が禿げていることに初めて気づいたと書いている。

この頃になると、戦局は明らかに不利な状況に転じていた。それを上原がどれほど知っていた（あるいは感じていた）かは、わからない。日記には大本営発表の華々しい戦果が記されている。一般の国民と同様、実際のところは何も知らなかったということだろう。二月一日にはガダルカナル島からの撤退が開始され、四月十八日には連合艦隊司令長官山本五十六がソロモン上空で戦死、五月二十九日にはアッツ島の守備隊全滅、昭和十八年の前半はこのような状況であった。

この講演会の翌日、七月四日から、上原は軍隊に入る準備として九時半就寝、五時起床を始めるが、三日後の七日にはやめている。「学校へ行くと眠くて仕方ない。五時起床の制度は駄目。また元に戻ることにした」。

九日の夜には、知人（朝鮮出身の塾生か）と大東亜共栄圏のスローガンについて議論する。平行線のまま終わったが、議論をして気持ちがさっぱりしたと書く。十日、綱島でアイスクリームを食べる。日吉で庭球部の友人と会う。これから東伏見のコートでテニスの関東選手権大会とのこと。この頃はまだ学生の対校試合が行われていた。ちなみに東京六大学野球連盟は、この年の四月八日に解散を命じられている。九月には学生の体育大会がすべて禁止され、リーグ戦や全国大会がすべて停止となったので、このテニスの対校戦は、その最後の時期のものということになるだろう。[*45]

八月十日、上原は「悲しき日」という言葉で日記を書き始めた。思いを寄せていた女性の結婚が決まったからである。結局、自分の気持ちを伝えられないままに終わった恋であった。

九月八日、友人が海軍予備学生飛行科に合格、九日、イタリアの無条件降伏が発表された。「精神的ショック大なり。時間の切迫をいよいよ感ず」と書く。そんな中、八日に試験開始、十四日に試験終了[*46]、この月、上原は予科の課程を終えた。修業年限が半年短縮されたからである。彼の予科第三学年は六カ月しかなかった。日吉での学生生活は昭和十六年四月に始まり、十八年九月に終わった。二年半であった。

校舎屋上で友人と恋愛を語り、好きな教師・嫌いな教師がいて、運動会では全力で走った。寝坊して一時間目の授業に遅れることがしばしばあったが、教練には真面目に参加した。週番をした。勤労作業にも行った。[*47]酒を飲み、汁粉やケーキなど甘いものを食べ、父と口論し、友人と議論した。軍隊や戦局に関する話に胸を熱くし、一方で周囲を冷静に見る目も養った。文学・哲学を読んだ。[*48]悲しい片思いの恋もした。おそらくこれは、どこにでもいるごく一般的な、日吉で学んだ予科生の昭和十八年の日常だろう。上原良司という青年に、私は予科生の典型を見るのである。

上原は北アルプスの麓、長野県南安曇郡有明村（現在の安曇野市穂高有明）で育ち、旧制松本中学に学んだ。父は医師で、恵まれた環境のもと成長した。二人の兄はともに慶應義塾大学医学部に進み、彼もまた慶應を目指し、一年浪人ののち、経済学部予科に入学した。「学校でも目立った生徒でなく、無口で控えめ」だったという。[*49]十月四日、三田の経済学部本科に進むが、憧れの三田での学生生活は慌ただしく過ぎた。二十一日、明治神宮外苑競技場で「学徒出陣壮行会」に参加。翌二十二日には、軍医として出征した次兄龍男がニュー・ヘブライズ諸島で戦死の報を聞く。十二月一日に陸軍に入営。三田での学生生活は、わずか二

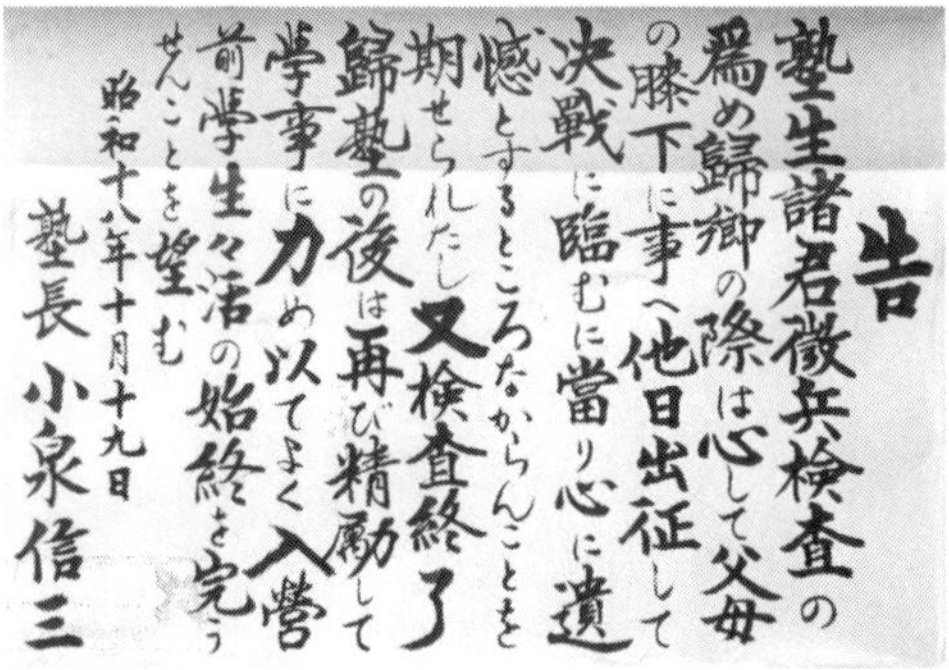
告
塾生諸君徴兵検査の為め帰御の際は心して父母の膝下に事へ他日出征して決戦に臨むに當り心に遺憾とするところなからんことを期せられたし又検査終了帰塾の後は再び精励して学事に力め以てよく入営前学生々活の始終を完うせんことを望む
昭和十八年十月十九日
塾長 小泉信三

〈写真 15〉昭和 18 年 10 月 19 日の小泉信三塾長の「告」
河村堅太郎撮影［慶應義塾福澤研究センター蔵］

カ月であった。

七　残された言葉

昭和十八（一九四三）年十月二日、「在学徴集延期臨時特例」が公布され、それまで学生に与えられていた徴兵猶予の特権がなくなり、満二十歳以上の学生（理工系は除く）は徴兵検査に合格すれば軍隊に入ることになった。学籍を残したまま入隊（学徒出陣）した塾生は、大学学部（文・経・法）・予科・高等部あわせて三千余名と推定されている。[*50] 上原良司だけでなく、芳賀日出男も安岡章太郎もこの中に含まれる（写真15）。

十月二十一日、文部省主催の出陣学徒壮行会が、雨の中、明治神宮外苑競技場において行われた。上原は「学徒出陣壮行会。制服制帽、八・〇〇、外苑競技場、キャハン」と書く。[*51] 十一月十七日には塾生出陣壮行音楽会を三田の大講堂で開催。同十九日、日吉陸上競技場で予科の出陣生徒五百余名の壮行会を行い、体育祭も開催された。『三田新聞』昭和十八年十二月十日号には、次のようにある。

> 熱と力の溢るゝ競技に大グラウンドは沸き返り、スタンドを占める各級の応援団は或は揃ひの三色旗の帽子を冠り、或は旗を押し立てゝ統制ある応援歌と拍手とに出場選手の熱技を助け、太鼓やラッパも交つて明朗な半日を過した、この間第一、第二、赤屋根の三食堂では神奈川県当局よりの好意で特配された汁粉に長蛇の列をなした塾生は久し振りに味覚を満喫させた。体育祭終つて再びグラウンドに集合し、三色旗を打ち振りつゝ塾歌、若き血等を声高らかに唄ひ、海行かば□□（欠字）曲の中に厳粛に幕を閉じた。

「第一」「第二」とはそれぞれ校舎裏手の中庭側にあった

「第一学生控室」と「第二学生控室」のことで、ここには食堂があった。「赤屋根」は「赤屋根食堂」である（写真7）。この頃になると、汁粉はめったに食べられないものとなっていた。先に見た同年の一月・二月の上原の日記と読み比べればわかるように、食べ物の事情はそのまま悪化する戦局を表している。

　理想的な学園を建設するために日吉の丘にキャンパスが開かれたのは、昭和九（一九三四）年五月一日であった。ところが十年もたたずに、もはや理想の学園とは言えなくなっている。「学びの空間のロマン」の夢を描いた建築家の壮大な理想からも遠く離れ、そこは塾生が学ぶための場ではなく、塾生を戦場に送り出す場になってしまった。陸上競技場では「塾歌」や「若き血」のカレッジソングとともに「海行かば」を大合唱し、五百余名の予科生が軍隊へと送り出された。いったいこのうちの何人が、生きて「戦後」を迎えられたのだろうか。

〈写真16〉アルバム『Ｉ組の仲間たち』より、塾生出陣壮行会
［慶應義塾福澤研究センター提供］
三田の大講堂の前の中庭に集まる塾生。右側に塾旗が見える。

　十一月二十三日、三田で全塾的な塾生出陣壮行会が行われた（写真16）。これより先、『三田新聞』は十一月十日に学徒出陣特集号を発行、小泉塾長は「征け諸君」と題する檄文を塾生に送った。

> 終に諸君の征く日が来た。今まで幾度となく私は諸君に向つて、此日の為にといふ事を言つた。その日が終に来たのである。
>
> 　今、別れに臨んで、特に新たに言ふべき事は何もない。私は諸君を知ってゐるつもりである。諸君も亦《ま》た私の言はんと欲することを知ってゐるであらう。たゞ言ふ。『征け、諸君。君国の為に。父母の墳墓の地を護らん為めに』。

小泉の言葉はこのように始まり、次のように続く。国家の存亡の岐路は目の前にある。「既に学識あり、気力あり、体力あり、たゞ報国の一念の外、疑惧を知らず、顧念を知らず、固《もと》より恐怖の何たるを知らぬ幾十万の学生」が訓練を終えて戦場に出た時、その力を身をもって知るのは、幾十百万の米英の将兵であろう。前線で心に家郷を望む時には、三田・四谷・日吉の丘と谷と樹木と家屋とを思え。名残は尽きないが、別れなければならない。——この長い壮行の辞は、「大君の御為めに敵弾を冒《おか》せ。大君の御為めに朝夕を厭へ」という言葉で閉じられる。

この『三田新聞』学徒出陣特集号は、第一面の一番上に前塾長林毅陸による「祝塾生諸君出陣」の題字、その下右側に高橋誠一郎（経済学部教授）の「征かんとする慶應義塾学徒」の壮行文、その左に小泉の文章、その下に小林澄兄（文学部長）の「希くは武運長久を」、紙面中央には福澤諭吉の立ち姿の横に「莞爾《かんじ》たり福澤先生」の文字、その下に常任理事で日吉予科主任槇智雄の「諸君の敢闘を祈る切」と題する文章が掲載されている。林も小泉も小林も槇も、みな日吉開設にきわめて重要な役割を果たした義塾の重鎮である。繰り返し述べたように、彼らが描いた教育の理想によって日吉に新しい予科が生み出されたと言ってもいい。[*52]「理想的新学園」の三つの柱であった知育・徳育・体育が、小泉が述べる「学識」「気力」「体力」として、そのまま戦場で戦うための力になっていったとすれば、それらはあまりに悲しい言葉である。一年前の昭和十七（一九四二）年十月二十二日、小泉の長男・信吉は、南太平洋で戦死した。幼稚舎・普通部と慶應義塾で学び、開設間もない頃の日吉の予科に通った塾生の一人である。[*53]小泉はどのような思いで出陣する学徒にこの言葉を送ったのだろうか。

送り出した側の言葉があれば、送り出された側の言葉もある。それぞれが戦争の実相を語るものである。十二月一日、上原良司は陸軍の松本第五十連隊に入隊した。翌昭和十九（一九四四）年二月九日、熊谷陸軍飛行学校相模教育隊に入校。三月二十四日、館林教育隊で飛行操縦開始。七月二十日、熊谷陸軍飛行学校を卒業。昭和二十（一九四五）年五月十一日、陸軍特別攻撃隊第五十六振武隊員として沖縄戦で特攻出撃、二十二歳で戦死した。

出撃する前夜、鹿児島の知覧飛行場の兵舎の中で、彼が書き残した言葉がある。以下、全文引用する。[*54]開戦の日、ラジオのニュースに興奮し、胸と頬をふるわせ、戦時下の特殊な状況の中、日吉キャンパスでごく一般的な学生生活を過ごしていた上原良司という青年の内面の変化が読み取れる。彼の「学識」と「気力」と「体力」はどのような花を咲かせ、どのように散っていったのか。そして、彼が日吉で過ごした時間はどのような意味を持っていたのだろうか。

＊　＊　＊

所感

栄光ある祖国日本の代表的攻撃隊ともいうべき陸軍特別攻撃隊に選ばれ、身の光栄これに過ぐるものなきを痛感致しております。

思えば長き学生時代を通じて得た、信念とも申すべき理論万能の道理から考えた場合、これはあるいは、自由主義者といわれるかも知れませんが、自由の勝利は明白な事だと思います。人間の本性たる自由を滅す事は絶対に出来なく、例えそれが抑えられているごとく見えても、底においては常に闘いつつ最後には必ず勝つという事は、彼のイタリアのクローチェも言っているごとく真理であると思います。権力主義全体主義の国家は一時的に隆盛であろうとも、必ずや最後には敗れる事は明白な事実です。我々はその真理を、今次世界大戦の枢軸国家において見る事が出来ると思います。ファシズムのイタリヤは如何、ナチズムのドイツまた、既に敗れ、今や権力主義国家は、土台石の壊れた建築物のごとく、次から次へと滅亡しつつあります。真理の普遍さは今、現実によって証明されつつ、過去において歴史が示したごとく、未来永久に自由の偉大さを証明して行くと思われます。自己の信念の正しかった事、この事はあるいは祖国にとって恐るべき事であるかも知れませんが吾人にとっては嬉しい限りです。現在のいかなる闘争もその根底を為すものは必ず思想なりと思う次第です。既に思想によって、その闘争の結果を明白に見る事が出来ると信じます。

愛する祖国日本をして、かつての大英帝国のごとき大帝国たらしめんとする私の野望は遂に空しくなりました。真に日本を愛する者をして立たしめたなら、日本は現在のごとき状態にはあるいは追い込まれなかったと思います。世界どこにおいても肩で風を切って歩く日本人、これが私の夢見た理想でした。

空の特攻隊のパイロットは一器械に過ぎぬと一友人が言った事は確かです。操縦桿を採る器械、人格もなく感情もなく、もちろん理性もなく、ただ敵の航空母艦に向って吸いつく磁石の中の鉄の一分子に過ぎぬのです。理性をもって考えたなら実に考えられぬ事で、

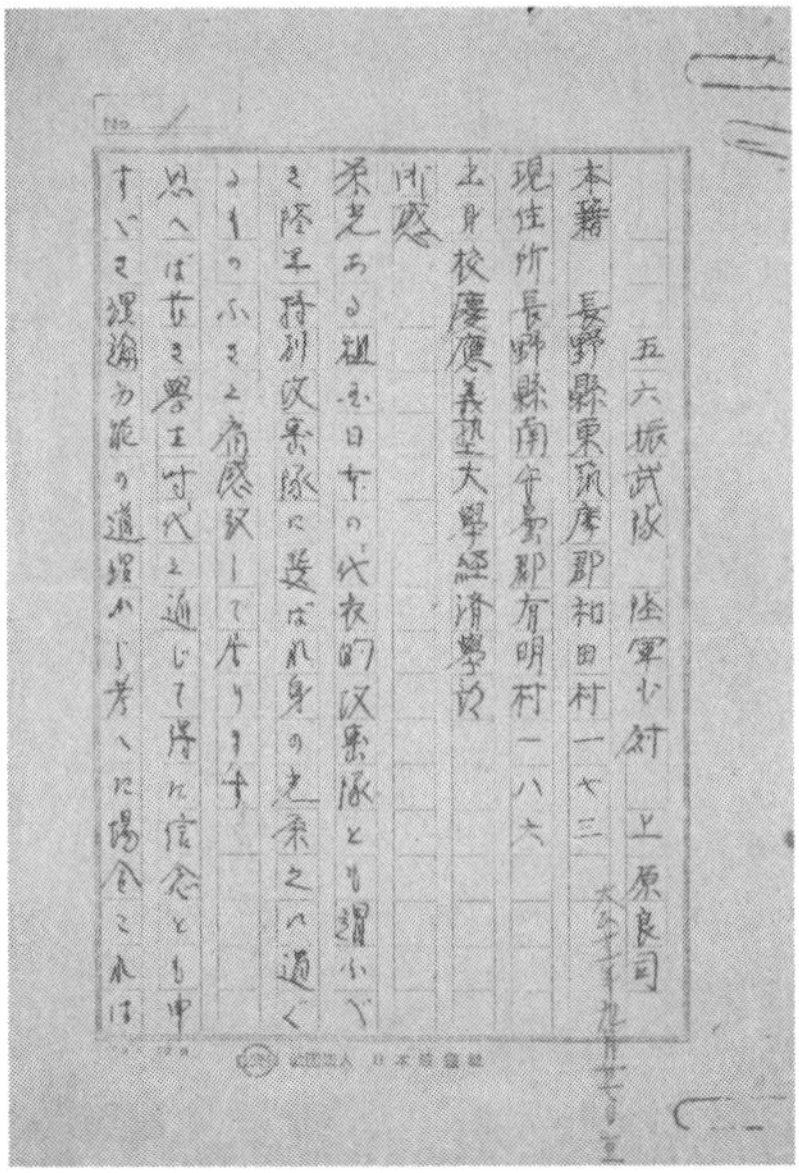
No. 1
五六振武隊　陸軍少尉　上原良司
本籍　長野県東筑摩郡和田村一七三
現住所　長野県南安曇郡有明村二八六
出身校　慶應義塾大学経済学部
所感
栄光ある祖国日本の代表的攻撃隊ともいふべき陸軍特別攻撃隊に選ばれ身の光栄之に過ぐるものなきと痛感致して居ります
思へば長き学生時代を通じて得た信念とも申すべき理論万能の道理から考へた場合これは

〈写真17〉「所感」自筆原稿［上原幸一氏蔵、慶應義塾福澤研究センター提供］

強いて考うれば、彼らが言うごとく自殺者とでも言いましょうか。精神の国、日本においてのみ見られる事だと思います。一器械である吾人は何も言う権利もありませんが、ただ願わくば愛する日本を偉大ならしめられん事を、国民の方々にお願いするのみです。

こんな精神状態で征ったなら、もちろん死んでも何にもならないかも知れません。故に最初に述べたごとく、特別攻撃隊に選ばれた事を光栄に思っている次第です。

飛行機に乗れば器械に過ぎぬのですけれど、いったん下りればやはり人間ですから、そこには感情もあり、熱情も動きます。愛する恋人に死なれた時、自分も一緒に精神的には死んでおりました。天国に待ちある人、天国において彼女と会えると思うと、死は天国に行く途中でしかありませんから何でもありません。明日は出撃です。過激にわたり、もちろん発表すべき事ではありませんでしたが、偽らぬ心境は以上述べたごとくです。何も系統だてず思ったままを雑然と並べた事を許して下さい。明日は自由主義者が一人この世から去って行きます。彼の後姿は淋しいですが、心中満足で一杯です。

言いたい事を言いたいだけ言いました。無礼を御許し下さい。ではこの辺で。

出撃の前夜記す

＊　＊　＊

二百字詰原稿用紙で七枚。最後の行まで一杯に使い、「出撃の前夜記す」が枠の外に一行はみ出している。思いが溢れているかのようだ。

『文集（他人見るべからず集）』と名付けられた上原の日記は、昭和十七年二月二日で終わる。「愛情　二月二日」と題されたこの日の日記は、ひそかに思いを寄せる女性に対する愛情で溢れている。長い文章の最後は、次の言葉で閉じられる。[*55] 予科一年の冬である。


遂にこの文章も終った。

また新しいのを買って来よう。これで大分反省させられることが多い。二、三枚むしって焼いてしまったのが、今となっては惜しい。

一番興味を以て書いたのは最後の「愛情」である。

また興奮の中に筆を進めたのは「十二月八日」である。

一生の中のよい憶い出となることを期待して、この終りの文章といたします。


生涯の良き思い出になりえたのかどうか――。昭和二十年五月十日の夜、特攻出撃の前夜に書いた「所感」に至るまでの上原良司の青春について、もう少し考えてみたい。

註

＊1　高木俊朗「遺族――戦没学徒兵の日記をめぐって――」『戦記作家高木俊朗の遺言Ⅱ』文藝春秋企画出版部、二〇〇六年八月、九一頁

＊2　上原良司（中島博昭編）『新版　あゝ祖国よ恋人よ』信濃毎日新聞社、二〇〇五年五月、三七頁。以下、上原の同日の日記からの引用と要約は同書（三七～四二頁）に拠る。

＊3　昭和十六年の『慶應義塾総覧』には、昭和十五年七月一日現在の教職員として、予科「第一部教員」の「英語」に「エス・エッチ・グリッグス」とある。外国人教員は、他に「アール・ビー・イーストレーキ」「テイー・ビー・ランフオード」の名が見え、三人ともに担当は英語である。ちなみに「第一部」とは、第一校舎を使用した文・経・法の文系三学部である。第二校舎の医学部は「第二部」となる。第二部の英語の外国人教師は、ランフォードの他に「ジエー・ダブリユー・ステイール」「ジー・テイー・ウイード」の名が見え、ドイツ語には「レオポルト・ウインクラー」がいた。なお、教室に来なかった三時間目の教師は、漢文の奥野信太郎である。

＊4　「塾生道徳化運動」については、本書第四章でふれた。なお上原の日記の原文は「塾のキ章」（「塾の徽章」）である。

＊5　アルバム『予科時代』については、本書第四章参照。

＊6　「慶應義塾と戦争Ⅰ　慶應義塾の昭和十八年」展の冊子（慶應義塾福澤研究センター、二〇一三年）には、「時局に関する講話を聴く予科生（昭和十七年初旬カ）」とある。

＊7　本書第三章参照

＊8　昭和十七年の『慶應義塾総覧』によれば、昭和十七年六月一日現在の大学予科の学生数は、文学部三五四、経済学部二二三五、法学部一二二二、医学部四二四、計四一三五とある、

＊9　昭和十六年十二月八日の『朝日新聞』東京版には、東京地方の天気予報として「北の風晴晩は風弱く晴　明日は晴れたり曇つたり」とある。以後、天気予報は軍事機密となり、翌九日の紙面から消えることになる。

＊10　白井厚・浅羽久美子・翠川紀子編『証言　太平洋戦争下の慶應義塾』慶應義塾大学出版会、二〇〇三年十一月、一一四頁

＊11　慶應義塾福澤研究センター・慶應義塾図書館主催『福澤諭吉／慶應義塾史　新収資料展』二〇一七年七月三日～八月五日開催における展示資料「慶應義塾と戦争」アーカイブ・プロジェクト収集資料より。文字起こしも同展示による。

＊12　『三田評論』昭和十七年一月号（第五三〇号）「大詔を拝し小泉塾長訓辞」には、「小泉塾長は大詔を拝し九日午前十時より三田本塾大講堂に於て大学々部高等部学生に対して訓辞を行ひ、大御心を拝し奉り戦時下学生の奮起を力強く要望した。（中略）尚ほ小泉塾長は三田本塾に於ける訓辞の後、午前十一時半より北里記念図書館に於て医学部学生に対し、午後一時半よりは日吉大学予科及び藤原工業大学全学生に対して訓辞を行つた」とある。

＊13　「昭和十六年十二月八日のラジオ（三）午後0時半のニュース「真珠湾攻撃の続報」（http://www.nhk.or.jp/archives/shogenarchives/『NHK戦争証言アーカイブス』「戦時録音資料」より引用。

＊14　「昭和十六年十二月八日のラジオ（一）午前七時の臨時ニュース「太平洋戦争開戦」（同右『NHK戦争証言アーカイブス』「戦時録音資料」より引用）

＊15　安岡章太郎『僕の昭和史』新潮文庫、二〇〇五年、一七〇頁

＊16　右同書、一七三頁

＊17　伊藤整『太平洋戦争日記（一）』十二月八日、新潮社、一九八三年、九頁

＊18　徳川夢声『夢声戦争日記（一）』中公文庫、一九七七年、一一～一二頁

＊19　前掲『太平洋戦争日記（一）』一一頁

＊20　前掲『三田評論』昭和十七年一月号「大詔を拝し小泉塾長訓辞」には「小泉塾長の訓辞（筆者注／三田での訓辞）の終了後、「学生約三千名は学生局員指導の下に緒戦祝捷戦勝祈願大行進を行ふこと〻なり、三田山上に整列、隊伍を整へて宮城前に行進、聖寿の万歳を三唱し奉り、次いで靖国神社に参拝、それより陸軍省、参謀本部、海軍省に至り代表者がそれぞれ祝辞を呈し、全員無事三時頃帰塾した、又同日午後大学医学部全学生は隊伍を整へて明治神宮に参拝、宮城前に行進、聖寿の万歳を三唱し奉り、それより大本営に至つて祝辞を呈した」とある。

＊21　『三田評論』昭和十七年三月号（第五三二号）「塾報」に拠る。

＊22　白井厚監修・慶應義塾大学経済学部白井ゼミナール著『共同研究　太平洋戦争と慶應義塾　本文編』慶應義塾大学出版会、二〇〇九年十一月

＊23　その理由に関して、『共同研究　太平洋戦争と慶應義塾　本文編』では「早い時期に卒業した学生は大正デモクラシーの余香に接しマルクスを読んだりした」が、『「学徒出陣」世代では中学四年生の頃には日中戦争が始まり日独伊防共協定が結ばれ、予科三年の頃には真珠湾攻撃で本格的な戦時体制となった」ため、前者は「とんでもないことになったと思った」という回答が多く、後者は「大感激だった」という回答が多くなったのではないかと分析している（一一〇～一一一頁）。

＊24　昭和十（一九三五）年に実施した「塾生生活調査」では、好きな映画として選ばれたベストテンのうち五作品がアメリカ映画である。詳細は本書第四章参照。

＊25　前掲『証言　太平洋戦争下の慶應義塾』一七四～一七七頁

＊26　「小講堂」については、本書第三章参照。『アサヒグラフ』掲載の写真を見ると天井がかなり高いことがわかる。正面黒板の前に両国の国旗が掲げられ、左側の壁には額のようなものが見える。これは福澤諭吉の筆になる「慶應義塾の目的」だろうか。とすれば、本書第三章で紹介した『三田評論』第四四四号（昭和九年八月号）所収「日吉台を訪ふの記」の記載と合致することになる。

＊27　日吉寄宿舎とローマ風呂については、本書第四章参照。『アサヒグラフ』には「皆で一緒に入る風呂なんて生まれて始めて。おまけに硝子ばりで眺望が素晴らしいんでプールと間違へたかシブキを上げて大はしやぎ」とある。

＊28　本書第四章参照。報国隊に関しては、昭和十七年度『慶應義塾総覧』「第二十章　慶應義塾報国隊」、『慶應義塾百年史』中巻（後）、慶應義塾、一九六四年、九七四～九七九頁を参照した。小泉の訓示は「報国隊結成式訓示　昭和十六年九月十五日日吉大学予科競技場における訓辞要旨」（『小泉信三全集』第十三巻、一九六八年、文藝春秋）より引用。

＊29　塾生の勤労作業と勤労動員に関しては、『慶應義塾百年史』中巻（後）九四七～九七〇頁に詳細に整理されている。

＊30　『三田評論』昭和十七（一九四二）年一月号（第五三〇号）

＊31　「卒業式式辞――昭和十六年十二月廿六日　大講堂」『小泉信三全集』第二十六巻、一九六八年、文藝春秋

＊32　「親米論者」の語は、加地直紀「太平洋戦争と知識人――小泉信三の反米論――」（日本法政学会『法政論叢』三十巻、一九九四年）より引用。小泉が米英との戦争に反対だったとの立場については、白井厚「慶応義塾大学における社会思想研究とアジア太平洋戦争」（白井厚編『大学とアジア太平洋戦争』日本経済評論社、一九九六年、所収）、今村武雄『小泉信三伝』文春文庫、一九八七年、一五四～一五五頁など参照。

＊33　『小泉信三全集』第二十二巻所収、文藝春秋、一九六八年

＊34　この時期の福澤に対する批判は、昆野和七「先秋以来の福澤論」（『三田評論』第五三四号、昭和十七年五月）参照。昆

野は「最近一ヶ年ほど福澤批判論の賑はつた年はない。昨年の晩冬から初夏にかけて総合雑誌、新聞紙の上でつぎつぎに先生に関する論評が行はれたが、さういふことは嘗てない現象である」と書き、「福澤攻撃論」と言う語で表現している。この時期、陸軍予備士官学校の日本史の教科書でも福澤批判が展開されている（前掲『共同研究　太平洋戦争と慶應義塾　本文編』二二一～二二三頁、前掲「太平洋戦争と知識人――小泉信三の反米論――」）。

*35　楠茂樹・楠美佐子『昭和思想史としての小泉信三』ミネルヴァ書房、二〇一七年、九六頁より引用。同書には小泉の戦時中の発言について詳細な言及がある。同じく戦時中の発言については、白井厚「五十年目の大学評価」（『三田学会雑誌』第八九巻一号、一九九六年四月）に詳しい。

*36　本書第三章・第四章参照。堀田は自身の父親と同級生で、大学入学の保証人でもあった小泉に対して個人的な思いを強く持っていたと考えられる。

*37　前掲『証言　太平洋戦争下の慶應義塾』六〇～六一頁

*38　白井厚「共同研究『太平洋戦争と慶應義塾』をめぐって」（『近代日本研究』九、慶應義塾福澤研究センター、一九九二年）および前掲「慶応義塾大学における社会思想研究とアジア太平洋戦争」参照

*39　前掲『共同研究　太平洋戦争と慶應義塾　本文編』五一頁、『慶應義塾百年史』中巻（後）九三六頁、参照

*40　表紙に「朝日日記」「紀元二千六百三年」と印刷された市販の日記帳。前掲『新版　あゝ祖国よ恋人よ』所収。引用は同書に拠る。

*41　戦時中とは言え、この頃はまだ汁粉やあんみつ、コーヒー、ケーキを食べることができたのだろう。半年後の『三田新聞』昭和十八年七月十日号には、「空腹・教練・読書」と題する日吉関連の記事がある。七月になると食糧事情が悪化し、予科生は空腹に悩まされていたようだ。

*42　上原は手帳にも昭和十八年の記録を残している。前掲『新版　あゝ祖国よ恋人よ』所収「小メモ・ノート」（六六～七四頁）参照

*43　「音楽会」は「今度は初めて謡曲と詩吟を加へ、洋楽のみに限られてゐたこの種の催しに新機軸を出してゐる」とある。「文化建設展」は報国団生活科、学術科に属する団体の出品などがあり、異彩を放つものとして「少国民文化研」の人形劇があり、近隣の児童を招待した。文化建設展は一般にも公開され、「戦ひつゝも伸びゆく日本の現代を次の時代を背負ふ塾生の日常生活の意義がいかに滲み出ていかに凝集してゐるかに関心をもたれてゐる」とある（以上、引用は『三田新聞』昭和十八年六月二十五日号）。なお、現存の「報国団予科大会」と題するパンフレットによれば、第一校舎では三十五の団体による展示や発表が行われた。音楽会が行われたのは二階小講堂である。

*44　前掲の昭和十七年度『慶應義塾総覧』「第二十三章教職員（昭和十七年九月一日現在）」には、教練担当の予科の配属将

校として「陸軍大佐　永澤三郎」とある。
＊45　前掲『慶應義塾百年史』中巻（後）、一〇〇九頁
＊46　前掲「小メモ・ノート」参照
＊47　たとえば七月二十六日には「座間にて勤労奉仕始まる。土木工事、航空廠の敷地の建設」とある（前掲「小メモ・ノート」）。『三田新聞』昭和十八年七月二十五日号には、「教授が中隊長　予科三の勇躍出動」の見出しで、夏の勤労奉仕の様子が記されている。二十四日に勤労奉仕隊結成式を行い、二十六日に出発し、目的地に向かう。連日勤労奉仕を行い、八月九日に解散の予定とある。予科では第三学年全員を三班に分け、第一班は文科及び経済G組までで組織、神奈川県厚木に出動した。上原は経済D組だったので、厚木（座間）に行った。長期の勤労奉仕のため教員が中隊長として参加し、学生と起居を共にした。
＊48　読書については、前掲「小メモ・ノート」に次の書名が見える。『シベリアの旅』（チェーホフ）、『友情について』（キケロ）、『炭焼きの娘』（長塚節）、『叙情詩集』（北原白秋）、『風車だより』（ドーデー）、『ダンテ神曲』、『ドイツ社会政策と労働戦線』、『エミイル第一篇』『マルキシズムの崩壊』、『ルソー民約論』、『実践の哲学』『哲学事典』など。
＊49　中島博昭「上原良司とその時代」前掲『新版　あゝ祖国よ恋人よ』所収、二一七〜二一八頁
＊50　前掲『慶應義塾百年史』中巻（後）、九九〇〜九九二頁。『慶應義塾史事典』慶應義塾、二〇〇八年、一一二頁「学徒出陣」の項、参照
＊51　前掲「小メモ・ノート」より。
＊52　本書第一章・第四章参照
＊53　小泉信三『海軍主計大尉小泉信吉』文春文庫、一九七五年
＊54　日本戦没学生記念会編『きけわだつみのこえ』岩波文庫、一九九五年、一七〜二〇頁
＊55　前掲『新版　あゝ祖国よ恋人よ』四二〜四四頁

第六章　上原良司の「自由」予科教育と学徒兵

「諸君にすすめたい、――最大の危険の瞬間にも『あたま』のはたらきを失ってしまうほど狼狽せぬことを」

（クローチェ[*1]）

一　淋しさと満足

昭和二十（一九四五）年五月十一日、第五十六振武隊・陸軍少尉上原良司は、鹿児島の知覧飛行場から沖縄嘉手納沖の米海軍機動部隊に向けて特攻出撃した。その前夜、陸軍報道班員高木俊朗の求めに応じ、「所感」と題する文章を書いた。[*2]二百字詰原稿用紙で七枚、最初はペン、途中から鉛筆に変わる。文字に大きな乱れは感じられない。

「所感」はまさしく遺書であるが、両親や兄妹など身近な人に遺した言葉ではない。むろん高木個人のために書いたものでもなく、「国民の方々」という不特定多数の人々に向けて出撃前の気持ちを述べたものである。

明日は自由主義者が一人この世から去って行きます。彼の後姿は淋しいですが、心中満足で一杯です。

上原は自分自身を「彼」と呼び、客観視する。これもまた遺書としては特異である。人は自分の後ろ姿を直接見ることはできない。「淋しさ」と「満足」は矛盾する感情である。いわば俯瞰したまなざしで自身の後ろ姿と心の中をじっと見つめている。七枚目の原稿用紙、最後の二行は次の言葉で結ばれる。「言いたい事を言いたいだけ言いました。無礼を御許し下さい。ではこの辺で。」――「言いたいことを言いたいだけ」言えたのは、高木に個人的に求められて書いたこの文章が、軍の検閲を受けないという安心感があったからだろうが、これを読み、「無礼」を許す誰かについて、その時にどのような想像がありえただろうか。出撃前夜の大事な時間を、親でもなく兄妹でもなく、顔の見えない誰かに向けてペンを執る思いを支えていたものは何か。自由主義を信じ、国家そのものを批判するこの文章が、昭和二十年五月の切迫した局面の中で、しかも個人を過度に抑圧する軍隊という組織の中で許されるはずがない。その許されるはずのない言葉はいま、彼が想像しえなかった形で、時代を超えて多くの人々に読まれ続けている。

「所感」は特攻で戦死した学徒兵の遺稿として、最も広く知られたもののひとつである。その理由はやはり戦没学徒の遺稿集である『新版　きけわだつみのこえ』の冒頭に置かれていることが大きい。保阪正康は「戦後民主主義の第一期生」とも言うべき自分の世代にとって、「戦争を考えるときの師の役割を果たした」「もっとも影響をあたえた」と言う。[*3] 特攻や学徒兵を語る際に、「所感」や上原の人物像に言及する論考は数多く、[*4]『『自由主義者』上原の名は特攻作戦で戦死した学徒兵の象徴として繰り返し語られてきた」[*5] ということになる。

上原個人に関しては、「自由主義者」という印象的な語と後述する悲恋のエピソードとがあいまって、美化された人物像が形成される傾向がある。こうした中で上原が遺した言説を再検討し、従来の過剰な評価を見直す試みも見られる。[*6] 保阪によれば、特攻はこれまで「英雄論」と「犬死に論」の二つの流れで論じられてきた。[*7] 上原が遺した言葉とその人物像が、特攻で戦死した学徒兵の「象徴」だとしても、それが虚像や作られたイメージに基づくものであってはならず、今後はいかに彼の実像に迫ることができるかが課題となろう。本稿は基本的にはその問題意識の上で考察を進めるものである。

そもそも「所感」とは、心に感じたことを思いのままに書くものであり、軍の検閲下にある遺書とは異なる「自由」を内包している。出撃の前夜に兵舎の中で原稿用紙に向かうという行為そのものが、彼の「自由」の最後の発露でもあった。極限とも言える時間の中で遺した言葉は、日吉の予科で学んだ二十二歳の青年のどのような姿を伝えているのだろうか。[*8]

「所感」には大きく三つのポイントがある。第一に自由の勝利は明白であるということ。人間の本性である自由を滅ぼすことは絶対にできず、たとえそれが抑えられているように見えても根底では常に闘い、最後に必ず勝つ。イタリアの哲学者クローチェが言うように、それは普遍的な真理でもある。権力主義・全体主義国家が敗れることは、イタリアとドイツの敗北によって証明された。自己の信念が正しかったのは祖国にとって恐るべきことであるかもしれないが、自分にとっては嬉しい限りである。――このように自由の勝利が明白と断じることは、全体主義国家・日本に対する痛烈な批判となる。「恐ろしさ」と「嬉しさ」という矛盾する感情が、ここでも同居している。

第二は、愛する祖国日本をかつての大英帝国のような大帝国にする理想が空しくなったこと。世界中どこでも肩で風を切って歩く日本人、それが彼の夢見た理想だった。「真に日本を愛する者をして立たしめたなら、日本は現在のごとき状態にあるいは追い込まれなかったと思います」と言う時、そこには国家の指導者に対する痛烈な批判が込められている。それがもし自分を含めた国民一人一人の問題であるとすれば、自省のまなざしは自身の内部に深く食い込むものとなる。彼は「国民の方々」に向けて日本を偉大な国にすることを願うのだが、「一器械」である自分にはその権利はないと言う。

> 空の特攻隊のパイロットは一器械に過ぎぬと一友人が言った事は確かです。操縦桿を採る器械、人格もなく感情もなく、もちろん理性もなく、ただ敵の航空母艦に向って吸いつく磁石の中の鉄の一分子に過ぎぬのです。理性をもって考えたなら実に考えられぬ事で、強いて考うれば、彼らが言うごとく自殺者とでも言いましょうか。精神の国、日本においてのみ見られる事だと思います。一器械である吾人は何も言う権利もありませんが、ただ願わくば愛する日本を偉大ならしめられん事を、国民の方々にお願いするのみです。

「人格」や「感情」や「理性」を持たない「一器械」、「鉄の一分子」にすぎない自分には何も言う権利がない。それでも願わずにはいられない。自由の勝利は嬉しい限りだが、それは祖国の敗北を意味する。そうした矛盾する感情がせめぎあう中に上原は立っている。

> こんな精神状態で征ったなら、もちろん死んでも何にもならないかも知れません。故に最初に述べたごとく、特別攻撃隊に選ばれた事を光栄に思っている次第です。

こんな（矛盾を抱えたままの）精神状態では、確かに「死んでも何にもならない」かもしれない。「故に」（だから）特攻隊に選ばれたことを「光栄」に思うと言うのだが、それを「光栄」と言い切るには、何段階かの論理の飛躍が必要である。矛盾する感情を無理やり押し込め、「光栄」という語に昇華させる。この非論理性を内に抱えた「故に」という接続詞には、私たちの安易な解釈を寄せ付けない凄みがある。なぜなら彼は明日に予定された「死」を見つめているからである。

第三のポイントは「死」に対する認識である。それは死生観と呼べるほど大仰なものではない。「愛する恋人に死なれた時、自分も一緒に精神的には死んでおりました。天国に待ちある人、天国において彼女と会えると思うと、死は天国に行く途中でしかありませんから何でもありません」――「恋人」について語る時、人間的な感情があらわになり、「死」を語る言葉は勇ましさとは無縁のものとなる。そこにいわゆる軍人らしさ、特攻隊らしさは少しも感じられない。かろうじて「光栄」という語に「らしさ」を感じるが、それは特別攻撃隊に「選ばれた事」を「光栄」と述べるだけで、国家のため天皇のためという大義はない。祖国の敗北を確信し、自分自身を「器械」「鉄の一分子」「自殺者」と断ずることで、かえって自分の信じる思想の形がはっきりと立ち現われた。

「死」を受け入れようとする時、浮かび上がってくるのは天国にいる「彼女」であった。出撃の前夜、自らを「自由主義者」と呼び、その後ろ姿を「淋しい」と感じた彼の心の中が「満足で一杯」だったとは到底思えない。矛盾や割り切れぬ思いを一気に昇華させて、「自由主義者」としてこの世を去ることが、彼に残された最後の「自由」だったということになるのだろうか。

二　三つの遺書

上原良司には三つの遺書がある。「第一の遺書」は愛読書『クロォチェ』に書き込まれたもの、「第二の遺書」は実家に残されていたもの、「第三の遺書」は「所感」である。[*9]

「第一の遺書」は、昭和十八（一九四三）年九月二十二日に羽仁五郎著『クロォチェ』の表紙裏に書かれたものである。[*10] この年、大学予科の修業年限が半年短縮され、同月、日吉の慶應義塾大学経済学部予科を卒業、十月に三田の本科に入学する直前に書かれた。ここにははっきり「遺書」とある（写真1）。

遺書
父上様、並ビニ母上様、
長イ間御苦労ヲオカケシテ、ソノ御恩ニ報ユルコトモ出来ズニ、去ル私ヲ御許シ下サイ。併シ直接国家ニ尽スコトガ、間接ニ、御両親様ノ御恩ニ報ユルコトト確信致シテ居リマス。私ハ喜ンデ去ツテ行キマス。
私ガ戦死シタト聞カレテモ、決シテ、歎カナイデ下サ

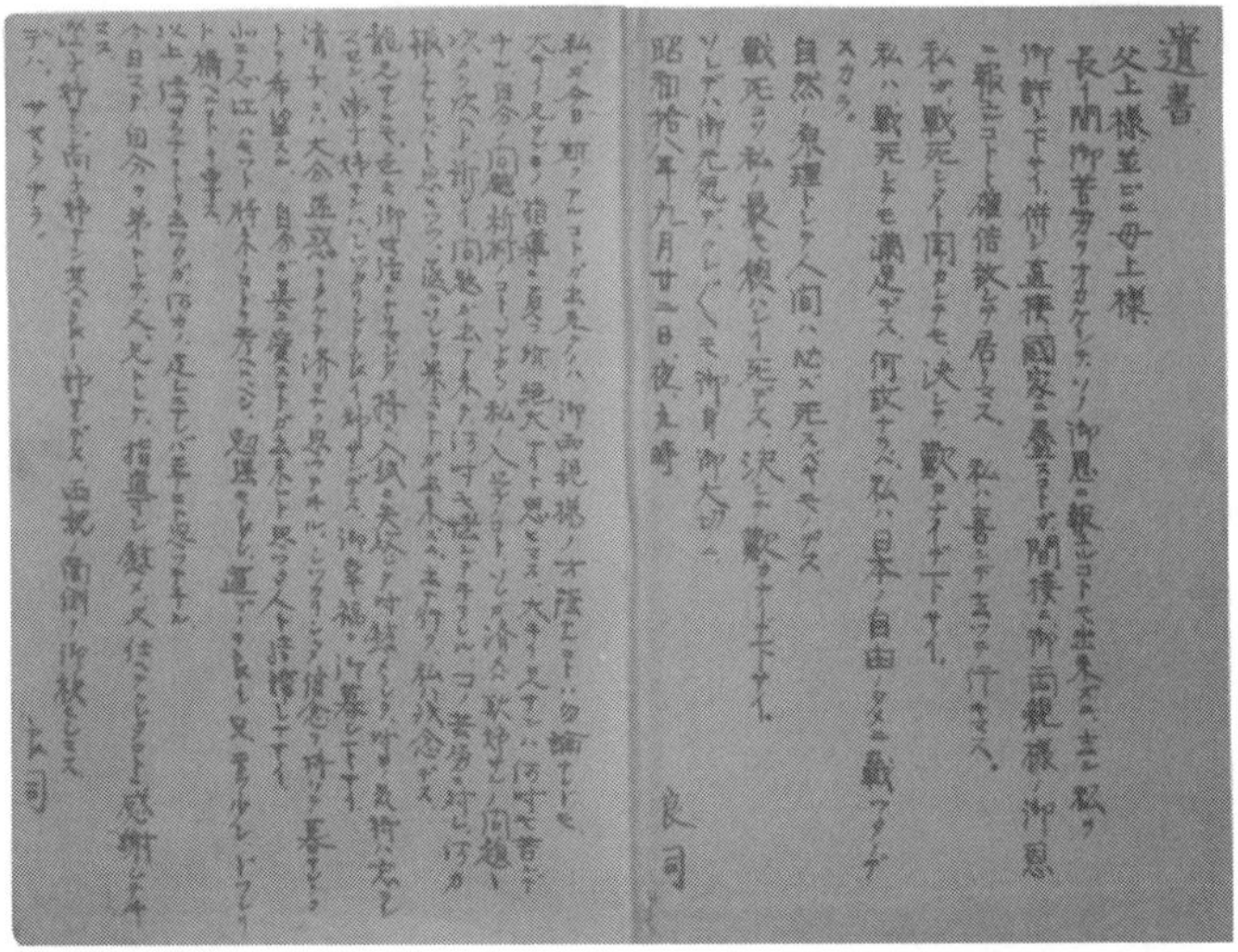

〈写真1〉『クロォチェ』に書かれた「遺書」［上原幸一氏蔵、慶應義塾福澤研究センター提供］

イ。

私ハ戦死シテモ満足デス。何故ナラバ、　私ハ日本ノ自由ノタメニ戦ツタノデスカラ。

自然ノ原理トシテ人間ハ必ズ死スベキモノデス。

戦死コソ私ノ最モ願ハシイ死デス。決シテ歎カナイデ下サイ。

ソレデハ御元気デ、クレグレモ御身御大切ニ。

昭和拾八年九月廿二日、夜、九時　　良司

表紙の見返し右側には両親に向けて、左側には兄妹に向けて、漢字に片仮名の丁寧な楷書で書かれている。裏表紙の見返しでは、右側に東京で世話になった人たちに別れの言葉を、左側に短歌三首を記す。こちらは漢字に平仮名、書体も崩れている。インクの色はともにブルーブラック、「所感」のように不特定多数の人々に向けたものではない。一人一人の顔を思い浮かべながら、順番に書きつないでいったのだろう。

実はこの日の夜、七時三十分のラジオで、「国内態勢強化方策」に関する重大発表があり、東条首相は全国民の動員を徹底する旨の演説をした。そこには文科系学徒の徴兵猶予停止が含まれていた。両親宛の遺書には「夜、九時」とあるので、上原がこの放送を聴いたとすれば、放送が終わってから書き始め、九時に書き終えたということになる。裏表紙見返しの、東京で世話になった人々に向けた言葉は次のように始まる。

学半ばにして、学窓を去るの已むなきに至る。かくなりしは我等の責任ならざれど、それを詮索するには時がなさすぎる。我等は国家のために喜んで戦地に向ふ。我々のギセイが何等かの意義を持つことを確信して。

ここにははっきりと、この夜の放送の反映が読み取れる。学窓を離れて戦地に赴くことは、彼にとってすでに十分に予想し覚悟していたことでもあったが、[11] それが現実のものになった夜だったのである。

『クロォチェ』には、これとは別にもう一つの別れの言葉が隠されている。ページを繰ると、五十ページ近くにわたって〇で囲まれた文字が散見され、それをつなぎあわせると次のような文章が浮かび上がってくる[12]（写真2）。

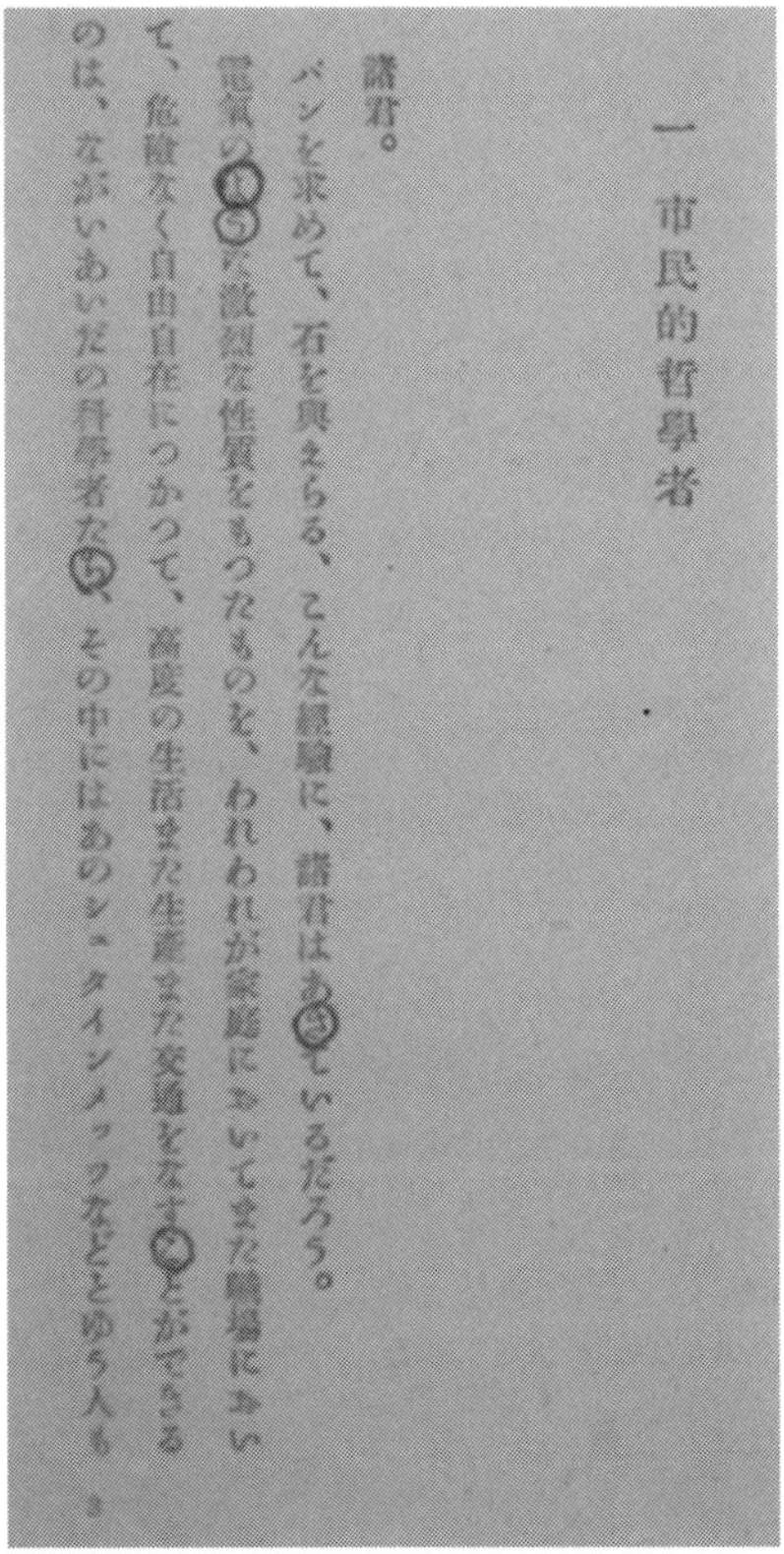
一　市民的哲學者

諸君。

パンを求めて、石を與えらる、こんな經驗に、諸君はあきているだろう。

電氣のように激烈な性質をもつたものを、われわれが家庭においてまた職場において、危險なく自由自在につかつて、高度の生活また生產また交通をなすことができるのは、ながいあいだの科學者たち、その中にはあのシュタインメッツなどとゆう人も

3

〈写真2〉『クロォチェ』に書かれた〇印［上原幸一氏蔵、慶應義塾福澤研究センター提供］

きょうこちゃん　さようなら　僕はきみがすきだった。しかし　そのとき　すでにきみはこんやくの人であった。わたしは　くるしんだ。そして　きみのこうフクをかんがえたとき　あいのことばをささやくことをダンネンした。しかし　わたしはいつも　きみをあいしている。

恋する女性への果たせなかった愛の告白であり、これもまた「遺書」である。上原は幼なじみの石川冾子《きょうこ》にひそ

かな思いを寄せていた。それを告げられぬまま彼女は結婚する。彼の日記（『朝日日記』[*13]）によれば、彼女の結婚相手が決まったのを知ったのは、『クロォチェ』に遺書を書いた約一か月前の八月十日のことである。○印は同じブルーブラックのインクと想定される。冷子へのひそやかな愛の告白もまた同じ九月二十二日の夜ということになるだろうか。裏表紙の見返しに書いた文章には、東京で世話になった人たちの名前が次々に記されている。冷子もまたそれに連なる一人であり、東京・高円寺の青木家でしばしば会う間柄であった。しかし、その名は記されていない。ただ次のように結ばれる。

　最後に彼女のために祈らせていただきます。

　　昭和十八年九月二十二日夜

　　　良司

「彼女」は、やはり冷子を指すと考えるのが自然だろう。親しい人たちの顔が次々と浮かび、別れの言葉をつなぐ中で、冷子への思いもまた抑えがたく、しかしそこに名前を記せない。婚約してしまった彼女への言葉を探しあぐね、ページを繰りながら自分の思いを重ねる文字を拾い始めた。「彼女のために祈る」というのは、結婚して幸せになることを祈るということだろう。○で囲みながら文字を探し、思いをそこに込めたのが、もしもこの日の夜のことだったとすれば、「わたしはいつも　きみをあいしている」で閉じた時、時間は深更に及んでいたと思われる。

「第二の遺書」は、「所感」と同じく『きけわだつみのこえ』に収められている。[*14]ここもやはり「遺書」とはっきり記され、最後に「ご両親様へ」とある。長文のため、以下部分的に引用する。

　私は所謂、死生観は持っていませんでした。何となれば死生観そのものが、飽くまで死を意義づけ、価値づけようとする事であり、不明確な死を怖れるの余りなす事だと考えたからです。私は死を通じて天国に於ける再会を信じて居るが故に、死を怖れないのです。死をば、天国に上る過程なりと考える時、何ともありません。

　私は明確に云えば、自由主義に憧れていました。日本が真に永久に続くためには自由主義が必要であると思ったからです。これは、馬鹿な事に聞えるかも知れません。それは現在、日本が全体主義的な気分に包まれているからです。しかし、真に大きな眼を開き、人間の本性を考えた時、自由主義こそ合理的なる主義だと思います。

戦争において勝敗を見んとすれば、その国の主義を見れば、事前に於て判明すると思います。人間の本性に合った自然な主義を持った国の勝戦は、火を見るより明らかであると思います。

日本を昔日の大英帝国の如くせんとする、私の理想は空しく敗れました。この上はただ、日本の自由、独立のため、喜んで、命を捧げます。

ここには「所感」における三つのポイントが、ほぼ同じ内容で記されている。自由は人間の本性であり自由の勝利は明白であること、日本を大英帝国のような偉大な国にする理想が空しくなったこと、死は天国における再会であるから怖れないこと、この三つである。天国で再会する相手は、ここでは次兄の龍男である。昭和十七（一九四二）年九月、龍男は半年繰り上げで慶應義塾大学医学部を卒業、海軍軍医となり、イ号潜水艦乗組として翌十八年十月二十二日、ニューヘブライズ諸島で戦死した。

空中勤務者としての私は、毎日毎日が死を前提としての生活を送りました。一字一言が毎日の遺書であり遺言であったのです。高空に於ては、死は決して恐怖の的ではないのです。このまま突っ込んで果して死ぬだろうか、否、どうしても死ぬとは思えません。そして、何かこう、突っ込んで見たい衝動に駈られた事もありました。私は決して死を恐れてはいません。むしろ嬉しく感じます。何故なれば、懐じい龍兄さんに会えると信ずるからです。天国における再会こそ私の最も希わしい事です。

最後は次のように結ばれる。

離れにある私の本棚の右の引出しに遺本があります。開かなかったら左の引出しを開けて釘を抜いて出してください。

ではくれぐれも御自愛のほどを祈ります。

大きい兄さん、清子始め皆さんに宜しく。

ではさよなら、御機嫌良く、さらば永遠に。

「遺本」とあるのは、羽仁五郎著『クロォチェ』のことであり、これによってそこに記された「遺書」（「第一の遺書」）が家族の目にふれるところとなった。

上原は出撃前の五月、知覧から妹（清子）宛に葉書を、出撃の二日前（五月九日）に両親宛に手紙を送っている。[*15] 妹宛の葉書には、俺の亡き後ハ父上母上に良く仕へてくれ。兄として何もしてやれなかつた事を許してくれ。日本人としてお前ハ兄の戦死を喜んでくれる事と思ふ。決して泣かないでくれ。遺書ハ入学記念アルバムの中にある。でハくれぐれも大切に。さよなら。

とあり、両親宛の手紙には次のようにある。

父上様母上様
長らく御世話になりました。小官振武隊員として数十時間の中に出撃致します。何のすることも出来ず先立つ不孝を御許しください。必ず龍兄さんの仇は討ちます。遺書は離れの入学記念アルバムの中にあります。でハくれぐれも御自愛の程を。

ますらをの
　のぞみ果てし散る時は
　　わがたらちねも笑まれらるらん

昭和二十年五月九日夜

「第二の遺書」はアルバムの中に挟まれた状態で発見されたものと思われる。これとは別に『朝日日記』には、「左ノ引出ニ遺書ガアリマス／右ニアル釘ヲヌイテカラ／引出シテ下サイ／良司」と書かれた紙片が挟まれていた。このように「第二の遺書」は上原自身によって入念に封印されたものの、最終的には家族に読まれることを前提とし、結果的に「第一の遺書」に接続する。したがって上原は自分の死後に、遺本に遺した言葉が家族や親しい人々に読まれることを望んでいたということになる。当然それは○を付けて文字を拾った「彼女」（「きょうこちゃん」）への実らぬ思いも含まれることになる。

　冷子は結核で亡くなった。結婚からわずか半年、二十一歳の若さであった。上原がその死を知ったのは、昭和十九（一九四四）年六月のことだった。彼は手帳に「冷子ちゃんの死を悼みて」と題する短歌を、「六月六日」の日付とともに連作で九首残している。[*16] 第二首「美しき君が逝きたる天国に我れ天駈り行かまほしとぞ思ふ」、第五首「永遠に我が恋人でありぬべし君の姿はたとへなくとも」は、天国で「恋人」に会うことを願った「所感」の思いと重なる。彼が謎解きのような形で遺本に遺した愛の言葉は、彼女が他界した今となっては、隠す必要がなくなったということだろうか。遺本『クロォチェ』は「第二の遺書」の発見によって、釘で封をされた本棚の引き出しの中から出されることになった。

　さて、「第一の遺書」からは「所感」の三つのポイントは読み取れない。死についての考え方も、「戦死シテモ満

〈写真 3〉あずみ野池田クラフトパークの上原良司の碑　筆者撮影
碑の後方、正面に見えるのが有明山である。

足」「戦死コソ願ハシイ」といった軍国青年的な紋切り型の表現にとどまっている。徴兵猶予停止の発表をラジオで聞いた昭和十八年九月二十二日の夜、もちろん厳粛な思いでしたためたに違いないが、認識の深みという点で「第二の遺書」や「所感」(「第三の遺書」)に遠く及ばない。

いったい上原はこの日の夜をどこで過ごしたのだろうか。彼の日記によれば、九月十四日に試験が終わり、十八日に帰省している。[*17] 本科の入学式は十月四日だから、日吉から三田に進む間の束の間の休みということになる。どのくらいの日数で帰省したかは不明だが、九月二十二日の夜に実家にいた可能性は高い。その傍証として『クロォチェ』裏表紙の見返しに書かれた三首の歌が挙げられる。

ふるさとの山に向ひて云ふことなしふるさとの山は
　ありがたきかな
かにかくに有明村は恋ひしかりけり思ひ出の山思ひ出
　の川
若き血は燃えて征かん征かんかな大君に召されし我は
　いざ

前二首は、有名な石川啄木の歌をほとんどそのままに引いたもので、ここは彼が育った「有明村」(長野県南安曇郡有明村)に変えている。続く三首目は、慶應義塾の応援歌「若き血」を踏まえたもので、五七五七七の短歌形式が大きく崩れている。主題は戦争期によくある月並なもので、三首ともに熟考や推敲を重ねたものではなく、その時の感情の昂りや感傷のままといった感が強い。ただ、「かにかくに有明村は恋ひしかりけり」(啄木の原歌は「かにかくに渋民村は恋ひしかり」)と歌う時、付け足された「けり」に詠嘆の強い思いが感じられる。これは上原の記憶違いか、それともあえて「けり」を足したのか。字余りであるがゆえに、なおのこと「ふるさと」への溢れるような思いを感じる。

「ふるさとの山に向ひて」には、遠く離れた東京から故郷を思うというのではなく、実際に「ふるさと」の山懐に抱かれた安心感のようなものがある。雄大な北アルプスの山並みと「信濃富士」「安曇富士」と呼ばれる有明山の美しい山容は、彼にとっての「ふるさと」そのものであった。

感情の昂まりや感傷はあったにしても、決して軽い気持ちで書いたものではない。九月二十二日の夜を実家で過ごしていたとすれば、東京の下宿から『クロォチェ』を持ち帰り、そこに「遺書」を書き、そのまま「離れにある本棚の右の引出し」にしまっておいたということも考えられる。「第一の遺書」はこのように書かれ、いったん封印された。

三　『クロォチェ』

上原の『クロォチェ』は、高円寺の光延堂書店で購入したものである。予科三年次の学生証には、現住所「東京市目黒区本郷町38出浦方」とあり、下宿先は現在の目黒区碑文谷であった。高円寺には彼が親しくしていた青木家（先述）があった。出版元は河出書房、第一刷発行は昭和十四（一九三九）年十二月二十日、上原の本は十七（一九四二）年一月十五日発行の第六刷である。[*18]

ベネデット・クローチェ（一八六六—一九五二年）は、ファシズムの独裁政権に抵抗したイタリアの哲学者である。羽仁五郎はクローチェ没後に書いた追悼文の中で、その哲学の本質を次のように述べている。[*19]

反ファシズムの哲学者、これこそクロォチェその人である。

ファシズムに反対し、戦争に反対し、ムソリニの支配の下にあったイタリアにおいて、最後までたたかってついにうちかったクロォチェ、世界はこのゆえにこそ、いま八十六年のながい労苦をおわったこの人にむかって、花輪をささげるのである。

羽仁は続けて河合栄治郎の日記の一節を引用する。昭和十三（一九三八）年、『ファッシズム批判』を含む著作が発売禁止になり、河合は出版法違反に問われて起訴された。昭和十六（一九四一）年五月、官憲の厳しい尋問による極度の疲労で病床に伏し、箱根で静養している間に『クロォチェ』を読んだ。

夜の十一時から読み出し、一時半まで一息に読み終えた。ファシスト・イタリアにおいて自由主義を堅持して屈しないこの哲人は、自分を叱咤鞭撻して、奮い起たしめた。ムソリニさえも手のつけられないクロォチェに比して、起訴されて自分を情けないなと忸怩たるものがあった。

この本が日本の自由主義知識人にどのように読まれていたのかがよくわかる。

『クロォチェ』で羽仁が説いているのは、クローチェの哲学そのものではなく、羽仁自身の思想である。全体主義に抗する自分の考えを、クローチェに仮託して述べたものと考えていい。[*20] 戦後に書名を変えて再刊した『抵抗の哲学』の中で、羽仁は『クロォチェ』成立の背景について次のように述べている。[*21]

本書の初版が一九三九（昭和十四）年に発行されたとき、著者は本書に序文をつけることができなかったのである。当時の日本の出版は専制主義の検閲の下におかれていた。そして、著者は本書の本文において、当時の検閲の抑圧に抵抗して最大限度の叙述を行ったので、それ以上に本書について、その成立の動機、本書の目的、著者の意図などに言及することは、危険を大きくすることであった。

上原が買った『クロォチェ』には序文がない。しかしながら、東京帝大教授であった河合栄治郎も、慶應予科の一生徒も、羽仁が「危険」を冒してまで展開しようとした「最大限度の叙述」の主題を十分に読み取っている。

『きけわだつみのこえ』には、上原の他にもクローチェを語る若者がいる。早稲田大学文学部で国文学を学んだ吉村友男である。上原と同じ昭和十八（一九四三）年十二月一日に陸軍に入営、翌十九年十月十八日にフィリピン西方海上において二十二歳で戦死した。彼の「羽仁五郎の『クロォチェ』を読んで」には、異常な時代の中で動じないクローチェの学問的信念、批判精神、学問の純粋性についての深い感銘が綴られている。[*22] 羽仁は昭和八（一九三三）年に治安維持法違反の容疑で検挙され、釈放後に全体主義を批判する著作を次々に発表した。後年「ぼくはイタリアのファシズムに対するクロォチェの抵抗にはげまされて、ぼく自身、日本のファシズムの侵略戦争に最後まで抵抗をつづけた」と述べている。[*23] 羽仁が「抵抗」と「危険」の中で伝えようとしたクローチェ哲学に込めた思いを、当時の若い読者は鋭敏に感じ取っていたのである。

では、上原は『クロォチェ』をどのように読んだのだろうか。彼の本には赤鉛筆もしくは赤インクで、定規で丁寧に傍線を引いた箇所が多数ある。数え方にもよるが、全一六四頁のうち傍線は約一八〇箇所、他に疑問や感想の書き込みが九箇所ある。書き込みは次のようなものである。[*24]

「反省すべし」

「?」

「然り」

「日本についても云へよう」

「人類の理想とは何ぞや」

「八紘一宇は神話に過ぎぬか?」

「自由=人間性」

「歴史は自由の発展なり」

「自由は最後に於て勝つ　自由こそ吾人の求むるものである」


『クロォチェ』は「一　市民的哲学者」「二　クロォチェ哲学の成長」「三　現代におけるクロォチェ」の三章から成り、前半は学問的姿勢や哲学の体系全般に関する内容で、傍線もそれと重なっている。「懐疑」「批判」「現実」「理性」「体系」「原則」「論理」「真理」「実践」「理論」「思索」「歴史」などの語を含む箇所である。そして第二章の中盤にさしかかる本文六二頁、

国民から自由の感覚を奪い人格の意識を失わせ、これを一群の家畜のように取り扱ぅとゆぅよぅなことは、真に国を愛するもののよく為し得るところでない。

において「自由」を含む部分に初めて傍線を付す。以降、羽仁の論述は「自由」や「自由主義」に関する内容に進み、上原の傍線の数も長さも急激に増えていく。自分自身あるいは国家が抱える問題を羽仁の言説に重ねながら読み進めるように、上原の読書の集中力が高まっていく。

最初、線の色は薄い。七〇頁『イタリア史　一八七一―一九七五年』への言及のところから、それまでの赤鉛筆に加え、赤インクの傍線が引かれるようになる。七一頁では、

現実には、諸民族諸国民は、個々の人間と同様に、ほかにいかなる使命をもつものでもなく、ただ、人間的に、すなわち人類の理想のために生きる使命をもつのみである。

に赤インクの傍線を引き、「人類の理想のために生きる使命をもつのみである」の横に赤で濃く塗りつぶした●印を付す。さらにその上に「人類の理想とは何ぞや」と書き込みを入れる。「諸民族諸国民」が「人類の理想のために生きる使命」を持つとして、ではその「理想」とは何かとい

う問いに、上原は突き動かされている。赤インクの傍線はさらに続く。

ただこの一つの使命が時と周囲の事情によってどうゆうかたちではたされるかに変化があるのみである。このほかに、ある国民のみの使命とか他国とちがう使命などとゆうものは、神話にすぎぬ。

「神話にすぎぬ」の横に赤字で白抜きの○印を付け、上に「八紘一宇は神話に過ぎぬか?」と書く。「八紘一宇」という国家のスローガンに対して、上原ははっきり疑義を示している。羽仁の言説は全体主義国家・日本への明らかな批判である。「人類の理想とは何ぞや」という問いの答えを探すかのように、上原の傍線は「自由」を論じた箇所を中心に、その数を増していく。

「自由」を考えることと「日本」を考えることは不可分に結びつく。羽仁の言葉はクローチェの自由論の本質に、さらに迫っていく。[*25]

・近代思想の偉大は、自由の本義がたえざる解放に、自由の不断の奪還にあることをあきらかにし、自由とはたえざるたたかいであり、その最終的な決定的な勝利は不可能であるが、それはそうした勝利はあらゆる闘争者の死滅すなはち生きた人間の絶滅を意味するであろうがゆえにほかならず、すなわち人間の生くるかぎり自由は断じて敗北しきってしまうことも決して勝利しきってしまうこともなく、自由のたたかいはつづけられるのである。(一一三頁)

・自由はそれらの反動や権威主義支配のなかにもはたらきつづけ、ついにそれらをして力尽くるにいたらしめて、ふたたび、こんどは前よりもかしこくつよく再現して来るのである。自由は、形式や状態ではなく、生きる力の根源であるから、これをほろぼすことはできないのである。(一一四頁)

上原はともに赤鉛筆の傍線を引き、特に「生きる力の根源である」の横に○印を付す。「自由」とは「たたかい」であり、いかなる権威主義的な支配にも屈することはなく、滅ぼすことなどできない——。これは「所感」を形成する三つのポイントの一つに合致する。

第二章「クロォチェ哲学の成長」は次の文章で閉じられる。上原は赤インクで傍線を引き、最終行の左横の空白に「自由＝人間性」と書き込む。

自由においてのみ人間社会が繁栄しみのりゆたかに結

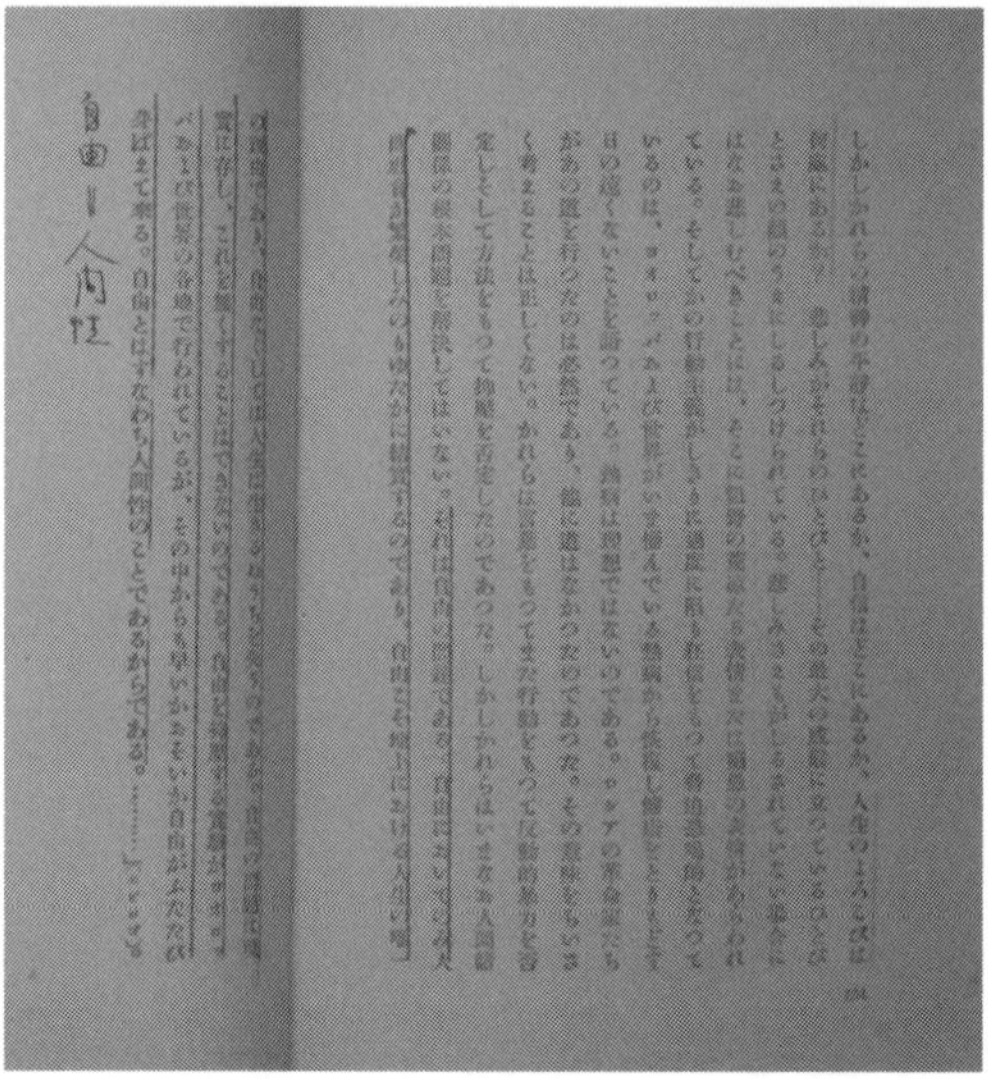

〈写真4〉『クロォチェ』135頁の書き込み［上原幸一氏蔵、慶應義塾福澤研究センター提供］

実するのであり、自由こそ地上における人生の唯一の理由であり、自由なくしては人生は生きるねうちを失うのである。自由の問題は現実に存し、これを無くすることはできないのである。自由を抑圧する実験がヨオロッパおよび世界の各地で行われているが、その中からも早いかおそいか自由がふたたび芽ばえて来る。自由とはすなわち人間性のことであるからである。

（一三五頁）

「自由＝人間性」は、「人類の理想とは何ぞや」という問いに対する彼なりの答えであるかのように、大きな字ではっきりと書かれている（写真4）。

続く第三章で、羽仁は全体主義・権威主義が荒れ狂う現代の世界におけるクローチェ哲学の意義について論を進める。「自由の死はつねに仮死」に過ぎず（一四一頁）、「あらゆる歴史の定義において、結局、歴史は自由の発展であるとする定義がもっともすぐれている所以である」（一四八頁）と続き、この上に上原は「歴史は自由の発展なり」と書き込みを入れる。「人類の理想」の根幹には「自由」があり、それを中心に人間の歴史は発展した。これはクローチェの歴史哲学の根幹となる考え方である。上原の「人類の理想とは何ぞや」の問いは、「自由＝人間性」という視点を得て、クローチェ哲学の本質を摑みながら、さらにその答えを探っていく。この章の後半には、赤インクで二重の線を引いたひときわ目立つ箇所がある。

・想像せらるべき最悪の場合とは、今日世界にあれくるつている闘争がついにいままで権威主義などに感染していなかつた国々さえにおいて自由の敗北そしていわゆる『全体主義』の類の権威主義の勝利におわるとゆうようなことが起った場合であろう。よろしい、それ

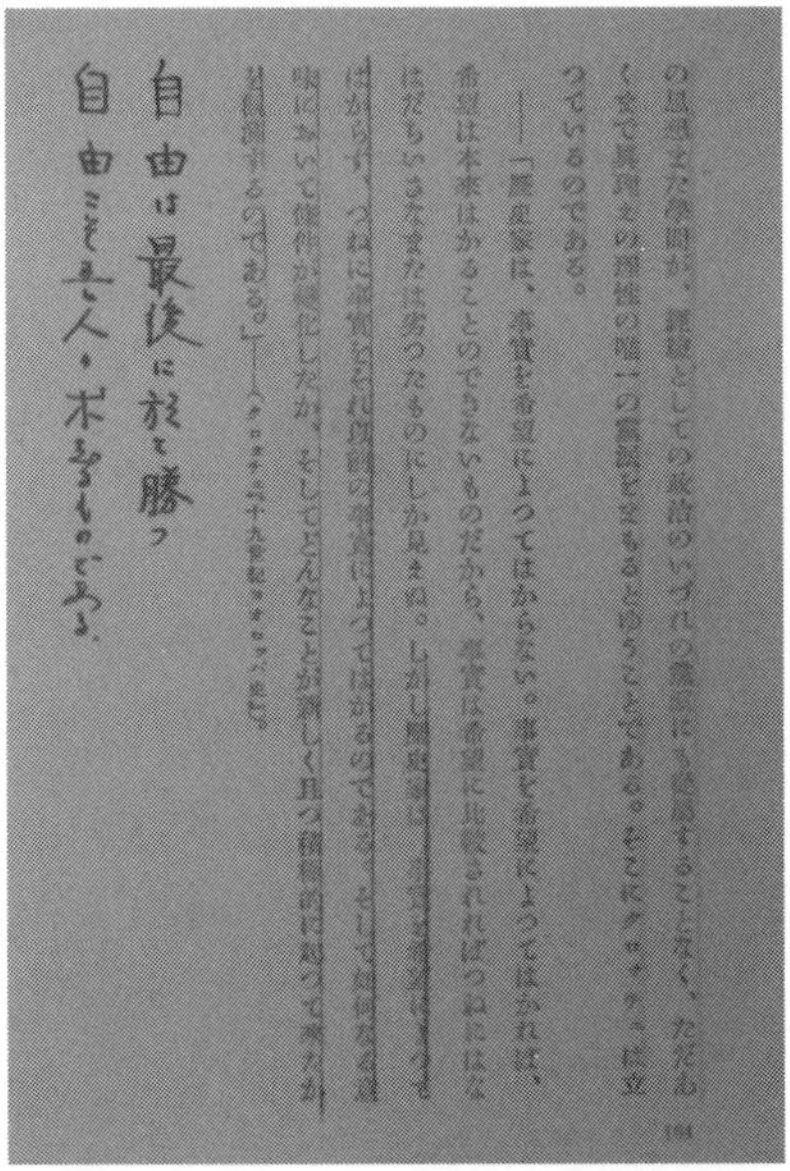

〈写真5〉『クロォチェ』最終頁（164頁）の書き込み［上原幸一氏蔵、慶應義塾福澤研究センター提供］

は人生の劣敗を意味する。しかし、その際にも、そこから自由の過程は必然的にふたたび新たにはじまり、一時破られはしたが将来においてはついに勝つであろうところのあのさまざまの力を地盤として再生を開始するであろうことは、また確実にしてうたがいのないところである。（一六〇頁）

・最後には自由が勝つとゆうことについて彼は何等の疑いをもつていない。権威主義の勝利が如何に完全に見えようともそこに『自由の過程は必然的にふたたび新たにはじめられるであろう』という彼の確信は、彼の全生涯のひさしきにわたる、歴史および精神の歴史たる哲学の研究の結果にもとづいているのである。之は今日のわれわれにとつて一の偉大な希望であり真の信念である。（一六二頁）

上原は、この章の最終行の横の空白に大きな字で力強く次のように書き込んで、この本を閉じる（写真5）。

自由は最後に於て勝つ
自由こそ吾人の求むるものである。

ここであらためて「所感」に戻りたい。自由の勝利は明白で、人間の本性たる自由を滅すことは絶対にできない。たとえそれが抑えられているように見えても、底においては常に闘いつつ、最後には必ず勝つ。自由の偉大さ、真理の普遍さ、自己の信念の正しさ――、上原の頭と心に刻み込まれたクローチェの哲学は、数年後の昭和二十年五月十一日、知覧飛行場の兵舎の中で、特攻出撃の前夜に鮮やかに蘇った。では彼がこの本を手にし、のめりこむように読んだのはいつのことだったのだろうか。

上原の昭和十八年の手帳には、[*26] 一月二十二日『シベリアの旅』（チエーホフ）、『友情について』（キケロ）、『炭焼きの娘』（長塚節）、『抒情詩集』（北原白秋）、『風車だより』

(ドーデ)、二月十九日『西洋中世の文化』(大類伸)、五月十八日『ダンテ神曲』(黒田正利)、十九日『ドイツ社会政策と労働戦線』、二十日『エミイル第一篇』(ルソー)、二十一日『マルキシズムの崩壊』、二十二日『ルソー民約論』(シンコヴィッチ)、六月四日『実践の哲学』(クローチェ)、九月一日『哲学辞典』(三木清編)などの書名が記されている。

このうち『ダンテ神曲』以降には図書館分類記号も付記される。これらの本を実際に読んだのか、それとも読みたい本をメモしたのか、授業や試験のために図書室で調べたのか、詳しいことはわからない。書名を並べてみると、彼の興味が日本の近代文学から西洋文学、西洋史、哲学、社会政策論など多岐にわたっていることがわかる。ただしこれだけでは、彼が特別に優秀で、人並みはずれた読書家だったということにはならない。予科における教養主義的な学校文化で言えば、ごく一般的な読書傾向であるとも言えるだろう。[*27] 明言はできないが、昭和十八年の一月には文学への関心が高く、五月頃には政治哲学に興味が向かい、そうした中でクローチェの『実践の哲学』に出会ったのではないか。

『朝日日記』七月七日には、哲学者・樺俊雄の講演に教練の査察の予行のために行くことができなかったとある。樺はクローチェを日本に紹介した一人であった。この年、上原は多忙な夏をすごしている。七月二十六日から神奈川県座間で勤労奉仕が始まり、土木工事と航空廠の敷地の建設に従事、八月下旬は予科の卒業試験に備えて勉強、九月八日試験開始、十四日試験終了、[*28] その後、帰省と「第一の遺書」、本科入学、学徒出陣、次兄の戦死、入営と続く。赤鉛筆と定規を手にじっくりと腰を据えて『クロォチェ』を読んだ時期を想像するならば、やはり六月から七月ということになるだろうか。[*29]

いずれにせよ上原は予科時代に『クロォチェ』を読んだ。彼の傍線や書き込みは、上原良司という青年の思索の跡であるとともに、「器械」でもなく「鉄の一分子」でもなく、ひとりの人間としてこの世に生きたという確かな証でもある。したがって、傍線や書き込みを含めたこの本そのものが、「遺書」であると言ってもいい。

昭和十八年、二十歳の彼は何を考え、どのように生きたいと願ったのか。「人類の理想とは何ぞや」と問い、「自由=人間性」「自由は最後に於て勝つ」という答えに行き着いた彼の読書と思考の跡を辿る時、そこに戦争の時代を生き、第一校舎で学んだ日吉の予科生たちの「生」の軌跡を重ねることができる。定規でまっすぐに線を引いた読み方から、真摯な気持ちで書物に向き合った青年の、静かでそれでいて熱い知性の営みを感じる。彼は一人下宿でこの本を広げたのか、それとも図書室の机の上か。傍線を引いた次の箇所が印象に残る。

われわれの周囲に、あの理性にかがやいた眼、あたたかい言葉、自由の計画、健全な精神にみちた笑、それらはどこえ行ってしまつたのだ。それらの見られた時と現在とは深い淵でへだてられてでもしまつたのか。（六七頁）

一九一七年九月、羽仁が引用した第一次世界大戦中のクローチェの言葉である。一連の文脈の中で、「祖国に対する義務は真理に対する義務の中にこそ成立するのである」（六三頁）を特に四角で囲む。続く「いかなる言葉も行為も、それが理性を棄て真理をまげたものであつたなら、それらはすべて真に祖国の光栄にささげられた奉仕ではあり得ず、むしろ祖国に汚点をつけるものである」の上に「然り」と書く（六四頁）。さらに「わが国民は健全にして決意あり、興奮薬や刺激剤などを必要としていない。要求されてもいない興奮薬や刺激剤がさかんに提供されるのは、それこそむしろ不信と疑惑とをいだかせる」の上に「日本について も云へよう」と記す（六五頁）。

このあたりから上原の書き込みは積極的なものとなっていく。彼は第一次大戦中のクローチェの言説を通して、戦時下の日本の姿を見つめている。クローチェが雑誌『クリティカ』その他の著作に拠って展開した批判精神は、羽仁を通して上原の知性や感性を揺さぶる。「真理」や「理性」に基づく客観的なまなざしは、「日本」を見る目を深める。かつて確かにあったものが今はなく、「深い淵」で隔てられてしまうのは、彼自身の学校生活であり、「現在」でもある。このような認識をもった学徒が軍隊に入り、そこでどんな風景を目にすることになるのだろうか。

四　修養と反省

昭和十八（一九四三）年十二月一日、上原は陸軍の松本第五十連隊に入隊、早々に軍隊生活の洗礼を受けた。十二月六日「午前中、県営グランドにて不動の姿勢担銃、右左向、敬礼の教練。午後は基本体操並びに午前中の復習。十五時より精神訓話（教育隊長）勅諭に関するもの。夜総びんた」[*30]、大晦日の十二月三十一日には、一年を振り返って次のように書く。

昭和十八年も今日で終りだと思ふと感慨無量、今年は実に印象に残る年だつた。憧れの本科へ入つたのが十月、それと共に国内体制強化に伴ひ徴兵猶予取消、入営等目ぐるまし《（ママ）》い位、人生の重大事が次ぎ次ぎと現れ、その間、自己の信念に矛盾する事を経験すると共に、それに対して悩んだ。併し、時日はその間にどんどんたつて了つた。現実を直視する暇も無い程数多くの出来事にぶつかつた。只、命のままに忙しく送つたこの年月は、果して如何なる結果を与へることだろうか。それを考へると怖しい様な気がする。

驚くほど率直に自分の心境を綴っている。上官の検閲を受けない日記だったのだろうか。

翌十九（一九四四）年二月七日、特別操縦見習士官に合格。熊谷陸軍飛行学校相模教育隊（神奈川）に入校し、地上操縦学と滑空訓練などの基礎教育を受けた。飛行学校時代の日誌も残っている。表紙を開けた中扉に自筆で大きく「反省録（修養・自覚）」と書き、「上原見習士官」と記す。これは教官の検閲を前提とする日誌である。[*31] 題名の「修養」について、たとえば二月十七日に次のように書く。人間は自由を本性としているから自分勝手なことをする。軍人たるもの「修養」によって自由性を滅却しなければならないが、それは不可能ではないか。――ここには愛読書『クロォチェ』の反映が認められるが、「自由」とは「自分勝手」や「我儘《わがまま》」の意[*32]であり、修養によって「滅却」「撲滅」しなければならないものとする。三月二日には映画上映会があった。その感想の中で音楽に言及し、どこにいても音楽を愛する心に変わりはないから「レコード位は聞きたいものだ」と書く。これに対して教官は、「批判は止めよ。ただ疑いなく批判なく日々の任務に邁進すべし。実践あるのみ」と赤鉛筆で書く。軍隊における「修養」とは、疑うことなくただ日々の任務を遂行することであり、それは疑いと批判を是とする大学の学問とはおよそかけ離れた価値観であった。彼が惹きつけられたクローチェや羽仁五郎のような批判精神は、軍隊では何よりも先に「滅却」しなければならないものなのである。

三月七日、「自由性を発してはならぬ。人間性としての自由を殺してこそ、真に立派な軍人たり得るのだ、この点未だ修養の余地あり」、続けて妹・清子からの東京医専（東京女子医学専門学校）合格の葉書にふれ、「父上も満悦の事と思ふ」と書く。これに対して教官は「乱雑なり。地方の日誌に非ず。修養途上に在る将校学生の反省録なり」と赤鉛筆で指導を入れる。軍隊では一般社会のことを「地方」と呼んだ。良き軍人になるためには、家族の近況を書くことすらも「滅却」すべきことだと言うのだろうか。

翌日（八日）、班内はまるで学生寄宿舎のようで、人間性の自由を抑える力がないと「こんなにまでなるのか」「寒心に堪えぬ」と書く。その翌々日（十日）には「今日に於ては、既に精神を以て物質に打勝つことは出来ない」とし、日露戦争と大東亜戦争を比較して「精神力と物質力とがその主客を転倒して居るのを見る」と精神主義を批判する。上原の目は、仲間たちの「自分勝手」や「我儘」を見逃さず、同時に軍隊の過剰な精神主義を批判的にとらえる。この双方向的なまなざしは彼の思索を深めることになるのだが、当然のことながら軍隊の中では危険な考え方と見なされる。同じ十日の日誌では、続けて次のように書く。

> 文化を尊ぶものは栄え、無視するものは亡ぶ。文化の力は恐るべきである。吾人現在の希望を述べんならば、一刻も早く、米英ソを屈服せしめて、彼等に勝る文化生活を展開し、往年のイギリスの如く世界何処の地に行くも日章旗の威力厳として存し、日本語を以て世界語となすに在り。

ここには「所感」に重なる考えがはっきりと示されている。米英ソを屈服させて世界に日章旗をはためかせるというのは単純な帝国主義的征服論とも言えようが、「文化の力」への信奉はいかにも学生らしい。一方で二十一日には、軍隊の矛盾に対する批判を堂々と展開、「国軍の向上を図らんと思はば、先づこの矛盾を取除くを要す」「我は不言実行、矛盾の絶滅を期せん」と書いている。

三月二十四日、館林教育隊（群馬）に移り、本格的な飛行訓練に入った。初飛行は二十九日、教官同乗のもと離陸、その興奮と感動を次のように記す。

> 四番目に同乗、何時離陸したのか自然に機は浮いて居た。顔に当る風圧が凄い。操縦桿、踏棒は常に動かされている。
>
> 下を見ると、まるで五十万分の一の地図に色をつけた様だ。実に美しい。人間の住む地上がこんなに美しく見えたのは初めてである。この時、良くぞ空に来にけるかなと暫し茫然として見惚る。小泉町の中島飛行機製作所が見える。利根川は足下だ。実に痛快極まりない。

日誌のタイトルは、四月十日より「修養反省録」に変わる。以降、教官の検閲の印や赤字の書き込みが増え、「修養」と「反省」の色がいっそう濃くなる。訓練の内容も隊内の規律も、峻厳さを増していくことが日々の記述から読み取れる。精神主義による徹底した「修養」によって、学徒出身の「学生気分」や「学生根性」の払拭が求められた。操縦者としての完成は、「無の境地」（五月十九日）であり

「死生超越の境地」（二十一日）である。「修養」とは軍人精神を涵養するだけでなく、究極的には「無」に至る努力でもあった。

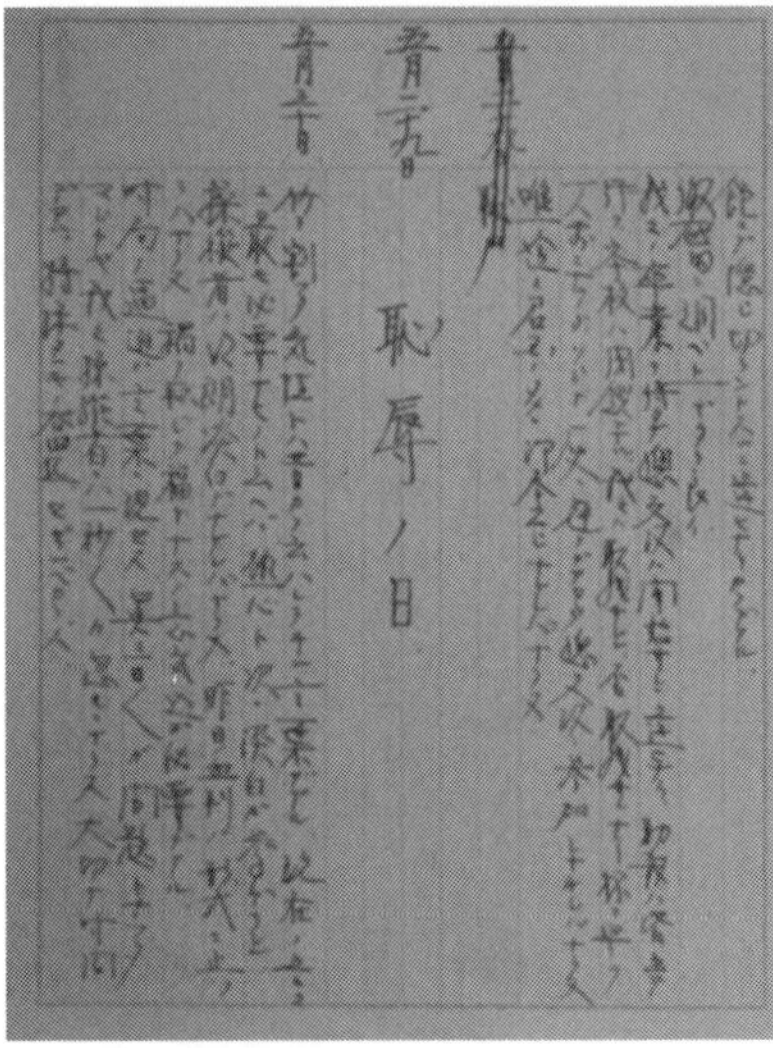

〈写真6〉「修養反省録」昭和19年5月29日［上原幸一氏蔵、慶應義塾福澤研究センター提供］

そのような中、五月二十九日には大きな字で「恥辱ノ日」と書く。その日の出来事や反省は一切記さず、ただ「恥辱ノ日」とのみ書いている（写真6）。前日（二十八日）、ある見習士官が航空眼鏡を紛失した。隊の誰かがすりかえた可能性があり、徹底的に調べられた。「夕食を取らず、入浴もできずに居る」。犯人探しのために炎天下に全員が直立不動のまま十時間以上立たされたという。[*33]

六月五日、「俺は本日死にたり」。その翌日、彼は手帳に「冶子ちゃんの死を悼みて」と題する九首の追悼歌を記した（先述）。手帳の次のページには、六月八日の日付とともに次のような記述がある。この小さな手帳[*34]は、教官の検閲とは無関係の自分ひとりだけの記録である。

> 現在の日本の状態、世界の情勢を見るとき、一刻の油断も許されないものがある。
> 一億総玉砕の日が近づきつつあるのだ。日本は抹殺されるかも知れぬ。併し我々は飽くまで闘ふのみだ。
> 自由主義の勝利、それは当然すぎる程当然であろう。
> 自分は自由の力を信じてゐる。最後に勝利を得るものは自由である。自由の勝利は我が国家にとつては滅亡を意味するかも知れぬ。併しながら余は余の信念が現実によって（それは歴史に依つても証明されてゐるのであるが）、真理なりと証明せられし事を喜ぶ。

ここでもはっきり「所感」につながる考えが示される。自由の勝利は自己の「信念」であり、日本の滅びを予感（確信）しながら、滅びゆく祖国のために「飽くまでも闘ふ」という屈折した覚悟も読み取れる。さらに次のページには同じ黒インク、ほぼ同じ字の大きさで「国家主義と個人主義」と題する一文を書く。「国家主義」の横にカッコで「（全体主義）」と注し、「個人が国家に尽くすというのは、

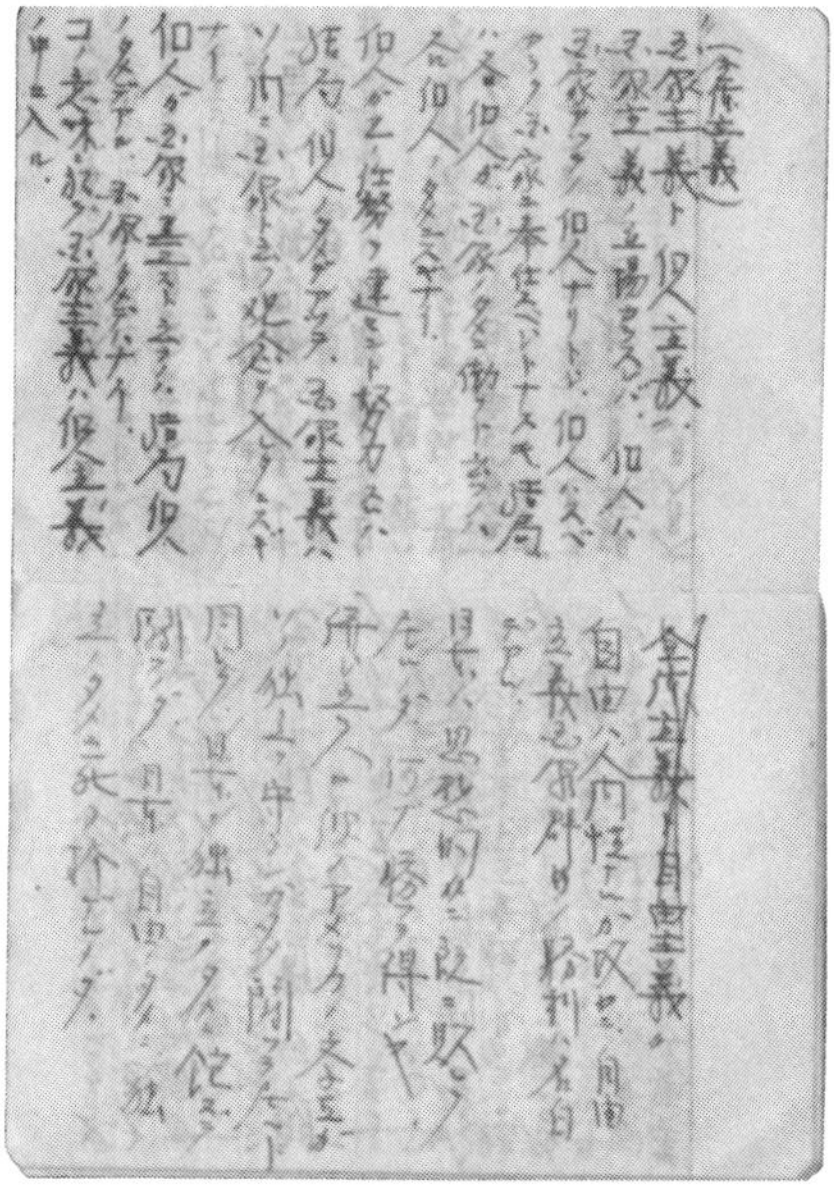

〈写真7〉上原の手帳より「国家主義と個人主義」
［上原幸一氏蔵、慶應義塾福澤研究センター提供］

結局個人のためである。国家のためではない。この意味に於て国家主義は個人主義の中に入る」と国家と個人の関わりについての私見を述べる。その次のページでは「全体主義と自由主義」のタイトルを「×」印で大きく消したうえで、やや薄いインク、やや大きめの字で次のように書く（写真7）。

自由は人間性なるが故に、自由主義国家群の勝利は明白である。
日本は思想的に既に敗れて居るのだ。何で勝つを得んや。
併し吾人が彼のアメリカの学生がその独立を守らんがために闘つて居るのと同じく、日本の独立のために飽まで闘ふのだ。日本の自由のために、独立のために死を捧げるのだ。

これらが同じ日（六月八日）に書かれたものかどうかは不明だが、主旨は重なり、「所感」との連続性も認められる。日本が「抹殺されるかも知れぬ」から戦うというのは、日本の「独立」のために戦うということであり、日本の「自由」のためでもある。この考えは「この上はただ、日本の自由、独立のため、喜んで、命を捧げます。」と書いた「第二の遺書」ともほぼ完全に重なっている。

このように上原は、小さな手帳に他人に読まれることを前提としない思索（これは「論」と呼んでもいい）を書き綴った。教官の検閲の外側の、厳しい訓練の合間の自分だけの限られた時間の中での思索であろう。彼は決して「無の境地」にはいない。理不尽な矛盾が充満する中、自分の頭で考え、自分の言葉で書くという行為に没頭した。それは「真理」と「信念」を確認する作業であり、その根底には予科時代に読んだ『クロォチェ』があったはずである。彼がつかんだ「信念」は、国家の敗北を確信しながら、それ

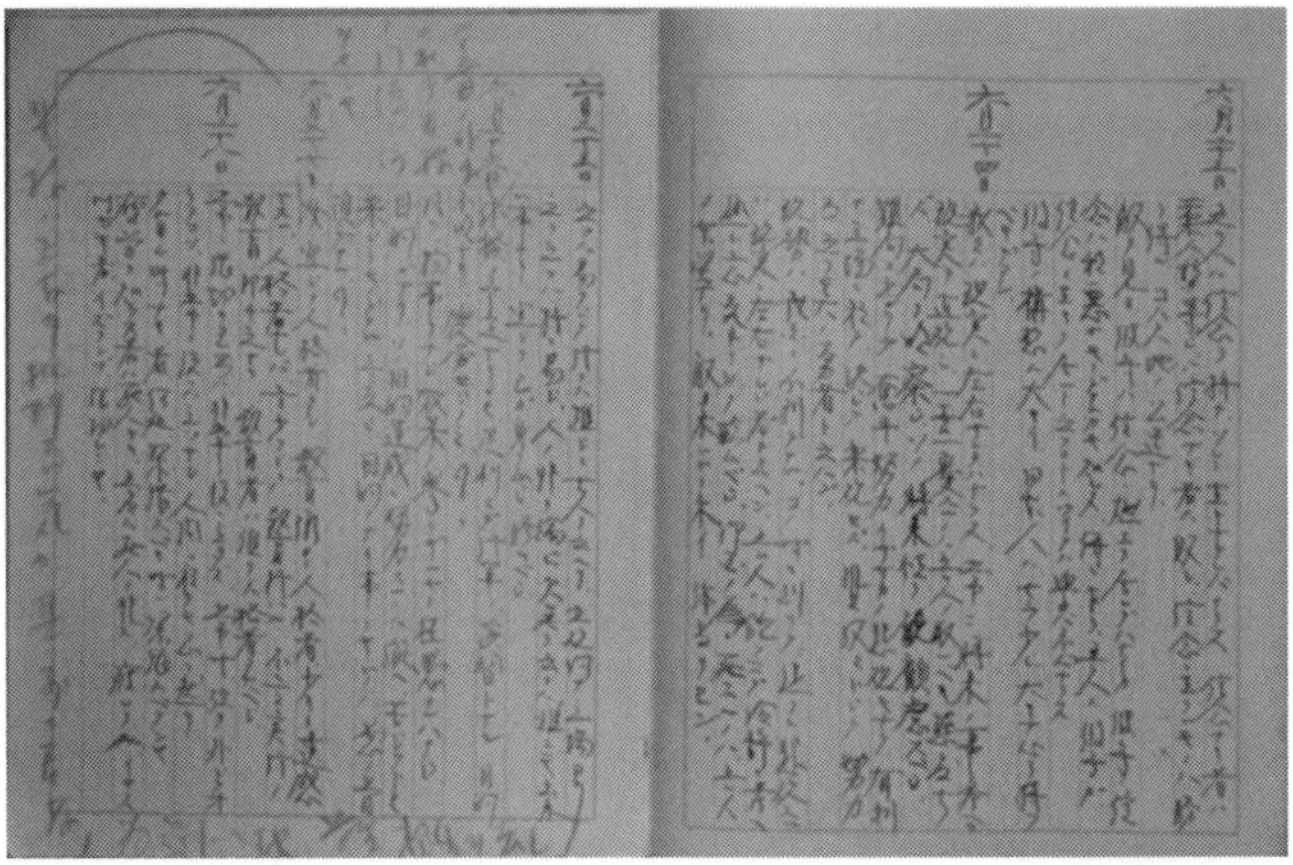

〈写真 8〉「修養反省録」昭和 19 年 6 月 27 日［上原幸一氏蔵、慶應義塾福澤研究センター提供］
教官による赤字の書き込み

でも祖国の「独立」と「自由」のために戦うという大きな矛盾を抱えたものでもあった。これ以降、教官への批判は直接的なものになっていく。

六月二十七日
汝、宜しく人格者たれ。教育隊に人格者少なきを遺憾とする。人格者なれば、言少くして、教育行はる。不言実行の教育、即ち之なり。教育者は須らく人格者たるべし。

これに対して、教官はページ全体にわたって余白に赤字で大きく、殴り書きのように書く（写真8）。

二十五日の外出に於て貴様の同僚は何をせしや。貴様は上官を批判する気か。その前に貴様の為すべきことをなせ。学生根性を去れ！

さらに七月八日、重ねて「教育隊に人格者少なきを再び痛感す」と書く。十二日には、隊内で規律を破る出来事があり、集団で謹慎と反省、そして駆け足。終わった後で教官からの訓示があり、皆で泣く。泣いた理由は「要するに人格の問題なり」とし、教官の訓示は「積もりに積もつた、憂き気分を一掃するに充分であつた」と書くのだが、これに対して二ページにわたって、教官によるこれも書き殴るような大きな赤字の指導が入る（写真9）。

成程教育者は人格者たらざるべからず。

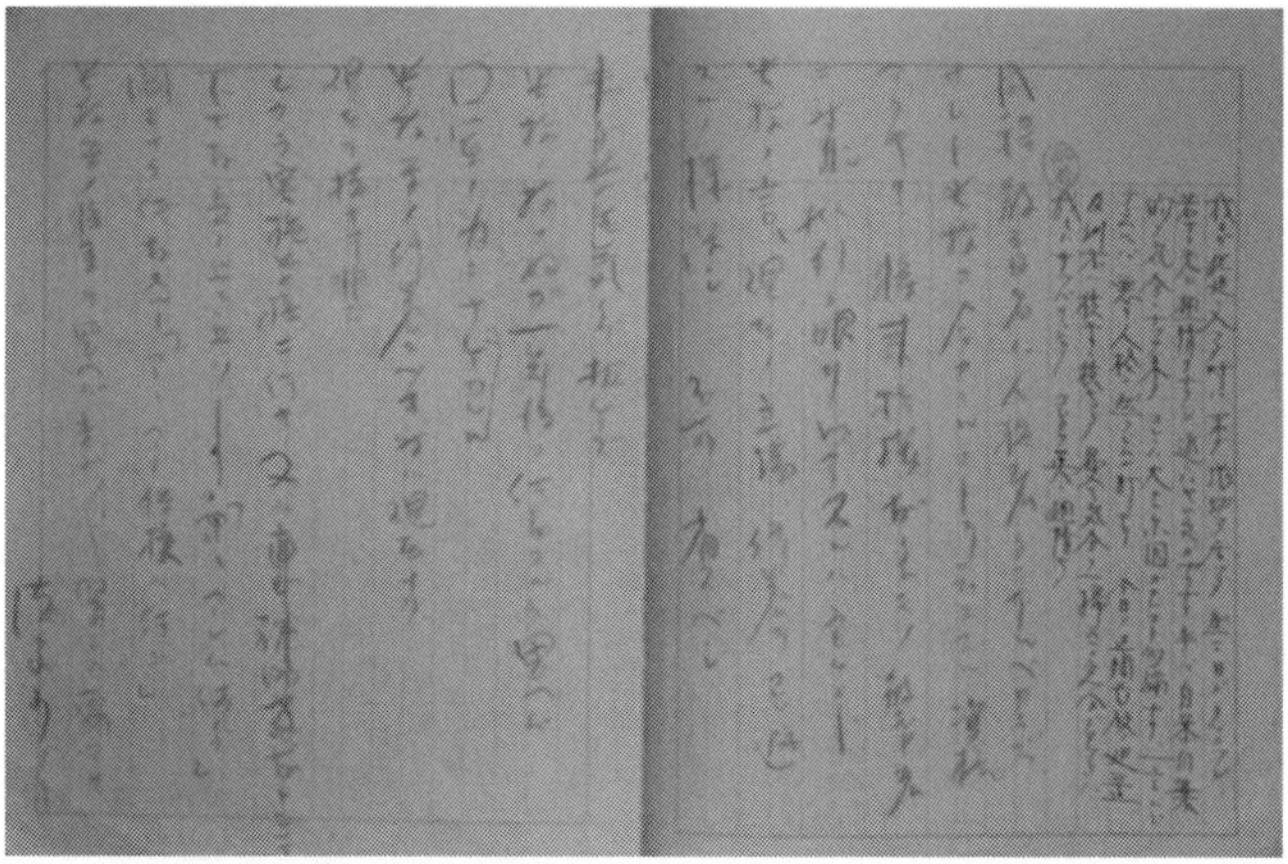

〈写真9〉「修養反省録」昭和19年7月12日［上原幸一氏蔵、慶應義塾福澤研究センター提供］
教官による赤字の書き込み

されど貴様に今かかることを云々する資格ありや？将来指揮官たるもの、教育者に対し批判の眼を以てするは良けれど、貴様の言、現在の立場、修養を忌避するの様深し、不可、省すべし。未だ学生気分抜けず。貴様のような奴が一年後に任官するかと思へば、国軍の為になげかれる。

貴様達の修養すべき時は現在なり。

現在を措きて非ず。


教育する者と、その教育を受ける者との意識の乖離は、どのような時代、どのような学校でも多かれ少なかれ存在するものである。教官の目的意識は明確である。ほんの一年前まで大学生であった者たちの「学生気分」を抜き、「修養」と「反省」によって速成の将校にしなければならない。そのためには理不尽な指導や体罰も辞さない。これに対して上原は正面から対峙しようとする。

「人格者なれば、言少くして、教育行はる」という言葉からは、教育の理想論、彼が学んだ旧制松本中学や慶應義塾大学の自由主義的な学校文化の香りを感じる。[*35] しかし、それにしてもなぜ軍隊という上意下達の組織の中で、これほどまでに直接的な言葉で教官を批判できたのだろうか。これは勇気と言うべきか、無防備と言うべきか、正義感と言うべきか、それとも覚悟と言うべきか。

日誌を読むと、その最初のページ（昭和十九年二月十三日）から「我に必滅の体当り在り。一機以て必ずや一機を滅せん」とあり、パイロットとしての激烈な気構えが語られる。「体当り」の語は館林教育隊に移って本格的な飛行訓練を始めて以降、その数を増す。「修養」によって「自由」を滅却し、「無」の境地になることと「体当り」とは同義であるということだろうか。

　この時期、まだ組織的な航空特攻は行われていない。最初の特攻は昭和十九（一九四四）年十月のフィリピン戦線における海軍の「神風特別攻撃隊」であり、陸軍もそれに続き、やがて拡大の一途を辿った。一方で、被弾した飛行機が敵艦や敵機に体当たりする「自発的特攻」の例はあり、彼の日誌を読む限り陸軍の飛行学校では早い時期から、「修養」（精神教育）の一環として「体当り」の語が日常的に使われていたことが窺われる。[*36] 七月二十日、熊谷陸軍飛行学校の卒業式を迎えた日、次のように総括する。「思へば、長き様にて短き四ヵ月たり。その間、厳格な教育の下、苦しみ、教育を批評し、体罰の酷なるを恨み、安易なる道に就かんとする傾向なきにしもあらず」「卒業式に当り、いよいよ尽忠の精神を昂揚し、玉砕の決意を新にし、体当りを決行せんの意気に燃ゆるものなり」。

〈写真 10〉特別操縦見習士官時代の上原
［上原幸一氏蔵、慶應義塾福澤研究センター提供］

　その少し前、「教育隊に人格者少なきを再び痛感す」と書いて教官を批判していた（七月八日）ちょうど同じ頃、十一日の日誌の中でクローチェに言及している。

> 人間味豊かな、自由に溢れ、其処に何等不安もなく、各人は其の生活に満足し、欲望はあれども、強くなく、喜びに満ち、幸福なる真に自由と云ふ人間性に満ち溢れて、この世を送らんとする時代が近づきつつある。それは自由主義の勝利に依つてのみ得られる。クローチェは云へり。今国家に特殊なる使命はあり得ず。若しありとせば、そは神話なりと。八紘一宇の理想は、各々其の所を得しむることにありとせば、そは自由主義的なるものを含み、又一方に於ては共産主義的な万人平等の性質を有す。云はば、その折衷ならん。

これは、かつて「八紘一宇は神話に過ぎぬか？」と『クロォチェ』に書き込んだ、あの日の読書と響きあっている。また、赤い傍線を引いたあの箇所、いまとなっては「深い淵」で隔てられてしまった「理性にかがやいた眼、あたたかい言葉、自由の計画、健全な精神に満ちた笑」は、「真に自由と云ふ人間性」に満ち溢れた「幸福」というものに他ならない。これこそ彼が心から希求した「自由」であり、上原のこうした文章を読む教官は、職業軍人としていったい何を思うだろうか。上原は「未だ学生気分抜けず」どころか、その本質はどこまでも「学生」と言うべきだろう（写真10）。

五　「所感」の成立

人としての尊厳を傷つけられる扱いを受ける中で、不満や批判の思いがつのるのは当然のことである。しかし、それを実際に言葉にするのと我慢するのとは大きく違う。我慢は沈黙と同義だが、彼は許容されるはずのない抵抗の思いを堂々と言葉で表現した。同じ見習士官の中には、教官におもねる者もいたに違いない。そうした中で、許せることと許せないことの線引きをすること自体、勇気のいることだったと思われる。それができたのは性格によるものか、生まれ育ちによるものか、受けてきた教育によるものか、その理由や背景を一つに決めることはもちろんできない[37]。

しかし、『クロォチェ』の影響という点に限って言えば、やはり学徒兵に特有の学生文化に負うところが大きい。彼が学んだ日吉予科のカリキュラムや教育環境、リベラルな気風（学校文化）については、すでに述べた通りである[38]。

疑問を持つこと、考えること、自分の意思（意見）を表明することが大学で学ぶことの意義であるとするならば、ただ単に『クロォチェ』という書物からの知的感化というだけでなく、それを手にし、読み、考え、理解することに導いた「大学」という場の知的空間こそが、上原をどこまでも「学生」たらしめた大きな要因だったに違いない。職業軍人（特に士官学校で学んだエリート士官）との決定的な違いはそこにある。上原と同じように、文化的で知的な家庭の雰囲気の中で生まれ育ち、自由や自治の精神を校風とする旧制中学で学んでも、陸軍士官学校や海軍兵学校に進んだ者と旧制高校や大学予科・高等専門学校等に進んだ者とは、その教養や知性の質が大きく異なる[39]。

上原の場合、やはり自由と独立を重んじる慶應という私学で学んだことが、「学生気分」の根幹に強く影響している。もちろんそれはひとり上原だけに特徴的な個性ではない。慶應に限らず旧制高校や大学予科等で学び、大学の高

〈写真11〉予科の授業風景　鈴木大次郎撮影［慶應義塾福澤研究センター蔵］
黒板には次のように書かれている。「如何程腕があつても学校で十分な教育を受けて居なければ社会に出て重用されぬとはよく人の言ふ所なるが是は全く事実ではない。社会は学歴を重んじなくなつて来た。今日では正直で根気のある人ならば何処に行つても出世の見込がある。」
英語の板書はどんなことを書いているのだろうか。

〈写真12〉予科時代の上原（後列の一番左）
［上原幸一氏蔵、慶應義塾福澤研究センター提供］
日吉（蝮谷）のテニスコートにて

等教育を受けた学徒に共通する精神文化であり、彼は多くの同じような精神をもった「上原良司たち」に囲まれながら厳しい訓練の日々を重ねていた。我々がいま、「所感」や「遺書」のみならず、日記・日誌・手帳などから彼の思考の跡を辿ることができるのは、ほとんど奇跡と言ってもいい。彼の言葉はいくつもの幸運や遺族のあたたかい思いによって、ほぼそのままの形で現在に残されている。[*40] 一方で、文字として遺されなかった多くの学徒兵の言葉もある。いわば名もなき「上原良司たち」の思いが集約されたものとして彼の遺稿があり、その意味で「象徴」と呼んでいいだろう[*41]（写真11、12、13）。

すでに述べたように、上原に関しては「自由主義者」という印象的な語と悲恋のエピソード、それに特攻による戦死とがあいまって、美化された人物像や悲劇的な物語が形成される傾向がある。「所感」や「遺書」をはじめ、日記や手帳を含めた膨大な言葉の記録が物語化に拍車をかける。都倉武之が言うように[*42]、上原の言説を戦争の時代の中に位置付けるためには「等身大の無名者としての一青年」に戻らせる必要があるが、戦争という非常時に翻弄された青年の「等身大」の姿（実像）を見極めるのは簡単なことではない。

慶應に憧れ、二人の兄と同じ慶應に進み、昭和十六（一九四一）年十二月八日の開戦の日に日吉予科の第一校舎の教室で友人たちと歓声を上げ、熱い血が沸き立つ思いを感じた十九歳の青年は、[43]三年後のいま陸軍の特別操縦見習士官として厳しい軍律の中にいる。「修養」という名の精神の矯正の中で見つめ続けたものは、「自由」というものの本質であった。それは学生の日に読書を通して知った観念としての「自由」ではなく、時には理不尽な体罰を受ける中で身をもって感得した「自由」である。その思索と認識の記録が「反省録（修養・自覚）」「修養反省録」と名付けられた日誌であり、自分だけの手帳であった。厳しい訓練を受ければ受けるほど「自由」の形がありありと浮かび上がる。

〈写真13〉夏の日の兄妹［上原幸一氏蔵、慶應義塾福澤研究センター提供］
長兄良春撮影の兄妹のスナップ写真。後列左が次兄龍男・右が良司。昭和12（1937年）年8月撮影。この時、良司は旧制松本中学に通っていた。

　中島博昭は、『クロォチェ』に書いた「第一の遺書」と「所感」（「第三の遺書」）とを読み比べ、そこに大きな思想の発展や変革が見られると言い、軍隊生活の中で「自己の思想の発展、体系化に挑み、それは見事に成功した。それはクローチェの理論の実証の仕事であった」と述べる。[44]「自由主義者」の語は、上原をして一個の思想家に押し上げる傾向を孕んでいる。ものを考える人間を「思想家」と呼ぶならば、それは決して誤りではないが、はたして体系化された思想を構築したとまで言えるほどの高い評価を与えて良いものだろうか。

　上原のように日記や手記、手紙などの遺稿を持つ学徒兵は他にもいる。たとえば同じ慶應で学んだ宅嶋徳光であり、京都帝国大学で学んだ林尹夫である。[45]宅島の慶應予科時代の日記を読むと、全体を通して高い芸術的感性とロマンティシズムに溢れている。林の第三高等学校時代の日記は、学問に対するストイックなまでの取り組み、憑かれたような読書欲が記され、それらに比べて上原の予科時代の日記やメモには、それほどまでに高度な文学的（芸術的）感性や思索、古今東西にわたる膨大な読書記録などは記されていない。宅嶋や林に比べれば、上原はごく一般的な予科生・大学生だったと言うべきである。しかし、そこにこそ彼の本質がある。予科時代の日記類を通して見たように、彼が典型的な慶應の学生だったとするならば、[*46] その言葉の背景に、名もない多くの「上原良司たち」の姿が見えてくる。宅嶋は昭和十三（一九三八）年四月に慶應義塾大学法学部政治学科予科に入学した。予科三年次の昭和十五（一九四〇）年八月七日、十八歳の時の日記に、次のように書く。[*47]

　私は生れる世紀を誤った。私のもつすべての主義、傾向は今全く排除されんとしている。
　自由主義の下にこそ文化は繁栄し得るのであって、全体主義の下では文化はそれと同じく単一化されてしまう。全体主義の生命は縮《みじか》い。救国の主義であり文化を全《まっと》うする平和的な主義とは反する。線の太い短いものを感ずる。

これは上原が『クロォチェ』から学んだこと、軍隊時代の日誌や手帳に繰り返し書いたこと、そして「第二の遺書」や「所感」を形成した根本的な考え方と重なる。上原は決して時代の中で突出した存在ではないのである。彼が経済学部予科に入学したのは、宅嶋が「私は生れる世紀を誤った」と書いた翌年の四月であった。

　昭和十九（一九四四）年七月二十日、熊谷飛行学校を卒業。その後、十一月末まで知覧飛行場（鹿児島）で、十二月から四月まで目達原《めたばる》飛行場（佐賀）で訓練を受けた。この間の思索の跡は、断続的ながら手帳の中に収められている。そこには軍隊という組織に対するさらに激しさを増した批判と、日本の敗北への危機感、自由主義への信奉がある。

○十一月十九日
軍隊においては人間の本性である自由を抑え、修養ができた、軍人精神が入ったと言うが、これほど愚かなことはない。心の底には強烈な自由が流れている。自由は常に戦い、勝利者であり、永久不滅である。
○昭和二十年一月二十三日
近い将来において日本は敗れるかもしれない。権力主義は衰退の一途をたどっている。論理的なドイツさえ敗れようとしている。
○二月七日
二・二六事件以来、日本は進むべき道を誤った。権力主義者は日本を永久に救われない道に進ませた。恐るべきことがついにやって来た。自由は最後には常に勝つ。真に日本を愛する指導者がいれば、日本は世界を征服できただろう。

このように要約するだけでも、いっそう研ぎ澄まされた冷徹なまなざしが感じられる。彼が凝視しているのは「日本」という国家である。この思考の先にあるのは「所感」における「国民の方々」への呼びかけであろう。彼は繰り返し「自由の勝利」について書き続けてきた。それは思想の発展や体系化というより、反復というのがふさわしい。

上原は三つの遺書を書いた。そのうち「第二の遺書」のみ執筆時期は明らかではない。そこには次のような一節があった。

空中勤務者としての私は、毎日毎日が死を前提としての生活を送りました。一字一言が毎日の遺書であり遺言であったのです。

中島は「第二の遺書」の執筆時期を「昭和十九年二月から六月の間」とする。[*48] ただ、初飛行を三月二十九日に経験したばかりの段階で「空中勤務者」「一字一言が毎日の遺書であり遺言であった」と言うにはやや早い。昭和二十年（一九四五）四月、上原は最後の帰郷を許された。「所感」との近似性、手帳の内容との連続性を考えると、「第二の遺書」の成立は昭和十九年の前半というより、出撃を前にしたこの時の帰郷を想定するのが穏当だろう。[*49]

手帳は「特攻隊員（振武隊）となりて」と題した次の文章で終わる。日付の記載はない。

予め期するところ、死所を得たるを喜ぶ。選ばれて今日の晴れの栄光を受く。淡々たる気持ちは何の変化もなし。勿論、思想上においても変りなし。生きて尽すも大した奉公はできぬ。死して日本を守るのだ。悠久の大義に生きるとか、そんなことはどうでも良い。あくまで日本を愛する。祖国のために独立自由のために闘うのだ。

天国における再会、死はその道程にすぎない。愛する日本、そして愛する冷子ちゃん。

彼が遺した日誌や手帳を以上のように見てきたとき、「第二の遺書」や「所感」の主題が、すでに十分にそこに成立していたことがわかる。「空中勤務者」として綴った「一字一言」は、「毎日の遺書であり遺言」であった。出撃前夜の五月十日、報道班員高木俊朗の求めに応じて書いた「所感」は、決して忽然と現れたものではなく、その主題は軍隊生活の中で何度も反芻してきたものであった。彼は繰り返し「書く」という行為を通して、「信念」と呼ぶべき自分の考えをその都度確認した。それは繰り返し「考える」ということでもある。理不尽な現実と向き合うたびに、予科時代に傍線を引いて読んだあの『クロォチェ』が蘇る。実家の本棚の右の引き出しにしまった本は、どこにいても彼の近くにあった。

昭和十九（一九四四）年七月七日、サイパン陥落。十月二十日、米軍がフィリピンのレイテ島に上陸、同二十四日、レイテ沖海戦で海軍は連合艦隊の主力を失う。十一月二十四日、マリアナ基地のB29が東京を初空襲。二十年三月十日、東京大空襲。同二十二日、硫黄島守備隊全滅。四月一日、米軍が沖縄本島に上陸。航空特攻が常態化し、沖縄戦では陸軍と海軍が連動、「菊水作戦」による航空総攻撃を展開した。沖縄戦だけでも二十年三月から六月までの四カ月間で、海軍一五三五機、陸軍八二〇機、計二三五五機が投入されている。ピークの四月には、全体の四六・四パーセントに及ぶ一三五五機が出撃、これはほぼ連日と言っていい。[*50]

こうした中、三月六日に上原は九州の目達原飛行場で特攻の要請を受けて志願。四月四日、水戸の常陸教導飛行師団（茨城）に転属、最後の帰郷はこの折のことと思われる。四月十四日、第五六振武隊編成、調布飛行場へ移動。五月一日、妹清子が最後の面会、知覧飛行場に到着したのは五月六日と推定される。[*51] 五月三日、菊水五号作戦・第六次航空総攻撃が開始され、三日、海軍十機・陸軍十五機、四日、海軍一〇〇機・陸軍四十四機、六日、海軍出撃なし・陸軍十一機、九日、海軍十四機・陸軍四機が出撃。十一日、菊水六号作戦・第七次航空総攻撃が発令され、上原は出撃の時を迎える。彼が搭乗した愛機は三式戦闘機「飛燕」であった（写真14、15、16）。この日の未帰還機数は、海軍六九機・陸軍三六機の計一〇五機と推計されている。[*52]

このような状況の中で、彼は何を考えていたのだろうか。「所感」における三つのポイントは、すでに「第二の遺書」の中に成立している。しかし「第二の遺書」が書かれた時点に比べ、彼を取り巻く事態ははるかに切迫している。「第二の遺書」では「所感」に特徴的な感情の揺れは語られない。あくまでも両親や兄妹への遺言として、忠孝や感謝の思いが前面に出ている。「淋しさ」と「満足」、「恐ろしさ」と「嬉しさ」、そうした矛盾する感情を「所感」ではそのままに記す。自分自身を「一器械」「鉄の一分子」「自殺者」と客観視し、国家の行く末への願いを「国民の方々」に託し、死んだ「彼女」との再会を望む。天国で会いたいと願うのは、「第二の遺書」では「懐かしい龍兄さん」であった。出撃の数日前に郵便でこの遺書の所在を特に伝えたのは、これが彼にとっての正しい意味での「遺書」であったことを示している。

「所感」はのちに実家に届けられ、家族にとっての最後の「遺書」になったが、その中に両親や兄妹に関係する言葉はひとつも含まれていない。その意味で「所感」は家族という縛りから解放されている。また「第二の遺書」にあるような「日本の自由、独立のため」に命を捧げるという、「死」に対する積極的な意義付けもない。学徒出身の特攻隊員たちが、知的かつ精神的な苦悩とともに避けがたい「死」の意味を自分なりに探し求めていた中で[53]、少なくとも「所感」にはそうした言及がない。ただ「特別攻撃隊に選ばれた事を光栄に思っている」と述べるのみであり、「死」の意義付けからも解放されている。心に感じたことをそのままに書く「所感」というタイトルで書き始めたこの文章が、「偽らぬ心境」を「何も系統だてず、思ったままを雑然と並べた」ものである以上、そこに体系化された「思想」を読み解くことには無理があるだろう。ただひとつだけ言えることは、家族から離れ、自由主義の観点から国家を見つめ、特攻隊員としての自分自身をも相対化しようとする一人の理性的な存在が、「書く」という行為に没頭する姿がそこにあったということである。

〈写真 14〉目達原飛行場にて（第 11 錬成飛行隊）［上原幸一氏蔵、慶應義塾福澤研究センター提供］

〈写真 15〉愛機「飛燕」に搭乗する上原［上原幸一氏蔵、慶應義塾福澤研究センター提供］

〈写真 16〉出撃直前の隊員［上原幸一氏蔵、慶應義塾福澤研究センター提供］
出撃前に愛機の前で「男なら」を手拍子とともに歌った。こちらに顔を向けた一番左の隊員が上原である。

註

＊1　羽仁五郎『クロォチェ』河出書房、一九三九年、六二頁

＊2　「所感」の全文は本書第五章で引用した。以下、本稿での引用は、日本戦没学生記念会編『新版　きけわだつみのこえ』岩波文庫、一九九五年、一七～二〇頁に拠る。

＊3　保阪正康『「特攻」と日本人』講談社現代新書、二〇〇五年、一九頁。

＊4　その最も本格的なものとして、中島博昭「上原良司とその時代」（中島博昭編『新版　あゝ祖国よ恋人よ』信濃毎日新聞社、二〇〇五年、所収）がある。他に上原を論じたものとして、亀岡敦子「特攻隊員・上原良司が問いかけるもの」（白井厚編『いま特攻隊の死を考える』岩波ブックレットNo.五七二、岩波書店、二〇〇二年、所収）、同「人間の戦争遺跡・上原良司の思索」（山田朗監修・日吉台地下壕保存の会編『本土決戦の虚像と実像』高文研、二〇一一年）、岡田裕之『日本戦没学生の思想』法政大学出版局、二〇〇九年（一六〇～一八三頁）などがある。

＊5　山口誠「『知覧』の真正性――『ホタル』化する特攻と『わかりやすい戦跡』」（福間良明・山口誠編『「知覧」の誕生』柏書房、二〇一五年、所収、一五〇頁）

＊6　手塚英男「70年目のきけわだつみのこえ『自由主義者』上原良司の特攻死をめぐって」（『季論21』三十二号、二〇一六年四月）、都倉武之「『特攻隊員・上原良司』の誕生――ある学徒兵を巡る資料とメディア表象――」（『慶應義塾大学メデ

ィア・コミュニケーション研究所紀要』№六九、二〇一九年三月）

＊7　前掲『「特攻」と日本人』二〇頁

＊8　「所感」が書かれた経緯や状況に関して必ずしも明らかではないが、中島博昭は高木俊朗の次のような証言を紹介している（前掲『新版　あゝ祖国よ恋人よ』二五〇頁）。

知覧の飛行場の兵舎の中は特攻隊員で一杯になっていた。最後の夕食のはじまる前だった。特攻隊員は自分の持ち物などを片付けていた。そのとき上原少尉は一人でじっと坐って、タバコをふかしていた。私は上原少尉に話しかけた。

「出撃する前の気持とか、考えていることを書いてください」

私は持っていた便箋をさし出した。上原少尉は大きなきれいな目でまっすぐに私を見たが、

「何を書いても、いいですか」

と聞いた。

「何でも、本当の気持を書いてください」

上原少尉はだまって書きはじめた。

しばらくして、上原少尉の戻したノートを読んで、私は胸をうたれる思いがした。（ラジオ番組・高木俊朗「愛の戦記」より）

「所感」は終戦前に高木によって上原家に届けられたらしいが、その時期に関しても明確ではない（前掲＊6都倉『『特攻隊員・上原良司』の誕生」参照）。

＊9　ここでは前掲＊4中島「上原良司とその時代」に従い、それぞれの遺書が書かれた時系列によって、第一～第三と呼ぶこととする。

＊10　「第一の遺書」の引用は、上原良司手沢本『クロォチェ』（上原家蔵・画像資料は慶應義塾福澤研究センター提供）に拠る。原文は句読点の識別が難しい箇所があるため、読みやすさを考慮して補った。

＊11　昭和十八年元日から九月十八日までの予科時代の日記帳『朝日日記』の中で、たびたび書いている。本書第五章参照。

＊12　ここは前掲『新版　きけわだつみのこえ』三七八頁で整理されたものより引用した。

＊13　前掲＊11。以下、本稿では『朝日日記』と呼称する。同書（上原家蔵）からの引用は慶應義塾福澤研究センター提供の画像資料に拠る。

＊14　以下、本稿での引用は前掲『新版　きけわだつみのこえ』三七四～三七七頁に拠る。

＊15　亀岡敦子「上原良司の新資料に見る虚像と実像」発表資料（学徒出陣七十五年シンポジウム・研究報告「慶應義塾と戦争」慶應義塾福澤研究センター主催、二〇一八年十二月二日）参照。引用は同資料に拠る。

＊16　前掲『新版　あゝ祖国よ恋人よ』で「最後のメモ・ノート」

と名付けられた手帳（上原家蔵）。引用は慶應義塾福澤研究センター提供の画像資料に拠る。原文では助詞「ハ」は片仮名だが、ここは平仮名に直した。

＊17　ここでの日記は、『新版　あゝ祖国よ恋人よ』で「小メモ・ノート」と名付けられた手帳に記された昭和十八年のメモ（上原家蔵、以下引用は慶應義塾福澤研究センター提供の画像資料に拠る）と前掲『朝日日記』の二冊を指す。『朝日日記』九月十八日条には、

チッキ、三ツ出す。一つにつき、五十銭とのこと。配達にて、二円何銭。馬橋へ三十分ばかり寄る。十時四十五分に間に合はず次にする。指定券必要とのことにて二十分ばかりねばって遂に貰ふ。甲府にて一箱に五人位となる。それから又増えて、又満員となる。大月までは、デッキに腰を下ろしてゐた。
小笠原より小母さんのガッチン来る。バナナをいただく。土産として家に持ち帰る。

とあり、ここから甲府経由松本行きの列車で帰省していることが想定される。「馬橋」とは高円寺の青木家（前述）で、「家」は実家だろう。チッキ（手荷物）を三つ送っているのは、来たるべき入営に備えて、下宿にあるものを少しずつ実家に送っているということだろうか。

＊18　表紙裏見返し左上、短歌三首の左に「KOENDO光延堂書店　東京杉並高円寺駅北口通」のシールが貼ってある。

＊19　「クロォチェ死す」『抵抗の哲学――クロォチェ』現代評論社、一九七二年、所収。一〇～一四頁

＊20　國司航佑は「第二次世界大戦下の日本におけるクローチェ思想の受容」（京都外国語大学・京都外国語短期大学『研究論叢』二〇一七）において、羽仁をクローチェの自由主義の日本語での代弁者とし、『クロォチェ』には羽仁の目を通した自由主義者クローチェの姿があるとする。國司もふれるように、上原の『クロォチェ』が初版からわずか二年で六刷を重ねていることからも、この本が当時の知識層に広く読まれていたことが窺える。

＊21　「序にかえて」前掲『抵抗の哲学』所収、九頁

＊22　前掲『新版　きけわだつみのこえ』二七～三一頁。吉村は「クロォチェの偉いところは、その議論というより、そういう時代にもなお、ビクともしない彼の学問的信念だと思います」と書いている。

＊23　羽仁五郎『羽仁五郎　私の大学』日本図書センター、二〇〇一年、一五〇頁

＊24　以下、『クロォチェ』の引用と当該ページは、前掲注＊10に拠る。

＊25　倉科岳志によれば、クローチェの説く「自由」は観念的なものであり、歴史を進歩させる原理として、従来「宗教性」や「摂理」と表現していたものを「自由」と呼ぶようになったという（『クローチェ　1866-1952』藤原書店、二〇一〇年、

一八頁・一二九頁）。歴史を動かす「道徳的な原理」が「自由」であり（同書一三七頁）、ファシズム体制批判の論拠となった。観念論的な「自由」とは、出版や集会・結社の自由のように法律や制度で保障されるものではなく、「人間の内面的な精神傾向」を指すということになる（倉科『イタリア・ファシズムを生きた思想家たち　クローチェと批判的継承者』岩波書店、二〇一七年、一八頁）。クローチェはこのような自由の理論を武器に、ファシズムの国家に正面から立ち向かったことになる。

＊26　前掲＊17の昭和十八年の手帳のメモ書き。

＊27　本書第四章参照

＊28　前掲＊17の手帳のメモ書きより。

＊29　『クロォチェ』本文五三頁では、『実践の哲学』に傍線が付され、その上に赤い〇印が付けられている。これはあくまでも想像だが、『クロォチェ』を読み進める中で『実践の哲学』に関心を持ち、手帳に書名と図書館分類番号を書いたとすれば、それは六月四日ということになる。

＊30　松本第五十連隊時代（昭和十八年十二月五日〜十九年二月十日）の記録は、表紙に「戦陣手帳」とある軍支給の手帳に詳細に記されている（上原家蔵）。以下、本稿での引用は慶應義塾福澤研究センター提供の画像資料に拠る。なお原文は漢字にカタカナだが、ここでは読みやすさを考慮して平仮名に改め、必要な箇所に句読点も付す。

＊31　上原家蔵。以下、本稿での引用は慶應義塾福澤研究センター提供の画像資料に拠る。ここも原文は漢字にカタカナだが、原則として平仮名に改め、必要な箇所に句読点も付す。以下、本稿では日誌と呼称する。

＊32　二月二十九日には「人間性としての自由」は「我儘」であり、「早くこの我儘を正さなければならぬ」とある。

＊33　中島博昭は戦友会で語り草になっている出来事（「眼鏡事件」）として、このようなエピソードを紹介している。前掲『新版　あゝ祖国よ恋人よ』二三五頁、参照。〈写真6〉を見ると、最初は行頭から「恥辱」と書こうとしているが、日付を含めて二重線で消して、あらためて日付を書き、その下に大きく「恥辱ノ日」と書いている。言葉を重ねて表現しきれぬ思いが満ち、ただそう書くしかなかったということだろう。

＊34　この手帳は前掲＊16参照。以下、本稿では手帳と呼称する。

＊35　中島博昭によれば、旧制松本中学（現在の松本深志高校）は生徒の自治を尊重する教育に特色がある（前掲『新版　あゝ祖国よ恋人よ』二一五〜二一八頁）。慶應予科の教育については、本書第三章・第四章で詳述した。

＊36　「自発的特攻」「突発的な体当たり」については、栗原俊雄『特攻――戦争と日本人』中公新書、二〇一五年、一三〜一五頁、参照。なお、上原が二月十三日に書いた「我に必滅の体当りあり。一機を以て必ずや一機を滅せん」には、続けて「第二の横崎少佐足らん者、よろしく修養すべし」とある。この「横崎少佐（中尉）」は、昭和十八（一九四三）年九月十二日に米軍機Ｂ24に体当たりして撃墜した。これは組織的特攻で

はなく、自発的特攻である。

＊37　上原は医師である父のもと、経済的にも文化的にも恵まれた家庭環境の中で育った。家族で音楽や写真を愛し、自宅の裏庭にはテニスコートもあった。二人の兄は慶應義塾大学医学部で学び、祖父は教育者であるとともに正岡子規門下の俳人でもあった。詳細は前掲『新版　あゝ祖国よ恋人よ』二一〇～二一八頁、参照。

＊38　本書第三章・第四章参照

＊39　学徒兵の受けた高等教育については、大貫恵美子『学徒兵の精神誌』（岩波書店、二〇〇六年）にも詳述がある（一八～五三頁）。前掲『新版　きけわだつみのこえ』には、学徒兵による海軍兵学校出の士官に対する批判的な言説として、たとえば次のようなものがある。「高等学校と正しく対極をなす教育を受けてきた彼らは責任のありかを心得ています。彼等なりに礼儀を知っています。しかし、もとめて『下の方に』向って適応したくないと思います」（一〇七頁）。「立派な軍人となることは立派な『人間』となることと決して背反するものであってはならぬからだ。海兵出のもっとも大きな欠点は、かかる人間としての未熟さにあると信ずる」（三四九頁）。

＊40　上原家は良司を含む三兄弟の膨大な遺品を保管し、二〇一〇年より慶應義塾福澤研究センターが資料整理と調査を進めている。詳細に関しては、都倉武之「長野県安曇野市・上原家資料の世界――ある一家の日常と、戦争と、近代日本――」（『福澤研究センター通信』第三十号、二〇一九年四月三十日発行）、都倉武之・亀岡敦子・横山寛編『長野県安曇野市　上原家資料Ⅰ』慶應義塾福澤研究センター、二〇一九年、参照。なお本稿の準備の段階で上原家を訪問し、多くの資料を拝見させていただいた。この場をお借りして感謝を申し上げたい。

＊41　「象徴」の語については、山口誠の言う『自由主義者』上原の名は特攻作戦で戦死した学徒兵の象徴として繰り返し語られてきた」（前出）に拠る。前掲＊5参照

＊42　＊6前掲論文参照

＊43　開戦の日の上原については本書第五章参照。

＊44　前掲『新版　あゝ祖国よ恋人よ』二二八頁

＊45　宅嶋徳光『くちなしの花』光人社NF文庫、二〇一五年。林尹夫『わがいのち月明に燃ゆ』ちくま文庫、一九九三年。

＊46　この点に関しては、本書第五章で詳述した。

＊47　前掲『くちなしの花』一六一頁

＊48　前掲『新版　あゝ祖国よ恋人よ』二三八頁

＊49　後述するように、上原は昭和二十年三月に特攻の要請を受けて志願した。「第二の遺書」にある「このまま突っ込んで果して死ぬだろうか」「突っ込んで見たい衝動に駈られた事もありました」が、特攻を前提とした表現だとすれば、これを書いた時期が四月の最後の帰郷の折という蓋然性が高くなる。前掲『長野県安曇野市　上原家資料Ⅰ』における関係者からの聞き取り調査によれば、この時の帰郷で彼は妹に「日本が負けるよ」「死んで天国に行くから靖国神社には行かないから

ね」と言ったという（一三二頁・上原登志江氏・上原昭澄氏）。また実家を後にして駅に向かう途中の道で、大きな声で二度「さよなら」と言った。夕方の六時か七時頃、その声は深くて重い「さようなら」で「アルプスに向かって、故郷に向かって言ったのか、お父さんやお母さんに言ったのかね。だけど、あのさよならは、忘れられないね。」（一七〇～一七一頁、古畑弓子氏）。なお同書の聞き取りによれば、「第二の遺書」を最初に発見したのは、妹の登志江氏である（一三三頁）。

＊50　山田朗『日本の戦争Ⅱ 暴走の本質』新日本出版社、二〇一八年、一七四～一七五頁参照

＊51　上原の移動の記録に関しては、『戦後七十年企画　長野県民の１９４５――疎開・動員体験と上原良司――』長野県立歴史館、二〇一五年、四九頁に拠る。

＊52　前掲『日本の戦争Ⅱ 暴走の本質』一八五頁参照

＊53　前掲『学徒兵の精神誌』三三～三六頁参照

第七章　陸の海軍　迷彩の校舎

「これから、生きて戦争の終わりを迎えられるかは、わからない。だが、生きているうちに、せめて一冊、本を書きたい、と考えた。そして、日吉の軍令部に戻ると、この日のうちに書きはじめた。先にも述べた『哲学の反省』である。[*1]」

（鶴見俊輔）

一　教室に来た海軍

昭和十九（一九四四）年二月十五日、慶應義塾は文部省の要請を受け、三田および日吉の校舎の貸与を決定、三田には陸軍が、日吉には海軍が入ることになった。空き校舎の軍による利用である。前年のいわゆる「学徒出陣」で満二十歳以上の文科系学徒が徴兵され、残る者も勤労動員や軍事教練によって教室で学ぶ時間が奪われていた。三月十日、義塾は海軍省と賃貸借契約を結び、日吉の第一校舎には軍令部の第三部が入った。上原良司が陸軍の特別操縦見習士官に合格し、飛行学校に入校したちょうどその頃のことである。[*2]

海軍は校舎の日当たりのいい南側部分を使い、予科は北側を使った。義塾と海軍との打ち合わせ記録「日吉校舎供用ニ関スル打合要点[*3]」には、供用の場所について「第一校舎中央玄関ヨリ南ノ部分及第一食堂並ニ校舎南方空地一帯」とあり、但書で「海軍ニ於テハ新ニ柵ヲ以テ同部分ヲ囲ヒ要所ニハ番人ヲ配置シ出入ヲ厳ニスル見込トノコト」と記されている。第一校舎に関しては「中央階段ハ其ノ南側全部ヲ海軍ニ於テ使用シ得ルヤウ仕切ヲ設クルコト」、二階以上については「二階小講堂ノ最モ南寄ノ入口及屋上ノ中央出口北側南向出入口ハ共ニ締切使用ヲ中止スルコト」とあり、その使用範囲を想定することができる。

この年の四月に文学部予科に入学した柳屋良博は、次のように回想している。[*4] 予科一年は文・経・法の学部あわせて十二クラス、生徒は正面玄関ではなく第二校舎に面した北側出入口を使った。一年生の教室は一階で、一週間のうち丸一日と半日が軍事教練にあてられ、日吉から多摩川まで三八式歩兵銃を担いで往復させられたこともあった。食糧事情は悪くなる一方で、昼食抜きになることもあった。下校の際、銀杏並木を上がってくる配属将校に欠礼したということで理由を糾され、保証人の身元を確かめられたこともあった。授業は十月まで行われていたが、十一月から勤労動員で亀戸に行き、風船爆弾を作った。工場は昭和二十（一九四五）年三月十日の東京大空襲で焼け、鶴見駅近くの国道造成工事の現場作業や強制疎開の家屋の取り壊しなどをした。その後、南武線鹿島田駅（川崎市）の芝浦電気で特殊鋼組み立ての研磨係や旋盤操作をしたが、そこも空襲でやられてしまった。目黒区内に下宿していたが、五月二十五日夜半の空襲で全焼、火が回ってきた時の下宿のおばさんの耳をつんざくような悲鳴が忘れられない。郷里の山口に帰り、六月十八日、陸軍に入隊した。

昭和十九（一九四四）年の予科は、もはや教室で落ち着いて学ぶ場ではなくなっていた。決戦非常措置により絶え間なく続く勤労動員とあわせるように、海軍の利用もやがて他の施設に広げられていく。[*5] 当時の学生新聞『三田新聞』三月十日号に「決戦日吉風物詩　予科生活紹介」という新入生向けの記事がある。発行日は奇しくも義塾が海軍と賃貸借契約を結んだ同じ日である。

〝予科の生活〟、それは学生生活を通して最も印象に残る楽しい生活であらう。予科時代は一個の人間として完成される為には、最重要な要素であり、此の時代に於てそれ〴〵の特性を充分に伸ばしうるのであり、又人間性を豊富にすることができるのである。

続けて春・夏・秋・冬の季節ごとの学園生活が紹介されるが、四月に入学した予科生の昭和十九年は、それとは大きくかけ離れたものとなった。

『三田新聞』四月十日号には、「日吉予科の学年初め　町田副主任の初訓示」と題する記事がある。「戦局の熾烈化に伴なへる時局の要請によつて日吉の丘も漸次に外貌を変じつゝある」で始まり、「若草萌える台上に喜々として帰校せる二三年生」「憧憬と歓喜に胸を躍らせて登校せる新入生」に対する予科副主任町田義一郎の訓示が記録されている。

第一に御話することは、時局の要請に依り予科の校舎

> も一部が徴用され、教室数の減少と昨秋の学徒出陣に依る予科学生の減少によりクラスの編成替を行ふことになりました。
> 第二に大部分の諸君が既にご承知のことと思はれます。今回〇〇に予科の校舎の一部を御貸しすることになりましたから諸君同じ一棟の中に一緒に居るのであるから、いはゞ隣人以上の誼《よし》みであるわけですから礼儀を失しないやうにすること。

「〇〇」とはむろん海軍のことであり、ここではそれが伏せられている。義塾の評議員会が校舎貸与を決めたのが二月十五日、賃貸借契約締結が三月十日、軍令部第三部が日吉に移ったのはその直後と考えられるから[*6]、この間の海軍の動きはきわめて早い。予科の生徒にとっては、何も知らない中で話が進み、春休みが終わり（実際には勤労動員が行われていた）、「若草萌える」日吉の丘に「喜々として帰校」してみたら新年度の校舎に海軍がいた。「憧憬と歓喜に胸を躍らせて」入学した新入生にとっても、それは驚きのことだったに違いない。柳屋の記憶の中の日吉は次のようなものであった。

> 屋上に無線アンテナが林立し、壁の分厚い鉄筋の校舎は、まるででっかい一隻の軍艦のように思われた。（中略）広大な陸上競技場の一隅では作業中の海軍兵士の姿を見ることがあったが、いつの間にやら第一校舎正面前には二基のコンクリート製の防空壕出入口ができ、警報が鳴ると海軍さんや女子職員の出入りする姿が見られた。

この「いつの間にやら」という言葉が印象的である。生徒の意思とは無関係に、「いつの間にやら」海軍が教室に入り込み、校舎内が厳重に仕切られ、キャンパスを軍人が歩き、やがて地下壕を作った。日吉は学生が学ぶ場から、学生を戦場に送り出す場になり、軍が戦争で使用する場になっていった。そして「いつの間にやら」この戦争そのものも、もはや好転することが不可能な最後の局面を迎えようとしていた。昭和二十（一九四五）年八月十五日の敗戦までの一年余りの日々、この「でっかい一隻の軍艦」のような校舎の中で、いったい何が行われていたのだろうか。

二　軍令部第三部

日本海軍には大きく四つの組織があった。海軍省、軍令部、鎮守府、連合艦隊である。海軍省と軍令部はともに霞ヶ関に置かれ、海軍省は内閣に属して軍政を担当し、軍令部は天皇に直属して軍令を統括した。軍令部は軍令部総長の下に第一部（作戦）・第二部（軍備）・第三部（情報）・第四部（通信・暗号）・特務班（通信防諜）などの部署から成った。第三部は次の各課に分かれていた。

部長直属（情報計画等）
第五課（米国情報等）
第六課（中国情報等）
第七課（ソ連・欧州情報等）
第八課（英連邦情報等）

第五課で米国情報を担当した実松譲（中佐のち大佐）によれば、昭和十七（一九四二）年九月の時点で第五課は定員六名に対し実員四名、第三部全体でも定員二十四名に対し実員十七名に過ぎなかった。[*7] 駐米大使館付武官補佐官としてワシントンに駐在し、アメリカの戦時体制を目の当りにした実松にとって、日本海軍の情報部の陣容は平時にも及ばない貧弱なものだった。戦局の悪化とともに増員の必要が生じたものの、正規の士官の補充は一向に進まず、大学出の予備士官によって組織の拡充が図られることになった。

昭和十八（一九四三）年半ばに三名の主計大尉（二名は東大、一名は慶應出身）が配属され、十一月に三名、十九年初めに九名を増員、計十五名の予備士官を加えたことで、ようやく対米情報作業の基礎要員が整備された。これによって平時の定員をかろうじて収容できる海軍省の三階では手狭となり、移転が検討された。この時慶應義塾との橋渡しをしたのは、塾出身の主計大尉・増井潔であった。増井は昭和十六（一九四一）年三月に経済学部を卒業、三井物産に入社、翌十七年一月に志願して海軍に入り、はじめ艦隊勤務、十八年五月に軍令部に転属となった。大学の同期に塾長・小泉信三の長男信吉《しんきち》がいた縁で、日吉への移転を塾長に打診、「海軍が利用するなら異存はない」と二つ返事で引き受けてくれたという。[*8] 空き校舎の軍への貸与については、昭和十八年十一月に文部省からの要請もあったが、この時「海軍」に貸したという選択が、のちに日吉キャンパスのみならず「日吉」という地域全体に大きな爪痕を残すことになった。時を置かずに連合艦隊司令部が移り、全長五キロメートルに及ぶ長大な地下軍事施設群を建設されようなどとは、さすがの小泉も夢にも思わなかったに違いない。

軍令部第三部はこのようにして日吉に来た。第一校舎に入ったのは昭和十九（一九四四）年の三月、その後第五課は七月に士官三十四名（課長一、課員三、予備士官三十）、士官以外二十名の計五十四名の編成となった。[*9] 六月にはマリアナ沖海戦で海軍機動部隊が大敗を喫し、主力空母三隻と五百機近い航空機を喪失、七月七日にはサイパン島が陥落、戦局がいよいよ逼迫したこの時期においても、依然として正規の士官ではなく予備士官の増員が続けられていた。詰まるところ日本海軍の情報機関は、「学徒出陣」によって予備学生として速成教育を受けた若い士官を中心とする組織であり、本来の用途とは全く異なる大学予科の教室において、敵国情報の収集と分析が行われていたということになる。

では、実際にそれはどのようなものだったのだろうか。実松によれば、昭和十九（一九四四）年七月の時点での第五課の担当領域は、概略で次のようなものであった。課長（大佐）の下に三名の課員（中佐・少佐）を配し、それぞれに予備士官が配属された。[*10]

甲課員（中佐）――　艦船の建造、兵力、兵装、性能
　　　　　　　　　陸軍および海兵隊の兵力、編成、装備、配備など
　　　　　　　　　政治、外交
　　　　　　　　　財政、経済

乙課員（少佐）――　搭乗員の教育と訓練
　　　　　　　　　飛行機の生産と性能
　　　　　　　　　航空部隊の兵力と編成
　　　　　　　　　基地、航空作戦
　　　　　　　　　対日正面航空動静
　　　　　　　　　欧州方面航空動静
　　　　　　　　　作戦電報の整理

丙課員（少佐）――　水上艦船の動静
　　　　　　　　　潜水艦の動静
　　　　　　　　　商船隊の動静

このように第五課がカバーした領域は広く、これらは対米戦の作戦を立案し、戦争を遂行するために必須の情報となる。しかしながら、海軍には「作戦重視・情報軽視」の風潮があり、作戦部に最優秀の人材が選ばれ、情報部は作戦部より劣るという意識があった。[*11] この点に関して当事者の実松自身も複雑な心境を吐露している。霞ヶ関から日吉まで車で一時間かかる。第三部の日吉移転が決まった時、作戦部から「日吉じゃ、遠くなって困るよ」くらいは言われると思ったが、期待は完全に裏切られ、「作戦部にとっては、情報部はあってもなくてもいい存在なのか」と感じたという。[*12] それでも予備士官たちは慣れない作業に真剣に

取り組んだ。第五課が収集した情報は、おおよそ次のように分類される。[*13]

・作戦部隊からの報告
・軍令部特務班による通信諜報
・ラジオ放送の傍受
・在外海軍武官からの報告
・新聞・雑誌
・同盟通信（現在の共同通信）からの外電
・捕虜が提供した情報
・戦地で捕獲した文書
・陸軍情報
・ドイツ側の情報

アメリカの新聞・雑誌は『ニューヨーク・タイムズ』『タイム』『ライフ』『ニューズウィーク』などで、中立国のスイスやスウェーデンなどからシベリア鉄道を経由したクーリエ便で届けられた。[*14]増井潔によれば、出勤すると外国の短波放送を受信した資料が机の上に五〜六センチの厚さに積んであった。資料は英語で書かれ、重要なものは分類して日本語に翻訳した。実松とともに大船の捕虜収容所に行き、話を聞くこともあった。捕虜に会いに行く時は刺激を与えないように背広姿で頭髪も伸ばしていた。米兵は捕虜になった時の訓練を受けており、聞き出すことは非常に難しかったが、確度の高い情報が得られたという。[*15]

軍令部第三部には、海外の短波ラジオ放送の傍受を任務とする「K班」と呼ばれる組織があった。部長直属で、士官は十八名、うち十四名は「二年現役・予備士官」（大学出身の主計科士官と予備学生出身者）、士官以外七十七名の計九十五名に及ぶ。[*16]軍令部第三部には士官などの軍人や文官（官吏）の他に、「嘱託」（高等官待遇・判任官待遇）の男性、他に「嘱託・理事生」「給仕」などの女性の軍属がいた。[*17]第五課に理事生として勤務した津田つる子の証言によれば、アメリカの短波放送を「二世の人たち」が傍受し、その内容を「語学に堪能な方たち」が翻訳、理事生が邦文タイプで文書に仕上げていたという。[*18]理事生には英文タイプ担当の二世の女性もいたらしく、[*19]短波放送を聴き、英文タイプに書き取り、翻訳し、邦文タイプで清書するという工程が想定される。増井の言う机の上に積まれていた資料には、こうしたものも含まれるのだろう。予科一年柳屋良博が見た屋上に「無線アンテナが林立」していた風景は、「K班」が使用した短波放送受信用のアンテナかもしれない。

軍令部第三部の情報収集作業を支えていたのは、日系二世の軍人・軍属たちと（後述するようにそこには留学経験者も含まれる）、大学教育を受けた予備士官たちの語学力であった。予備士官の語学力は、旧制予科あるいは旧制高等学校、そして大学で養われたものであり、語学教育が重視された戦前の高等教育のカリキュラムに拠るところが大きかったと言えるだろう。[20] 海外から入手できる情報が限られていく中で、情報の収集のみならず、その分析作業も困難を極めた。それでも合理的な理詰めの方法に徹し、作業の成果の誤差を二十パーセント以内に収めることを目標にして情報の分析が進められていった。[21] この頃の第五課の様子について、実松は次のように回想する。[22]

> 全世界にまたがる米軍の作戦地域における一艦一艇の動き、飛行機一機の行動でももらすまじ――と懸命の努力をつづけるのであった。そのころ、われわれの部屋の外の廊下にまで一種異様の空気がただよっているといわれていたが、それは予備士官たちの気迫から発散した〝妖気〟のためであったろう。
>
> 勤務時間がおわると、一同そろって夕食をとる。そして総員が集まってブリーフィング（いまの言葉でいえば）を行なう。課員は必要な指示をあたえるとともに、その後の作業のやり方について教示する。作業はなおもつづけられる。やがて九時ごろになると、夜食が一同に配給される。夜食をほうばりながら、その日の作業をまとめる。家路につくときには、いつも十時をまわっていた。そして電車にゆられながら瞑想する予備士官の脳裡に去来するものは、きょう一日の作業のことであり、あすの仕事への準備であった。

第一校舎には世界地図を象ったカップがある。「理想的新学園」の建設と「学びの空間のロマン」を願った設計者の思いは、この校舎の竣工時から常に「世界」に向けられていた。[23] 予科の教養主義的な学校文化の中で、教室は古今東西の学問世界にふれる場であり、「世界」への志向は語学教育に重きを置くカリキュラムにも反映されていた。[24] 教室は広い「世界」に向けて開かれた窓であったが、いまやその「世界」は「敵国」と同義となった。教室は「敵国」情報が集められる場に変貌し、逼迫する情勢の中で、窓そのものも日増しに小さく細くなっていった。実松が書く「われわれの部屋の外の廊下」は、第一校舎の廊下である。教室では若き予備士官たちが「全世界」の情報を「懸命の努力」で聴き、あるいは読んでいた。その中には増井のように、かつて塾生として予科の青春をそこで過ごした者もいただろう。母校を遠く離れて激戦の地に赴いた者たちもいれば、上原良司のように強い葛藤を抱きながら飛行訓練を受ける者たちもいた。そして「軍人」として再び母校に戻ってくる者たちもいた。彼らにとっては教室がまさしく「戦場」だったのである。

三　連合艦隊司令部

連合艦隊司令部が寄宿舎に入ったのは、昭和十九（一九四四）年九月二十九日のことである。寄宿舎はキャンパス

〈写真1〉竣工当時の日吉寄宿舎［慶應義塾福澤研究センター蔵］
上から北寮・中寮・南寮。南寮の左手には浴場棟がある。

南端の丘の上にあり、三棟の建物（南寮・中寮・北寮）と「ローマ風呂」と呼ばれる浴場棟から成る[*25]（写真1）。連合艦隊司令長官は豊田副武《そえむ》、司令部は巡洋艦「大淀」にあった。日本海軍には長官が艦隊の先頭で指揮をするという伝統があり、連合艦隊の旗艦は「長門」「大和」「武蔵」など、海軍を代表する戦艦であった。しかし、戦域が広大な太平洋上に拡がり、海戦の中心が戦艦から航空機に変わると、戦局全体を見渡せ、通信設備にすぐれた後方での指揮が求められるようになった。

「大淀」は独立旗艦として三隻の駆逐艦とともに木更津沖にあったが、マリアナ沖海戦（六月十九日～二十日）で空母をはじめとする多くの艦船を喪失、司令部専用艦として前線から遠く離れた海上に置く余裕もなくなった。そうした中で、東京付近の陸上に移すことが検討されることになった。必要とされた条件は次の通りで、陸上にあっても「大淀」と同等の設備を有し、生活環境も艦内に近づけることとした[*26]。

1　作戦室、幕僚事務室、通信指揮室、暗号室、受信室等ハ地下施設トス

2　参謀私室ハ一人一室トシ他ニ煩ハサルルコトナク作業シ得ルコト

3　通信施設

（イ）無線

受信ハ現地独立ノモノトシ充分ノ予備装置ヲ含ム

送信ハ現東通送信所ヲ管制使用シ得ル如クシ管制線被害ニ応ズル為無線管制装置ヲ行フ

（ロ）有線

海軍中央各機関、各鎮、各警及各主要航空基地ト直接電信電話通信可能ナル如クス

これに加えて司令部に必要な人員は、

司令長官以下幕僚　約三〇
司令部附士官、特准　約五〇
下士官、兵　五〇〇

であり、施設も人数も相当な規模となる。場所は「東京又ハ横浜近郊ニシテ海軍中央機関ト交通便ナル位置」、候補地は「大倉山　精神文化研究所」「多摩川学園」「横浜航空隊」「日吉」の四か所に絞られた。連合艦隊司令部が日吉への移転を最終的に決めたのは、九月二十一日とされる。

　この間の経緯については、連合艦隊司令部参謀中島親孝の回想に詳しい。司令部を移すに際し最も重要なのは無線の受信状態が良いことで、地上の建物を利用でき、地下施設の構築が可能であることも含まれていた。大倉精神文化研究所は狭すぎ、多摩川学園（筆者注／玉川学園）は無線の受信状態に難があり不可、横浜海軍航空隊（横浜市磯子）も敵の攻撃目標になりやすく候補からはずれた。中島によれば、日吉台は火山灰の軟岩のため地下施設の建設に適し、寄宿舎は堅固な鉄筋コンクリートで小部屋も多く、諸条件に最も適した場所だった。中島の親戚に慶應出身の主計中尉がいて、中島自身寄宿舎を見たことがあった。寄宿舎については司令部にいた慶應出身の予備士官からも詳しい説明を受け、これも推薦の理由になったという。[27] 九月二十九日、将旗が日吉に移され、「第一作戦司令所」と名付けられた。[28] 連合艦隊はついに「海」から「陸《おか》」に上がったのである。

　南寮の二階の奥は長官室に改造され、参謀長・参謀副長・三長（機関長・軍医長・主計長）の部屋が続き、一階の食堂はそのまま食堂兼会議室にした。中寮は一階食堂を作戦室と幕僚事務室に、各個室を参謀の部屋とした。北寮は司令部付尉官の部屋で、食堂の近くには診察室と簡単な手術室を設けた。各寮ともに床暖房があって居住環境も良く、特に円形の「ローマ風呂」はガラス張りの眺望で、温泉風呂のようだった[29]（資料1）。

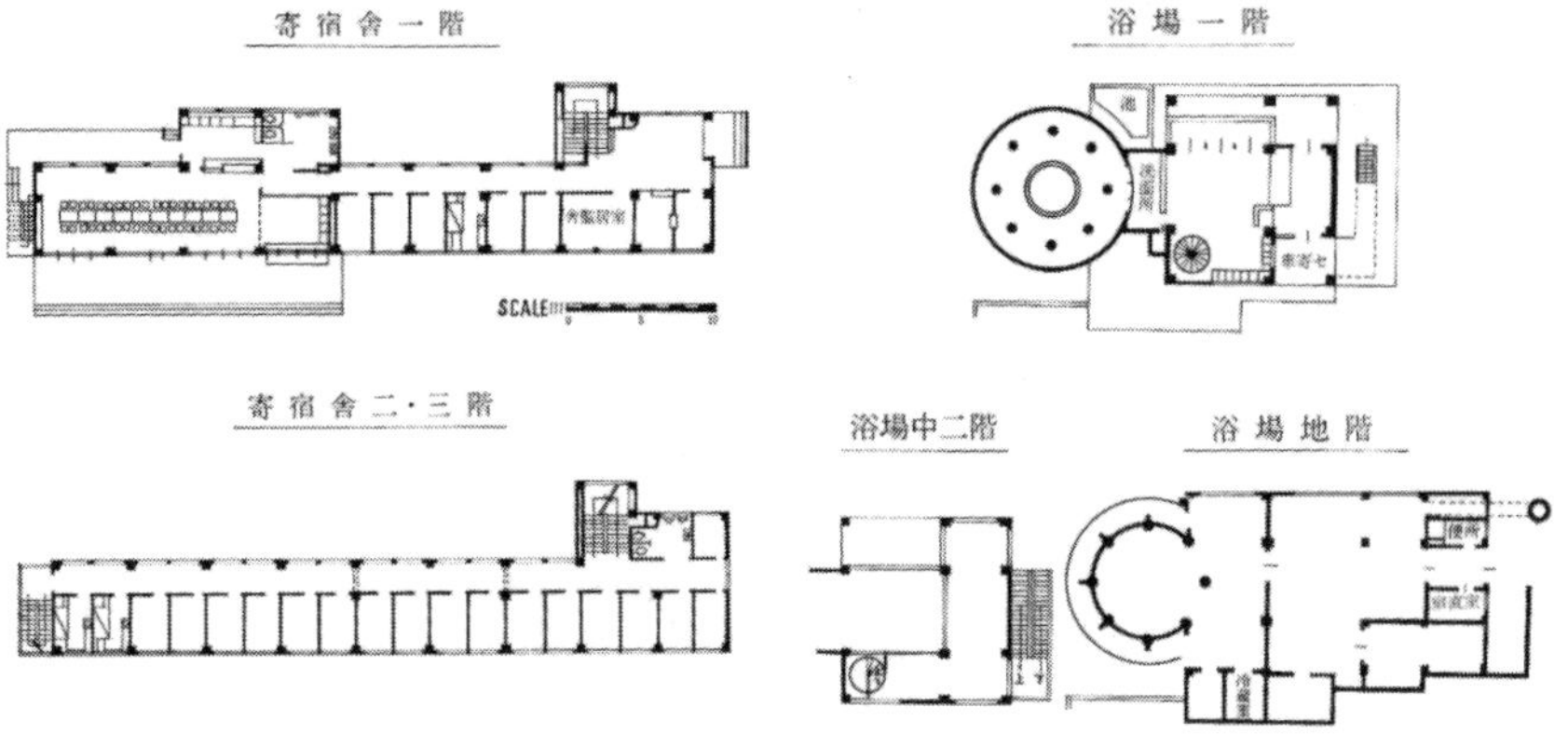

〈資料1〉寄宿舎と浴場棟の見取り図
［慶應義塾大学寮和会『50周年記念誌』より］
左側の入口を入るとすぐに舎監室がある。一階左奥の広いスペースが食堂で、中寮の食堂は連合艦隊司令部の作戦室となった。二階・三階は個室が並ぶ。浴場棟にある円形の浴槽は通称「ローマ風呂」で、周囲に8本の円柱が立つ。その右側のスペースは脱衣場で、螺旋階段を上ると中二階となる。

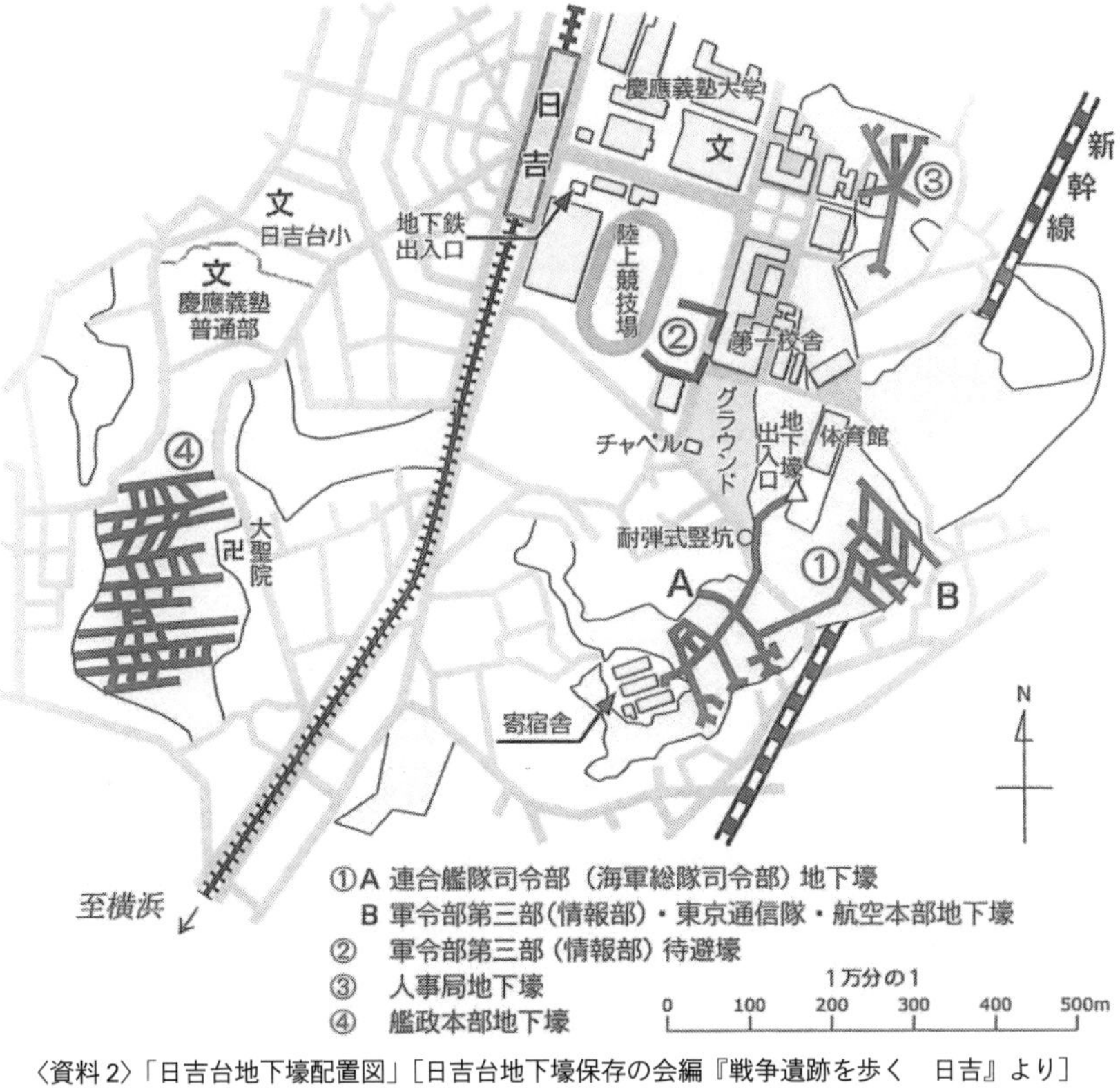

〈資料2〉「日吉台地下壕配置図」［日吉台地下壕保存の会編『戦争遺跡を歩く　日吉』より］

六月のマリアナ沖海戦の敗北ののち、七月七日にサイパン島が陥落、B29による本土空襲がいよいよ現実的なものになると、日吉でも七月中旬以降、軍による地下施設の建設が始まっていた。最初に作られたのは軍令部第三部の退避壕である。前述の通り、軍令部第三部は第一校舎の南側を使っていた。壕の入り口は校舎の南側出入口に隣接し、内部は陸上競技場に通じていた（資料2「日吉台地下壕配置図」の②）。建設にあたったのは海軍の「横須賀海軍施設部第一部隊」（通称「山本部隊」、のち「第三〇一〇設営隊」）である。八月十五日には「第三〇一〇設営隊」が編成され、「山本部隊」（隊長山本将雄技術大尉）の協力のもと連合艦隊司令部地下壕と海軍省航空本部等地下壕の工事が急ピッチで進められることになった[*30]（同「配置図」の①AとB）。十一月頃には、海軍施設本部東京地方施設事務所編成の柳瀬隊が民間建設業者の鉄道工業とともに日吉に駐屯、海軍省人事局の地下壕（同「配置図」の③）の建設を始めた。さらに昭和二十（一九四五）年一月には、現在の慶應義塾普通部の南側、大聖院の裏山に当たる小高い丘に、海軍省艦政本部地下壕の建設を開始（同「配置図」の④）、東西に十本のトンネルを掘り、それを阿弥陀くじのように繋げた大規模な壕となった[*31]。

第三〇一〇設営隊の隊長であった伊東三郎技術大尉は、日吉に来た時のことを次のように回想している[*32]。

　慶応義塾日吉分校構内の奥まった見晴の良い台地の一角に、歩哨を立て、日吉部隊の表札を掲げた「GF」部隊（註…またの名を連合艦隊司令部という）が既に駐屯していた。

　直ちに簡単な営繕工事に併行して、緊急地下施設の要望が指示された。

第三〇一〇設営隊の行動記録を見ると[*33]、隊の編成は八月十五日であり、九月一日に日吉に分遣隊が進駐、その日のうちに「隧道掘鑿、道路開鑿」とある。本隊は九月二十一日に進駐、分遣隊と合同して「中寮改造工事」に着手、十月一日に「南中北寮修理工事」。中寮から改修工事が始まったのは、ここに作戦室が置かれたためだろう。南寮の長官室をはじめ、「東洋一」と言われた学生のための快適な部屋や食堂は、軍人仕様にリフォームされていった。十月八日には「第二隧道山本部隊掘進ト合致貫通」とあり、隧道（トンネル）が地中で合流、続く十月十三日に「海軍省第十一分室ト呼称ス」とある。日吉の連合艦隊司令部（GF）は、海軍内の作戦上の呼称は「第一作戦司令所」、「日吉部隊」は司令部の所在を隠すための通称で、地下施設を「海軍省第十一分室」と呼んだ。

　日吉への移転を正式に決めたのは九月二十一日であったが、実際にはそれ以前に設営隊が編成され、日吉に部隊が進駐、寄宿舎の改修や隧道工事を始めていた。第三〇一〇設営隊の行動記録によれば、九月二十一日に本隊が日吉に進駐し、中寮の改造工事に着手しているから、第一校舎における軍令部第三部移転と同様、ここでも海軍の動きはきわめて早い。四ヵ所の候補地の中で日吉の選定は、かなり早い段階から内々に決められていたことが想像される。伊東は続けて次のように書く。

　かくして、静かな学園都市日吉地区一帯は、俄に作業服姿の兵隊・軍属の往来が繁くなり、そこで、当該地区所在の海軍省諸官衙の存在を偽装する意味合いを兼ねて、日吉部隊からの指示もあり、自今第三〇一〇設営隊は隊長名を冠して「伊東部隊」と呼称するようになった。

　伊東の第三〇一〇設営隊だけでも兵力は千五百人となる。「理想的新学園」を願った「静かな学園都市日吉」は、こうして海軍の軍人だけでなく大規模な建設部隊の兵員が集結し、複数の地下施設を建設する場所となった。前述したように、十一月になると海軍省人事局地下壕の建設のために、さらに多くの兵士や作業員が集まることになる。地下壕はキャンパスの中だけで全長約二・六キロ、キャンパスの外を含めると実に五キロメートル以上に及ぶ。日吉は連合艦隊司令部が本拠を置いただけでなく、海軍の一大地下軍事施設群を有する地域に変貌させられていった。

　周辺の農家は軍による土地の買い上げや家屋の移転（曳家）を強制され、掘削工事で出た大量の廃土によって農地も荒らされた。壕の建設の負の爪痕は現在にも残り、地面が高くなっている場所を確認することができる。建設現場には朝鮮人労働者もいた。[*34] 伊東が「俄に」と書くように、これもまた「いつの間にやら」という言葉がふさわしく、そこには本来の主役である住民や学生の意思は少しも含まれていない。「お国のため」「決戦に勝つため」という大義名分を振りかざした巨大な国家権力が、地上のみならず地中の奥深くまで、「日吉」という地域全体に一色の暗い絵の具を塗りたくっていったのである。

四　日吉の少年兵

　連合艦隊司令部地下壕は地下約三十メートルにある。南寮と中寮の間にコンクリートの堅固な出入口が作られ、一二六段の階段によって地下空間に繋がっていた。中枢部は作戦室・司令長官室・電信室・暗号室から成り、これに機

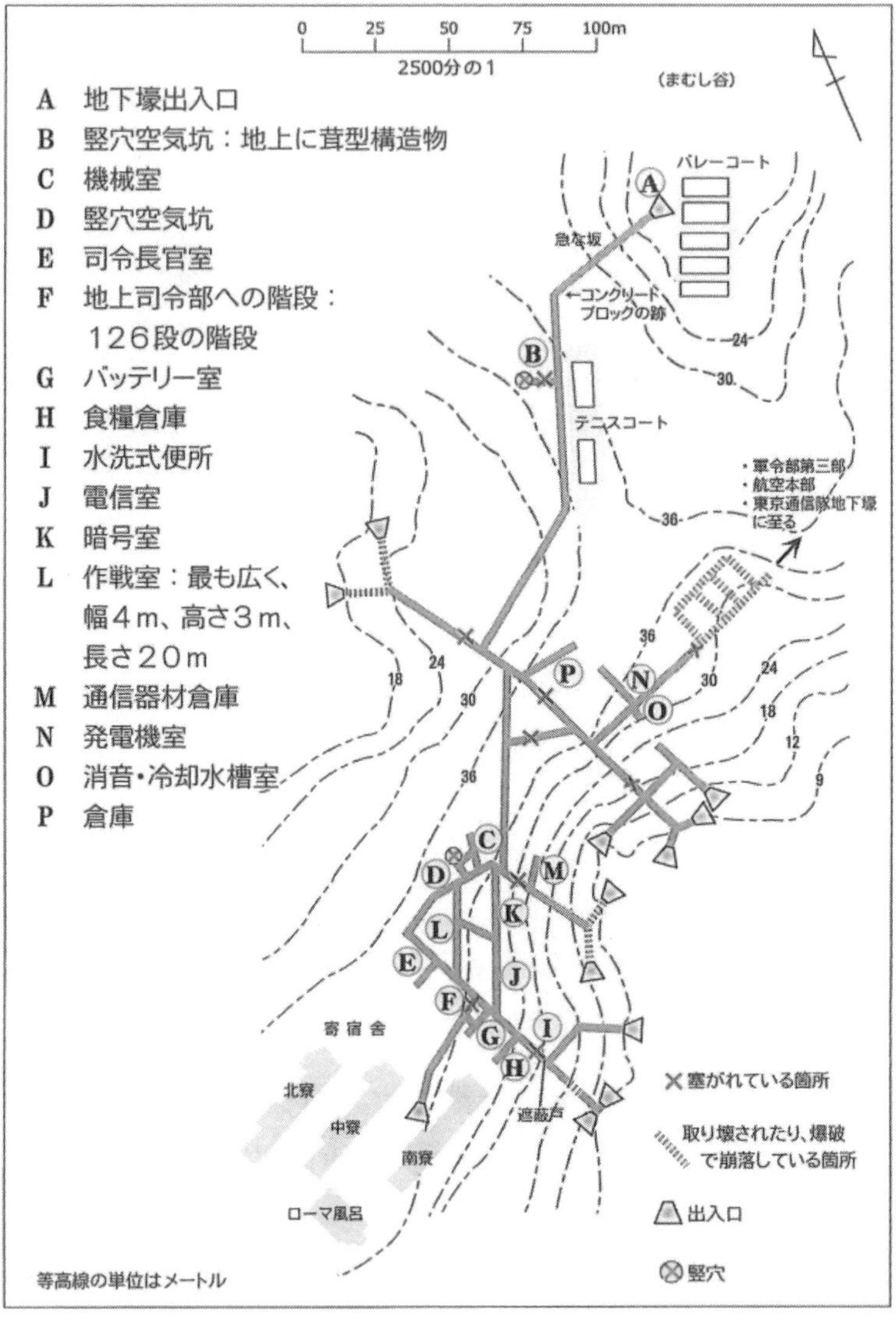

〈資料3〉「連合艦隊司令部地下壕詳細図」
［日吉台地下壕保存の会編『戦争遺跡を歩く　日吉』より］

〈写真3〉連合艦隊司令部地下壕［慶應義塾広報室提供］
手前は暗号室、奥が電信室となっている。

〈写真2〉連合艦隊司令部地下壕［慶應義塾広報室提供］
右側の広い空間が地下作戦室（幅4m、高さ3m、長さ20m）。左側の通路の奥にあるのが電信室と暗号室である。

械室・バッテリー室、食糧倉庫などが付属する（資料3「連合艦隊司令部地下壕詳細図」参照）。壁は厚さ約四十センチのコンクリートで、空襲による地上の爆撃に十分耐え得る構造になっている。第三〇一〇設営隊の行動記録には、九月一日に分遣隊が進駐、その日のうちに「隧道掘鑿、道路開鑿」とあった。この隧道がどの部分にあたるかは不明だが、十月十三日に早くも「海軍省第十一分室」と呼称され、二十二日に「仮設隧道使用」とあるから、不完全ながら一部使用が開始されたということになる。十二月一日には「前日ニ続キ第十一分室隧道掘鑿」「コンクリート打及付帯設備新設（内部艤装、電気水道施設）」とあり、隧道工事を続けながらも、おそらくこの頃には連合艦隊司令部地下壕の中枢部分が本格的に使用され始めたと思われる。司令長官豊田副武の日記には、十二月十日「午前八時頃空襲警報　B29少数機帝都ニ来襲　約一時間壕ニ入ル」とあり、[*35]この頃には地下壕が使用されていたと見ていい。九月一日を建設工事開始日とすれば、この間、わずか三カ月である。周辺の住民にとっても、地権者である慶應義塾にとっても、文字通りの意味で「いつの間にやら」堅固な地下施設が出来上がっていたということになる（写真2、3）。

　連合艦隊司令部の作戦室は中寮の一階にあり、空襲の際に地下の作戦室に移動した。通信施設（電信室・暗号室）

は地下に常設され、電信室には約三十台の短波受信機が並んでいた。暗号室では暗号電文を解読し、電信と暗号あわせて約二百名の兵が三交代もしくは四交代で勤務していた。地下の通信施設は二十四時間フル稼動で遠く離れた前線と繋がっていた。

暗号兵の栗原啓二は十九歳で海軍を志願、昭和十九（一九四四）年二月に防府通信学校（山口県）に入校して八月に卒業、九月に連合艦隊司令部に配属された。勤務は三〜四交代、一班に二十五人くらい、勤務時間は六〜八時間で休憩はなかった。地下の長い部屋の半分が電信室、半分が暗号室で、仕切りはなかった。電信室には二十〜三十人くらいいて、班長は上等水兵、分隊長は中尉、暗号長は大尉、中尉には東大出の予備士官もいた。電信室で受けた暗号（モールス信号の五桁の数字）を暗号書と照らし合わせながら解く。寝る時間が少なく、眠くて、暗号を解きながら眠くなり、読めない字を書いて上官に怒られた。最初の神風特別攻撃隊・敷島隊から隊員の名前や階級の報告を受けた。毎朝南方の航空基地から実働機数の報告があり、飛行機の機数が減っていくのがわかった。

電文は日に何千通もあり、それを交代で解いた。第一校舎一階の教室に畳を敷いて、そこに寝泊りした。交代で同じ場所に寝た。麦わらの布団のようなものを敷き、毛布はあったが、冬は暖房がなく寒かった。食事は麦飯に味噌汁、魚と野菜、いくら食べても満腹にならなかった。記念日にはビールや羊羹が出た。教室の畳の上にお椀を置いて食べた。[*36]

第一校舎は連合艦隊司令部の兵士の宿泊場所でもあった。栗原の記憶によれば、校舎の南側の一階の隅（角）の部屋、現在の二年E組の教室と推定される。電信兵の保坂初雄は十八歳で海軍を志願、同じく防府通信学校で学び、昭和十九（一九四四）年九月に日吉の連合艦隊司令部に配属された。はじめ「大淀」に乗艦、すぐに日吉に移された。第一校舎の一階の端の部屋に入った。この建物なら空襲があっても大丈夫だと思っていたが、しばらくしてカマボコ兵舎に移された。[*37] 日吉では気象班で、「特攻待ち受け」（特攻機からの電信を受ける係）もした。日吉に来た時には、そこが連合艦隊司令部だと知らなかった。「日吉部隊」と言われていて、それ以上のことはわからなかった。

暗号兵の平田一郎は、昭和二十（一九四五）年一月に十四歳で横須賀海軍通信学校に入校、六月に日吉に来た。カマボコ兵舎で寝泊りした。地下壕内の二段ベッドで寝たこともある。食事は足りなかった。二十四時間を四交代、一日に六時間ほどの勤務だった。次々に受信される暗号電文が机の上に積まれていても解読不能や意味不明のものが多

〈写真4〉日吉部隊（連合艦隊司令部）機関科集合写真［日吉台地下壕保存の会蔵、菅谷源作氏旧蔵］
日吉での写真であるが、撮影場所は不明（昭和20年元旦か）。菅谷氏の当時の身分証明書には、「海軍上等機関兵曹」、「右者日吉部隊隊員ナルコトヲ証明ス」「昭和一九年十一月二日」「日吉部隊長　草鹿龍之介」とあり、「連合艦隊司令部」とは記されていない。菅谷氏（中段右端）は当時20歳で電機長であった。中段は下士官と士官が並び、上段と下段のセーラー服は水兵で、写真で見る限りみな若く、十代に見える。電機長が20歳であるから、彼らの「若さ」が想像される。この中には昭和20年4月4日の空襲で焼夷弾の直撃を足に受け、宿舎2階から飛び降りて戦死した水兵（上段右から5人目）もいる（詳細は『日吉台地下壕保存の会会報』第137号、2019年1月24日、参照）。

く、経験の浅い少年兵には解読できず、上官に恐る恐る依頼することがあった。八月の初めに新型爆弾（原爆）による被害の情報が相次いで入り、旗色の悪さを感じながら暗号の解読を続けていた。同じく暗号兵の新井安吉は、十四歳で海軍特別年少兵として横須賀海軍通信学校に入り、二十年五月に連合艦隊司令部付を命じられた。乗艦すると思ったが直前に日吉行きに変更された。海軍なのになぜ陸上なのか理解できないまま、電車を乗り継いで日吉駅に降りた。巨大な地下壕を目の当たりにして驚き、心の片隅では日本はここまで追い詰められているのかと思ったが、口に出すことはできなかった。平田にしても新井にしても、「兵」と言ってもまだ十代半ばの少年である。

電信兵の大島久直も十四歳で昭和十九（一九四四）年二月に防府通信学校に入校、横須賀海兵団を経て二十（一九四五）年二月に連合艦隊司令部に配属された。六時間勤務で四交代、休みは一週間に一度の半日だった。壕の外にカマボコ兵舎があり、わら布団と毛布三枚で寝た。食事は腹一杯にはならない。いつも腹をすかせていた。蛍光灯は受信機の上の壁にあり、天井にもあった。蛍光灯の照明を初めて見た。沖縄戦では九州の鹿屋基地から特攻機が飛び立つ様子が電信で入って来た。暗号ではない生の電文で「ワレ　イマカラ　ジバク」を受けた。特攻機は最後に「ツ

――」と電信音を出しっぱなしにして、それが途切れる。かわいそうになった。

電信兵の高田賢司は十九歳で徴兵され、横須賀での訓練ののち、昭和二十（一九四五）年三月に日吉に配属、そこが連合艦隊司令部とは知らなかった。最初は壕の中の二段ベッドの上の段に寝ていたが、水が垂れてくる。疥癬になってしまい、カマボコ兵舎に移った。休日もなく、電信室と兵舎を行き来しているだけの毎日だった。電信室では壁の両側に真っ黒な機械（受信機）が並んでいた。広い部屋で照明は明るかった。電文は数字が並んでいる。それを紙に書いて受信機の後ろのベルトコンベアで暗号室に送った。その日ごとに電波（受信周波数）の割り当てがあり、何を聞くかは決まっていない。特攻機からの電信（信号）も聞いた。玉砕の電文を生で打ってきた。「テキジョウリク　テキガキタ　モウダメダ」で終わった。暇な時には米軍の艦隊の放送やハワイの放送を隠れて聴いたりした。ジャズやハワイアンは初めてで、やみつきになった。いつも腹をすかせていた。汁にはトマトの花の咲いたものとかツルまで入っていた。近くに農家があり梨の畑があった。食べたかったが金網の柵がしてあった。

このように見てくると、連合艦隊司令部という日本海軍の作戦指揮系統の中枢にあって、その要である通信を担った兵たちの中に、実に多くの十代の若者たち（「少年」と言ってもいい）がいたことにあらためて驚かされる。彼らは司令部の「耳」として、短波受信機のレシーバーから聞こえる遠い洋上からの電信音に全神経を集中させていた。「少年」たちは地下三十メートルの壕内にありながら遠い前線と直接つながっていた。それは特攻機のパイロットからの最後の発信音（長符連送）であり、圧倒的多数の敵艦載機からの攻撃を受け、傾きゆく艦《ふね》からの最後の報告であった。彼らが聴き取っていた微かな信号は、人間の生死や戦局の行方、広く言えばこの国の行く末に直接関わる「音」であった。*38

一方で、彼らの日常は理不尽な体罰と隣り合わせでもあった。新井安吉は四人の古参兵から耐えがたいような暴力を受けた。「貴様の日頃の行動、軍人の恥だ、叩き直してやる」と顔面を代わる代わる殴られた。高田賢司も下士官や古参兵からいじめられて殴られた。ビンタは毎日で、「バッター」（海軍精神注入棒）による制裁も何回か受けた。そして常に空腹だった。平田一郎は次のように回想する。

　食い盛りの少年兵は、腹が減ってたまらなくって、食えないのが分かっているくせにドングリの実をかじったり、かまぼこ兵舎の側溝に沢山いたザリガニを、

〈写真5〉迷彩の第二校舎［慶應義塾福澤研究センター蔵］
戦時中ではなく戦後の写真である。柱廊部分が白く塗り直されており、そこだけが眩しい。昭和24（1949年）年10月1日に、ここで米軍接収からの返還式が行われたためであろう。迷彩された柱廊の写真は本書第八章を参照。

衛兵の目を盗んでゆでて食べたら、これがすごくうまい。でも、これが上官に知られたら、猛烈な体罰を受けなければならないことを、知っていながらも食いたかった、食い盛りの腹だったのです。

日吉にはかつてこのような「少年」たちがいた。そして彼らは地下の一つの空間に身を置きながら、電信兵と暗号兵との間に驚くほど交流がなく、自分たちが連合艦隊司令部にいることも知らずに、同じ繰り返しの毎日を送っていたのである（写真4）。

五　迷彩の校舎

戦時中、第一校舎と第二校舎はコールタールで迷彩された。空襲に備えて白い壁に真っ黒な帯が塗られたのである（写真5）。キャンパス中央の広場に面した第一校舎の列柱廊に、地下壕建設のためのセメントが積み上げられていたという証言もある。[*39] 軍令部第三部に続き、海軍省航空本部・人事局・経理局なども日吉に移り、そこには軍属として事務仕事に従事する若い女性理事生たちの姿があった。昭和二十（一九四五）年の軍令部第三部の人員は、各課あわせて二九四名、うち士官一五〇名、それ以外一四四名であった。士官一五〇名のうち予備士官は一三二名、士官以外一四四名のうち女性は五〇名であるから、軍令部第三部だけでもこれだけ多くの予備士官と女性職員がいたことに

〈写真6〉海軍省人事局航空配員集合写真、昭和20年3月撮影
［慶應義塾福澤研究センター蔵、立川（旧姓建部）重子旧蔵］

なる。[*40]

前述したように、予備士官たちは「懸命の努力」で情報の分析作業に取り組んだ。それを実松譲は「一種異様の空気」「妖気」と表現する。一方で、彼らの「努力」を冷ややかに見つめる目もあった。のちに戦後日本を代表する思想家となる鶴見俊輔は、軍属として軍令部第三部にいた。彼はハーバード大学で哲学を学ぶ学生だったが、昭和十七（一九四二）年八月に日米交換船で帰国、昭和二十（一九四五）年四月から六月にかけて、日吉の「一〇〇人近くいる」「大きな部屋」で翻訳の仕事をしていた。その頃のことを、友人の田島信之（牧師・神学者）の言葉を借りて、次のように回想している。[*41]

> 軍令部では、交換船でいっしょだった田島信之にも会った。彼も軍属だった。部屋のなかを見回して、「こういうやつらがみんないなくならないと、日本は良くならない」と言っていた。交換船のときから言っていることが変わらない。信用できる人間だと思った。

実松の言う「妖気」は、異なる視点から見れば、全く違う意味合いで「一種異様な空気」だったと言わざるを得ない。興味深いのは、立場の違うこの二人が同じ船で帰国したことである。日米交換船「浅間丸」に乗り合わせた実松と鶴見の時間は、日吉の第一校舎で再び重なった。ただし、彼らの回想記には互いの名前への言及が一切なく、長い船旅の間に両者に交わりがなかったか、その存在に関心すらなかったと思われる。[*42] 鶴見はこの時二十二歳、実松は四十歳、そして鶴見が冷ややかに見つめる実松の部下の予備士官たちも、そのほとんどが同じ二十代前半の若者であった。その中には学徒出陣の者たちもいた。大学時代を異なる国で過ごし、戦争という大きな荒波に同じように飲み込まれ、彼らはいま同じ校舎の中にいる。鶴見は六月に病気のため軍令部を休職、療養生活に入った。その少し前の五月十一日、陸軍少尉上原良司は、鹿児島の知覧飛行場から沖縄の米海軍機動部隊に向けて特攻出撃した。上原はこの時二十二歳、鶴見と同じ大正十一（一九二二）年生まれである。若き予備士官たちは、その知性を敵国情報の分析に注ぎ、若き哲学徒・鶴見俊輔は、批判の眼を内に隠しながら翻訳作業に従事した。そして特攻隊員上原良司は、その知性の最後の光を出撃前夜の「所感」に灯した。多様な来歴を持つ青年たちが「日吉」という場を通過し、あるいは交わり、自分の置かれた場所でそれぞれの知性を支えに懸命に生きていた。[*43]

〈写真7〉海軍省人事局航空配員写真、昭和20年2月撮影［慶應義塾福澤研究センター蔵、立川（旧姓建部）重子旧蔵］

海軍省人事局の理事生だった立川重子は、白百合高等女学校を昭和十六（一九四一）年三月に卒業、十八（一九四三）年十一月から霞ヶ関の航空本部に勤務、二十（一九四五）年一月に日吉の人事局に異動した。仕事をしていたのは第一校舎二階の「二一六」の部屋で、机を島型に並べて

〈写真8〉海軍省人事局航空配員理事生写真、昭和20年6月撮影［慶應義塾福澤研究センター蔵、立川（旧姓建部）重子旧蔵］

いたという。理事生には学習院や聖心などの卒業生もいて、良家の子女が多かった。廊下の先の右側に士官室があり、用事があるとベルで呼ばれた。軍令部第三部の士官は赤い模様の入ったお洒落なセーターを着ていて、屋上でバレーボールをするのを見ていた。[*44] 同じく人事局にいた小嶋喜代子は、府立第三高等女学校在学中の十九（一九四四）年四月に海軍に動員され、十二月に日吉に移った。校舎の洋式水洗便所の使い方がわからず、すぐに詰まらせてしまった。暖房はなく、手がかじかみ、手袋をしたまま仕事をした。軍令部の士官はみなモダンで、坊主頭ではなく長髪、英語を話し、長いマフラーを翻して歩く姿をよく目にした。[*45]

大正十二（一九二三）年十一月生まれの立川は、鶴見よりひとつ年下の二十一歳、高等女学校在学中に動員された小嶋は、[*46] この時まだ十代後半、いまで言えば高校生の年齢である。若い女性の感性で焼き付けた記憶には、それが戦時下とは思えないほど鮮やかな色合いや明るさがある。赤い模様の入ったセーターを着て校舎の屋上でバレーボールに興じる風景は、そこだけ切り取れば平時の学園そのものである。軍令部第三部の予備士官は「大学出だから学生みたいだった」という証言もあり、[*47] 彼らは厳しい軍律の中にあってもなお「学生」の雰囲気を失わずにいた。

教室から学生が去り、代わりに海軍が来た。立川重子が大事に保管している写真がある。そこに写された「海軍」は、まるでどこかの共学の高校のようであり、女子校のようでもある。穏やかな笑顔を浮かべた詰襟の青年とセーラー服の三つ編みの少女（写真6）、屋上の写真は第一校舎の南側だろう（写真7）。後ろに校舎中央の煙突が写る。壁は白に黒の迷彩で、もともと白だった煙突は黒一色に塗られている。友達の背中に胸を寄せて縦一列に並ぶ少女たちからは、笑い声まで聞こえそうである（写真8）。ただし詰襟の青年は海軍の帽子を被り、明るい色のスカートを履く少女など一人もいない。夏服のシャツの白さが際立つ分、ズボンの黒と足元のタールの汚れがその濃さを増す。やはり紛れもなく戦時下の写真なのである。

六　敗戦の日

戦後に行われた「海軍反省会」において、元海軍大佐・寺崎隆治は日吉の連合艦隊司令部について次のように語っている。[*48]

レイテ沖海戦なんかにおいても、（艦隊側では）自分たちだけ（突撃）なんてけしからんと、バナナのたたき売りみたいなこと（作戦）はやめてくれというふうなことがあった。それからまた沖縄の、大和を旗艦とする特攻艦隊で、沖縄進出のときも、駆逐艦長とかから、そういう意見があって、長官自ら出ていくべきだというようなこと。日吉の防空壕におって、何になるとか、出てこいと、そういうような思想はあったと思うんですよ。だから日本のその伝統的精神から言うと、やっぱり指揮官先頭であると、そのようなことで。

〈写真9〉藤原工業大学全景［慶應義塾福澤研究センター蔵］
藤原工業大学は、現在の大学図書館（日吉メディアセンター）や大学校舎が建つ場所にあった。

戦争には命令を出す側と命令を受ける側がいる。多くの場合、命令を出す側は安全な場所に身を置き、命令を受ける側は南海の孤島のジャングルで飢えに苦しみ、あるいは沈みゆく艦《ふね》の中で逃げ場を失っている。連合艦隊司令部は鉄筋コンクリートの堅固な建物と分厚い壁に覆われた地下三十メートルの空間の中にあった。アジア・太平洋戦争全体の日本人の戦没者数は、日中戦争を含めて約三一〇万人とされる。このうち軍人・軍属の戦死者は約二三〇万人、民間人は約八〇万人（うち空襲などによる国内の戦災死没者約五〇万人）で、全戦没者の実に九一パーセントに及ぶ二八一万人が、昭和十九（一九四四）年一月一日以降に集中している。[*49] サイパン陥落は七月七日、B29による東京初空襲は十一月二十四日、その後本土空襲が本格化するから、推計二八一万人の戦没者のほとんどは、絶対国防圏が崩れたサイパン陥落以降ということになる。

日吉に連合艦隊司令部が来たのは九月二十九日、この日から敗戦までの十一カ月は、戦争犠牲者の数が加速度的に増えていく時間と重なる。このような状況にあってもなお、日吉の司令部は戦争を継続し、勝ち目のない作戦の立案と指令を続けていた。戦争を終わらせる決断を先へ先へと伸

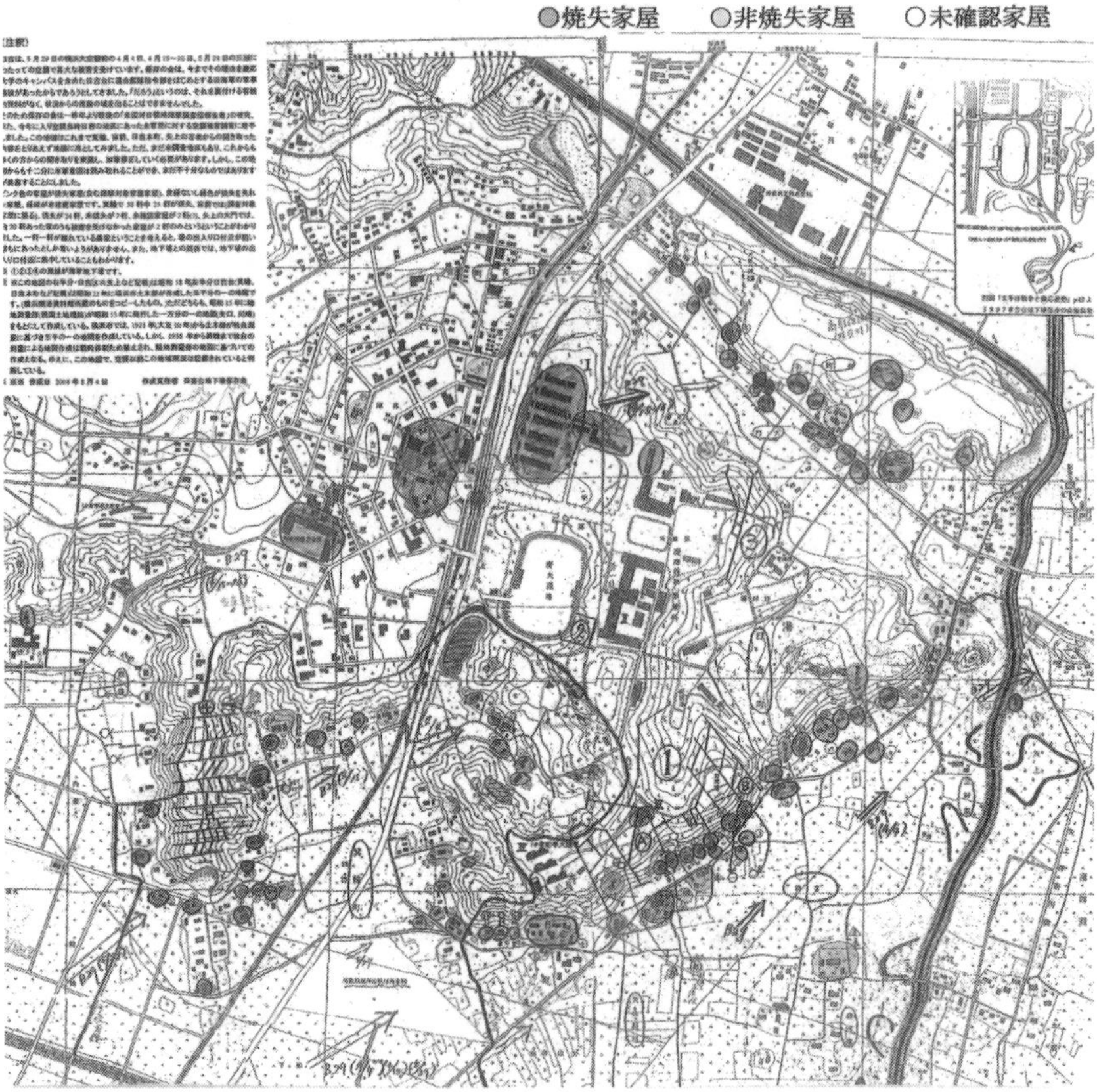

〈資料4〉日吉の空襲地図［『日吉台地下壕保存の会資料集1　日吉は戦場だった』表紙より］

ばしながら、地下壕の建設も休みなく続けられ、日吉には総延長五キロに及ぶ大規模な地下壕群が残された。このエネルギーはいったい何だったのか。なぜ戦争をやめることができなかったのか。「日吉」について考える時、こうした大きな問題と無関係ではありえない。戦争が戦場における戦闘行為だけで成立するものではない以上、命令を出す側がどのような場にいたのかを知ることは、戦争というものの実相を考えることにつながる。「日吉の防空壕におって何になる。出てこい」という言葉は、戦争の指導者に対する本質的な批判であるとともに、ここでの「日吉」はキャンパス空間から大きく離れ、戦争末期の「海軍」を象徴する語になっている。[*50]

日吉は紛れもなく命令を出す者たちがいた場所であった。一方で日吉には、驚くほど多様な人たちがいた。まず予科生がいた。キャンパスには藤原工業大学があり、そこで学ぶ学生もいた。藤原工業大学は昭和十九（一九四四）年八月に慶應義塾大学工学部として再編された（写真9）。第一校舎には軍令部第三部が入り、海軍の軍人と若い女性を含む大勢の軍属がいた。そこには学生の雰囲気を残す予備士官や外国語に秀でた日系二世たちもいて、ハーバードで学んだ鶴見俊輔に共通する知的エリートと呼べる集団を形成していた。女性理事生の中には華族の令嬢もいた。[*51]寄宿舎のある丘の上には、海軍組織の頂点を成す軍人たちがいて、その地下空間には十代の少年兵たちがいた。彼らはそこが連合艦隊司令部であることも知らずに、空腹に耐えながら遠い前線からの情報を受信し、作戦室の参謀たちはそこから浮かび上がる絶望的な戦況に言葉を失った。[*52]

キャンパスやその周辺には、地下壕の建設に従事する設営隊の兵士や民間の建設業者の作業員が集められ、朝鮮人労働者も含めるとその数は千人単位の規模となった。日吉には、何よりここで暮らす人々がいた。ある日突然海軍が来て、土地を安値で買い上げられ、家を移動させられ、「いつの間にやら」網の目のようなトンネルが掘られていった。十代の少年兵、二十代前半の軍人や軍属、理事生――、彼ら／彼女らの年齢は、ちょうど現代の高校生から大学生に重なる。キャンパス空間としての「日吉」は、あたかもそれがこの土地の宿命であるかのように、戦争によって学生がいなくなってもなお、若い世代が交差する場であり続けた。立場や背景を異にするさまざまな人々がここに集まり、あるいは集められ、戦争期の「日吉」を形成していったのである。同時に日吉は空襲を受ける場でもあった。軍の階級が高い者も低い者も、軍人も民間人も、男性や女性も、生まれ育ちや年齢に関係なく、ここにいたすべての人たちの上に等しく焼夷弾の雨が降り、爆弾が落とされた。
〈資料4〉は日吉地区の空襲に関する聞き取り調査をもとにした空襲地図である。[*53]日吉は三度の空襲を受けた。昭和二十（一九四五）年四月四日の空襲では、焼夷弾により箕輪・宮前地区などの民家が焼け、死者も出ている。箕輪地区は約五十軒中約二十五軒が焼失、宮前地区は三十一軒中二十四軒が焼けた。慶應義塾も寄宿舎の近くにあった木造二階建ての建物を焼失、[*54]寄宿舎の丘の麓の民家では爆弾によって四人が亡くなった。四月十五日夜半から十六日未明にかけての空襲では、日吉駅前の一帯が焼け、日吉台国民学校（現・日吉台小学校）も全焼、矢上の民家二十軒中十八軒が焼失。キャンパスも大きな被害を受け、工学部の校舎の約八割が焼失した。[*55]五月二十四日の空襲では再び箕輪地区が被災している。日吉の街が燃え、民家が燃え、工学部の木造校舎が燃える中、第一校舎と第二校舎は残った。寄宿舎も残った。鉄筋コンクリートの堅固な建物だったからである。

敗戦の日、暗号兵の平田一郎はカマボコ兵舎裏の松林で玉音放送を聴いた。ラジオの感度が悪く、松林で啼くアブラゼミの大合唱で内容が理解できなかったという。兵舎に帰って班長から「日本は負けた」と聞かされ、「しめた！帰れる」と友と肩を抱き合って喜んだ。電信兵の高田賢司も負けたと言われてほっとしたと語る。私物は一週間ほどで全部燃やした。航空本部理事生の秋元千恵子は、玉音放送の後、机に伏して泣いた。平田は次のように書き記す。[*56]翌日から書類の焼却が始まった。

その数日後から、ジリジリと照る太陽のもとで、赤い表紙の暗号書や電文の焼却作業が始まりました。地下壕から持ち出した関係書類は膨大なもので、簡単に焼き尽くすことはできません。でも乗り込んでくる米軍が何を言い出すかわからない怖さで、夢中になって燃やしました。

連日にわたって暗号文や暗号書を燃やし、丘の上でも下でも、軍に関係する至るところで焼却作業が続けられた。海軍は巨大な地下壕を残して去っていった。昭和二十（一九四五）年九月八日、米軍が日吉に進駐、キャンパスは接収された。教室には海軍に代わって米軍が入り、ここが再び学びの場になるまでに、さらに四年の月日を要することになった。

二〇一九年秋に大型台風が連続して関東地方に上陸し、各地に大きな被害をもたらした。この時の暴風によって、第一校舎正面玄関の円柱の塗装の一部が剝げ、コンクリートの下地が剝き出しになった（写真10）。そこから見えてきたものは、コンクリートの素地とは明らかに違う黒みの濃い灰色の部分である。コンクリートの壁を上塗りしたように直線の帯を引き、校舎の内側ではなく外側に向いている。色の違いから考えて、戦時中に塗られたコールタールの油脂の跡である可能性が高い。真っ黒い油脂が白塗装の外壁に染み込み、コンクリートの下地の上にはっきりとした跡を残したのだろう。校舎は戦後しばらくの間、迷彩塗装のまま使われた。時間とともにタールは少しずつ剝がれ落ち、汚れた外壁が全面的に塗り替えられたのは、昭和三十三（一九五八）年の夏のことである。第一校舎と第二校舎はようやく竣工時の輝く白を取り戻したが、どれだけ表面を塗ろうとも、その下にある歴史まで完全に塗り直せるものではない。敗戦の日から七十五年以上が過ぎたが、校舎に流れた時間は外壁の中にそのまま残されているのである。

〈写真 10〉第一校舎正面玄関の塗装が剝げた円柱、2020 年 7 月 23 日　筆者撮影
2021 年の夏に再び白く塗られた。

註

＊1　黒川創『鶴見俊輔伝』新潮社、二〇一八年、一六七頁

＊2　海軍との賃貸借契約書については、『慶應義塾百年史』中巻（後）、慶應義塾、一九六四年、九〇五〜九〇八頁参照。

＊3　日付は二月二十二日。慶應義塾福澤研究センター所蔵

＊4　柳屋良博「戦中・戦後の私の学生生活（1）」（『日吉台地下壕保存の会会報』第七〇号、二〇〇四年四月）、「戦中・戦後の私の学生生活（2）」（『同』第七二号、二〇〇四年九月）、「戦中・戦後の私の学生生活（3）」（『同』第七三号、二〇〇五年一月）から要約。

＊5　三月十日の契約の時点では、第一校舎の一部（一二五六・二〇坪）、寄宿舎の一部（二四・〇〇坪）、第二控所（一二八・〇〇坪）、赤瓦食堂（一八二・〇〇坪）だったが、九月二十一日には、寄宿舎が全面的に使用され（九七九・七六坪）、他に柔剣道弓術空手及卓球道場・第一館・第四館・体育専用室などが加わり、十月十一日には第一控所・第二校舎裏食堂・学生文化団体専用室、十二月一日にはさらに教会堂が加わる。昭和二十年三月十一日になると、第一校舎は二〇五四・三五

坪となり、ほぼ全面的に使用されることになった（『慶應義塾百年史』中巻（後）、九〇七～九〇八頁）。第一館・第四館・第一控所（第一学生控室）、第二控所（第二学生控室）、「赤瓦食堂」（赤屋根食堂）については、本書第三章で詳述した。「教会堂」はキリスト教青年会のチャペルである。

＊6 『高松宮日記』昭和十九年三月九日（木）に「三部、来週月曜から慶応予科で執務することになる。三部長だけこつちに残る、連絡わるくてこまるだらう。」、同十三日（月）に「六課日吉へ。」とあり、賃貸借契約後すぐに軍令部第三部が入ったことが想定される（第七巻、中央公論社、一九九七年、三三五頁）。なお、前掲＊3「日吉校舎供用ニ関スル打合要点」には、「使用開始期」として「非常ニ緊迫セル事情アリ一日モ早ク使用希望ニ付二月二十七日ヨリ早速、電話、電灯ノ整備工事ニ着手シ三月五日ヲ期して執務開始ノ運ビニ数度予定ニツキ学校側ニ於テハ御迷惑ナランモ万難ヲ忍ンデ応諾セラルヽヤウ願ヒタシトノコト」とあり、当初は「三月五日」を目指していたようである。

＊7 実松譲『日米情報戦記』図書出版社（一九八〇年、二〇四～二〇八頁）、同『米内光政秘書官の回想』光人社（一九八九年、三一二～三三二頁）、および実松からの聞き取り記録（寺田貞治「連合艦隊司令部日吉台地下壕について（9）」『KEIOせいきょう教職員版』第四十二号、一九八八年）参照。第三部の定員と実員については、実松『日米情報戦記』二〇五頁の表「軍令部第三部の機構（定員と実員の比較）」に拠る。なお本稿での定員と実員の人数は、同表に記載の「課長・課員・出仕士官」を合わせたものとし、兼務と臨時減員は加えていない。

＊8 増井への聞き取り記録は、以下に拠る。
・寺田貞治「連合艦隊司令部日吉台地下壕について（8）」『KEIOせいきょう教職員版』第四十一号、一九八八年四月）
・寺田貞治「連合艦隊司令部日吉台地下壕について（10）」（『KEIOせいきょう教職員版』第四十三号、一九八八年十月）
ともに寺田による聞き取りの要約記録ではあるが、この時の小泉の反応について寺田は次のようにまとめている。

> 増井氏は第五課長の竹内大佐に呼び出され、第三部の日吉移転について相談を受けた。実松氏から、「小泉信三氏に、海軍の要望として、日吉の校舎があいているから貸りることはできないか、第三部だけでも移転したいことを伝えてほしい」と頼まれ、小泉塾長に相談したら二つ返事で心よく引き受けて頂いた。「海軍が利用するなら異存はない。教務主任に連絡しておくから、教務主任に会って細かい話はしてくれ」といわれ、早速、教務主任に会い、予科の校舎（現在の高校の校舎）の南側の日当りのよいところを貸してもらうことになった。事務的な手続きは庶務課がやった。

昭和十九年初めに予備士官が十五名に増えたことで、海軍省では手狭になり、小泉に打診して二月十五日の慶應義塾の評議員会で校舎貸与が決まったということは、この間の小泉の決断と義塾の対応は非常に早かったということになる。

＊9　前掲『日米情報戦記』二〇六～二〇八頁

＊10　同右、二〇七頁の「対米情報課（軍令部第五課）の機構」（昭和十九年七月）に拠る。防衛庁防衛研修所戦史室『戦史叢書　大本営海軍部・連合艦隊〈6〉』（朝雲新聞社、一九七一年）所収「大本営海軍部事務分担一覧表」（昭和十九年八月二日）によれば、第五課は課長の竹内馨（大佐）の下に「甲部員」に実松譲（中佐）、「乙部員」は欠員中、「丙部員」に今井信彦（少佐）、「丁部員」に興倉三四三（少佐）とあり、それぞれの役割分担に関しても実松の記載の通りではない。

＊11　小谷賢『日本軍のインテリジェンス』講談社選書メチエ、二〇〇七年、一一九頁。作戦部と情報部では意見の相違がしばしば見られ、「海軍軍令部第一部（作戦）は独自の情報網を持ち、部隊の偵察情報、特情、陸軍情報などを直接入手していたため、第三部（情報）との折り合いは良くなかった」（一二七頁）。右田明彦によれば、第三部の部長の前職と後職を見ると、情報を専門にしてきた軍人でなく、多くは戦艦の艦長や艦隊の参謀長の次の配置という傾向が強く、在職期間は一年から二年の短期間である（「海軍軍令部第三部に見る情報組織の環境適応の在り方について」『波濤』通巻第二三六号、二〇一六年四月）。

＊12　前掲『日米情報戦記』二〇四頁、『米内光政秘書官の回想』三二六～三二八頁

＊13　同右『日米情報戦記』、二一二～二一四頁

＊14　実松譲の手記「日吉における軍令部第三部」（前掲注＊8『KEIOせいきょう教職員版』第四十三号、一九八八年十月）、および前掲『日本軍のインテリジェンス』一四～二一頁、参照。

＊15　前掲＊8寺田「連合艦隊司令部日吉台地下壕について（10）」に拠る。

＊16　前掲『日米情報戦記』二四三頁の「[付表第一]軍令部第三部の陣容（終戦の年）」を参照。実松は「直属の二年現役、予備士官、嘱託および女子勤務員の大部分は、敵側のラジオ傍受作業（中略）に従事した」と記すので、九十五名のほとんどは「K班」所属と推定される。実松は「アメリカは、国内の生産状況や作戦などについて、かなり有用な多くの情報を提供した」と言う（同書二一三頁）。

＊17　同右、二四三頁参照

＊18　「歴史を学ぶ学習会　日吉の海軍に勤務されていた元理事生・元海軍兵の体験を聞く（1）」『日吉台地下壕保存の会会報』第六十号（二〇〇一年十一月）所収の聞き取り記録に拠る。津田は昭和十九年四月から二十年の敗戦まで日吉に勤務した。寺田貞治による津田つる子への聞き取りメモ（聞き取り年月日不明、日吉台地下壕保存の会所蔵）には、「K班があって　2世の人がいて　短波で　情報をとっていた」「予備学生が多

かった　K班は若い2世が多かった」「慶應、立教を出た人がいた」とある。

＊19　右、寺田のメモによれば、「タイピスト8人」「2世の女性3人」「翻訳10人（第一校舎の時）」とある。K班は後にチャペルも使用した。

＊20　戦前の予科のカリキュラムと語学教育に関しては、本書第三章で詳述した。なお海軍予備士官として大和田通信隊にいた野原一夫によれば、「無線電話、放送の傍受は、日本の大学で英語を勉強したくらいでは到底通用せず、日本の大学に留学中の日系二世を予備士官として採用しこれに当たらせる」とあり（『回想学徒出陣』文藝春秋、一九八一年、四二頁）、日本の大学で学んだ予備士官の語学力には、当然のことながら限界があった。なお、野原の同書には「ホノルル放送」「サンフランシスコ放送」「ニューデリー放送」への言及がある。前掲＊18の津田つる子への聞き取りメモには「ＢＢＣ」の記載がある。

＊21　前掲『日米情報戦記』二一二頁。実松によれば、第五課の分析作業は統計を主体とする敵戦力の推定や作戦の予測であり、その詳細と成果については同書二一四～二四二頁に詳しい。

＊22　同右、二〇九頁。第五課の「懸命の努力」については、同書所収の軍令部第三部作成「米軍上陸作戦要覧」（昭和十九年八月二十日）、「南西諸島及台湾来襲ノ米軍第３８任務部隊編成概要推定表」（昭和十九年十一月四日）などから、その成果の具体的な形と内容および精度を確認することができる。

＊23　「世界地図のカップ」については、本書第二章で詳述した。

＊24　本書第三章・第四章前参照

＊25　寄宿舎については、本書第四章で詳述した。

＊26　「連合艦隊司令部陸上施設設置要領」に拠る。前掲『戦史叢書　大本営海軍部・連合艦隊〈6〉』二六四～二六九頁、参照。

＊27　中島親孝『聯合艦隊作戦室から見た太平洋戦争』光人社ＮＦ文庫（一九九七年、二一六頁）、中島の手記「日吉司令部の思い出」（寺田貞治「連合艦隊司令部日吉台地下壕について（11）」『ＫＥＩＯせいきょう教職員版』第四十四号、一九八八年）、および中島からの聞き取り記録（寺田貞治「連合艦隊司令部日吉台地下壕について（12）」『ＫＥＩＯせいきょう教職員版』第四十五号、一九八九年二月）に拠る。なお、中島が慶應出身の予備士官（在学中に中寮で生活）から寄宿舎に関する説明を受けたことに関しては、連合艦隊司令部で通信諜報を担当した慶應出身の予備士官・李家弘道の回想にもある（「二度目の中寮生活――連合艦隊司令部員として」慶應義塾大学寮和会『五十周年記念誌』七四頁）。

＊28　前掲『戦史叢書　大本営海軍部・連合艦隊〈6〉』二六七～二六八頁

＊29　前掲＊27中島「日吉司令部の思い出」に拠る。

＊30　安藤広道の調査によれば、連合艦隊司令部地下壕はコンクリート工法の違いによって、壕ごとに異なる特徴を有するブロック、複数の壕で特徴を共有するブロック、そして技術的に統一されたブロックに分けることができる。これによって

第三〇一〇設営隊が第三〇〇設営隊の協力のもとで構築した壕と、第三〇一〇設営隊が構築した壕を想定することができるとする。安藤広道「日吉キャンパス内の地下壕群の調査」（安藤広道編『慶應義塾大学日吉キャンパス一帯の戦争遺跡の研究』二〇一一～二〇一三年度科学研究費補助金研究成果報告書、二〇一四年）参照

＊31　各壕の概説については、日吉台地下壕保存の会編『フィールドワーク日吉・帝国海軍大地下壕』（平和文化、二〇一九年）、同『戦争遺跡を歩く日吉』（二〇一八年）を参照。

＊32　伊東三郎「地下海軍省分室と施設系残務整理回想記」（『海軍施設系技術官の記録』同刊行委員会、一九七二年）所収

＊33　神奈川県立歴史博物館『陸にあがった海軍』図録、四六頁の画像資料に拠る。原資料は厚生労働省社会・援護局業務課調査資料室所蔵。

＊34　周辺の被害や朝鮮人労働者の存在については、地元住民や元兵士からの証言記録によって、その実態を窺い知ることができる。寺田貞治「連合艦隊司令部日吉台地下壕について（14）～（18）」（『KEIOせいきょう教職員版』第四十七～五十一号、一九八八年～一九九〇年）、同「日吉台地下壕《続編2》～《続編6》」（『同』第六〇～六七号、一九九二～一九九四年）を参照。

＊35　防衛庁防衛研究所蔵、同史料閲覧室にて閲覧。

＊36　以下、本稿で引用・参照する元兵士の証言は次の通りとなる（引用順）。原則として聞き取り記録は録音された音源のあるもの、筆者が直接聞き取りに参加したもの、回想記は体験者自身の手記であるものに拠った。ここでは、なるべく証言記録を活かして要約することに努めた。なお引用の注が煩瑣になることを避け、ここで一括して記載し、本文では名前のみ記すことにする（敬称略）。

・栗原啓二
二〇一三年五月十三日実施の日吉台地下壕保存の会の聞き取り記録に拠る（筆者も参加）。『日吉台地下壕保存の会会報』第一一五号・一一六号、二〇一四年五月・七月

・保坂初雄
二〇一六年十一月一日実施の日吉台地下壕保存の会の聞き取り記録に拠る。『日吉台地下壕保存の会会報』第一三〇号、二〇一七年四月

・平田一郎
二〇一四年十二月二十八日実施の日吉台地下壕保存の会の聞き取り記録と手記「日吉と私」に拠る。『日吉台地下壕保存の会会報』第一二〇号、二〇一五年四月

・新井安吉
日吉台地下壕保存の会への手紙に拠る。『日吉台地下壕保存の会会報』第一一二号、二〇一三年九月

・大島久直
二〇一四年十二月五日実施の日吉台地下壕保存の会の聞き取り記録、および手紙に拠る。『日吉台地下壕保存の会会報』第一一八号・一一九号、二〇一四年十二月・二〇一五

年二月

・高田賢司

二〇一八年十二月八日実施の日吉台地下壕保存の会の聞き取り記録に拠る（筆者も参加）。『日吉台地下壕保存の会会報』第一三九号、二〇一九年七月

＊37 兵士用の宿舎として半地下の「カマボコ兵舎」が作られていた。〈資料3〉「連合艦隊司令部地下壕詳細図」のH（食糧倉庫）とI（水洗式便所）の先にある出入り口の外の辺りにあったと推定される。

＊38 連合艦隊司令部地下壕で電信兵だった下村恒夫は次のように回想している（下村恒夫「連合艦隊日吉司令部跡を尋《（ママ）》ねて」『KEIOせいきょう教職員版』第六九号、一九九四年七月）。

私はレイテ作戦、沖縄作戦等において海軍特別攻撃隊の傍受をしていたことがある。直掩機等の基地宛打電などの生々しいモールス信号を幾度となく耳にした。機上からの発信出力は弱く、且つ作戦海域が遠方のため雑音の中に微かに送られてくる信号を受信機のダイヤル片手に、レシーバーの奥で精神を集中して聞き取るのである。

特攻機の搭乗員は突入する直前にモールス信号で「ツ――」という発信音（長符連送）を送った。例えば「第一三一海軍航空隊戦闘詳報　第十三号（昭和二十年四月八日）」（『連合艦隊海空戦戦闘詳報18・特別攻撃隊戦闘詳報Ⅱ』一九九六年、アテネ書房）の神風特別攻撃隊の戦闘経過記録には、

・第三御盾隊一三一部隊姫路隊（姫路海軍航空隊）

「我戦艦ニ体当リス　長符連送ト打電アリタル儘連絡絶ユ　戦艦ニ突入スルモノト認ム」（同書、一三一頁）

・同　宇佐隊（宇佐海軍航空）

「進撃セヨ（二番機宛）」「長符連送　自己符号」ト打電アリタル儘連絡絶ユ（同書　一三三頁）

・同　宇佐隊（宇佐海軍航空）

「行先ヨシ」「我ニ天祐アリ」「士気極メテ旺盛」「我奇襲ニ成功セリ」「突撃準備体形作レ」「攻撃目標戦艦　長符連送」ト打電アリタル儘連絡絶ユ　戦艦ニ突入セルモノト認ム（同書、一三五頁）

など長符連送を含む多数の記録がある。

＊39 寺田貞治「日吉台地下壕《続編3》」『KEIOせいきょう教職員版』第六二号、一九九二年十月

＊40 前掲『日米情報戦記』二四三頁の表「軍令部第三部の陣容（終戦の年）」に拠る。

＊41 鶴見俊輔・加藤典洋・黒川創『日米交換船』新潮社、二〇〇六年、二三七～二三九頁

＊42 実松の回想は前掲『米内光政秘書官の回想』二七九～三〇九頁、鶴見は同右『日米交換船』参照。

＊43 黒川創は『鶴見俊輔伝』（新潮社、二〇一八年）において、鶴見の日吉での体験について次のように記している。「情報を集めれば集めるだけ、戦況不利はいっそう目に見えてくるだ

けに、職場の大部屋は無言のうちにも厭戦気分が占めていた。」（一六六頁）、「これから、生きて戦争の終わりを迎えられるかは、わからない。だが、生きているうちに、せめて一冊、本を書きたい、と考えた。そして、日吉の軍令部に戻ると、この日のうちに書きはじめた。先にも述べた『哲学の反省』である。」（一六七頁）

＊44　二〇一六年七月十五日実施の日吉台地下壕保存の会の聞き取りに拠る（筆者も参加）。文字記録は未発表。この日、筆者は立川（敬称略）と第一校舎内を歩き、当時を振り返っていただいた。「二一六」の教室番号は、予科時代も現在（慶應義塾高校）と同じで、現「三年K組」の教室に当たり、校舎の中央より北側となる（予科時代の記録は、慶應義塾福澤研究センター所蔵『大学々則変更認可申請関係綴』所収「予科設備概況附建物平面図」参照）。立川は廊下の先の「右側」に士官室があったと言うから、この士官室も校舎の北側となる。既述のように、当初は軍令部第三部が校舎の南側のみ使っていたが、海軍の他の部署が次々に入って来るこの時期になると、北側の教室も使われていた。

＊45　小嶋喜代子の手記「日吉の思い出」（『日吉台地下壕保存の会会報』第七七号、二〇〇六年一月）に拠る。

＊46　他に筆者が直接会って話を聞いた元航空本部理事生（敬称略）の例で言えば、

・福井寿美子
　大正十五（一九二六）年生まれ、昭和十八（一九四三）年三月に高等女学校を卒業

・中川雪子
　昭和二（一九二七）年生まれ、昭和十九（一九四四）年一月に実践女学校を繰り上げ卒業

ともに昭和二十（一九四五）年の三月以降に日吉で勤務しているから、福井は十九歳、中川は十八歳ということになる。（聞き取りは二〇一三年十一月三十日に実施。『日吉台地下壕保存の会会報』第一二二号・一二三号、二〇一五年九月・十一月）。理事生たちは地下壕の中でも仕事をしていた。航空本部の理事生だった秋元千恵子の手記によれば、地下壕の中は涼しく、夏でも長袖の服を着ていた。机の上に椅子を乗せてその上に立って天井の水滴を拭いた。木製の洋服ダンスに一晩で十センチ位のカビが生えて、出勤して鳥肌が立つことがあった（寺田貞治「日吉台地下壕《続編7》」『KEIOせいきょう教職員版』第六八号、一九九四年三月）。

＊47　斉藤君子（元軍令部第三部理事生）からの聞き取り記録に拠る。寺田貞治「連合艦隊司令部日吉台地下壕について（20）」『KEIOせいきょう教職員版』第五三号、一九九〇年十月

＊48　昭和五十七（一九八二）年十一月二十四日の海軍反省会の記録。戸高一成編『証言録　海軍反省会4』PHP研究所、二〇一三年、三六三頁

＊49　吉田裕『日本軍兵士』中公新書、二〇一七年、二三〜二六頁

＊50　昭和二十（一九四五）年四月二十五日、海軍は組織を再編し、海軍総隊司令部を設置した。海軍総司令長官は連合艦隊司令長官を兼務し、連合艦隊の他、支那方面艦隊、鎮守府、海上護衛総司令部などを指揮することになった。日吉は本土決戦を見据えながら、海軍の全作戦部隊を指揮する場になった。

＊51　前掲＊44における立川重子の証言に拠る。

＊52　連合艦隊司令長官豊田副武はレイテ沖海戦での日吉の作戦室の様子について次のように回想している。（豊田副武『最後の帝国海軍』中公文庫、二〇一七年、一七四～一七五頁）

「武蔵」が大きな被害を受けて落伍し、「大和」も爆弾魚雷を受け、その外巡洋艦や小艦艇にも被害続出という報告を受けた時には、連合艦隊司令部の作戦室では一同悲壮な感に打たれて、多くを語るものもなかった。昼過ぎになってもまだ空襲がずっと続いておるので、我々はそのときに、これは果して作戦の遂行ができるのかどうかを非常に心配したものだった。

＊53　日吉台地下壕保存の会では、二〇〇八年二月～九月にかけて計九回、日吉在住の十一人の方から聞き取り調査をし、その結果を『日吉台地下壕保存の会資料集1　日吉は戦場だった』（日吉台地下壕保存の会編・二〇一五年）にまとめた。空襲被害の実態については、同資料を参照。

＊54　体育会本部の建物と想定される。現在の教職員テニスコートの辺りにあった。空襲当時は海軍機関科が使用していた。前引の保坂初雄（元電信兵）からの聞き取りによれば、二階から飛び降りて足を怪我して麻酔無しで足を切断した兵士がいた。「殺してくれ」と叫んでいた。建物の中にドラム缶の燃料があったため、爆発して燃え終わるまで手が出せなかったという（前掲＊36参照）。この時亡くなった兵士については、〈写真4〉も参照。

＊55　前掲『慶應義塾百年史』中巻（後）、九〇九頁参照。工学部校舎の焼失部分に関しては、同書七五四頁の「藤原工業大学校舎配置図」、『藤原工業大学――教育の軌跡――第一期生の記録（創立六十周年記念）』藤原工業大学第一期生同期会、一四九～一五〇頁、参照。日吉全体では総建物坪数の三十一パーセントに及ぶ四二〇〇余坪を焼失、三田・四谷（医学部）・天現寺（幼稚舎）を含め、被災した坪数は戦災直前の約半数に達し、「慶應義塾は全国私立大学中最も戦災被害の大きな学校となった」（『塾監局小史』慶應義塾職員会、一九六〇年、七九頁）。

＊56　前掲＊36の手記「日吉と私」に拠る。

第八章　キャンパスの戦争

「進歩ノナイ者ハ決シテ勝タナイ　負ケテ目ザメルコトガ最上ノ道ダ」[*1]

（臼淵大尉）

一　「日吉ノ防空壕」

昭和二十（一九四五）年四月六日、戦艦大和は沖縄に特攻出撃した。四月一日、米軍は膨大な数の軍艦と航空機、輸送船団を擁し、沖縄本島に上陸した。大和は軽巡洋艦矢矧以下八隻の駆逐艦を従えて、わずか十隻の艦隊で突入、砲撃によって敵船団を撃滅することを課せられた。司令長官伊藤整一中将は、はじめ拒絶の意思を示したが、連合艦隊司令部を代表して説得に来た参謀長草鹿《くさか》龍之介中将の「一億総特攻のさきがけとなってもらいたい」という言葉で出撃を決意したという。翌七日、不沈艦と呼ばれた世界最大の戦艦は、四百機近い艦載機による約二時間にわたる攻撃を受け、沖縄のはるか手前、鹿児島県坊ノ岬沖に沈んだ。十隻のうち六隻が沈没、戦死者はあわせて四千人に上った。このとき連合艦隊司令部は日吉にあった。大和からの詳細な戦況報告は、地下の電信室に刻々と伝えられていた。[*2]

海軍少尉・吉田満は、東京帝国大学在学中に学徒出陣で海軍に入り、武山海兵団から海軍電測学校を経て昭和十九（一九四四）年十二月に大和に乗艦した。大正十二（一九二三）年一月生まれであるから、上原良司や鶴見俊輔と同じ学齢である。吉田の「戦艦大和ノ最期」は、大和の出撃から沈没、漂流から生還までの出来事を、艦橋勤務の副電測士の目で描いた戦記である。そこに次のような記述がある。[*3]

本作戦ノ大綱次ノ如シ——先ズ全艦突進、身ヲモッテ
米海空勢力ヲ吸収シ特攻奏功ノ途ヲ開ク
更ニ命脈アラバ、タダ挺身、敵ノ真只中ニノシ上ゲ、
全員火トナリ風トナリ、全弾打尽スベシ
モシナホ余力アラバ、モトヨリ一躍シテ陸兵トナリ、
干戈ヲ交ヘン　カクテ分隊毎ニ機銃小銃ヲ支給サル
世界海戦史上、空前絶後ノ特攻作戦ナラン

主砲の砲弾が尽きた後は擱座して陸戦隊となって戦うという、この無謀な作戦を立案し、「天一号作戦」として発令したのは、日吉の連合艦隊司令部であった。これに対し、伊藤ほか各艦艦長が反対し、鹿児島の鹿屋基地にいた草鹿を派遣したのは、出撃直前の四月六日のことである。草鹿は大和に艦隊幹部を集めて作戦趣旨の説明をしたが、吉田によれば、「若手艦長」の一人が次のように詰問したという。

連合艦隊司令長官ノ壮行ノ詞ニアル如ク、真ニ帝国海
軍力ヲコノ一戦ニ結集セントスルナラバ、「ナニ故ニ
豊田長官ミズカラ日吉ノ防空壕ヲ捨テテ陣頭指揮ヲト
ラザルヤ」

これに関して吉田は「若手艦長ガ特使一行ニ詰問セルハ、特攻艦隊総員ノ衷情ヲ代弁セルモノトイフベシ」と記す。艦内では青年士官の間で激しい論争が起き、痛烈な「必敗」論議の中で、哨戒長臼淵大尉が「薄暮ノ洋上ニ眼鏡ヲ向ケシママ低ク囁ク如ク」言ったというあの有名な一節が続く。

「進歩ノナイ者ハ決シテ勝タナイ　負ケテ目ザメルコ
トガ最上ノ道ダ　日本ハ進歩トイウコトヲ軽ンジ過ギ
タ　私的ナ潔癖ヤ徳義ニコダワッテ、本当ノ進歩ヲ忘
レテイタ　敗レテ目覚メル、ソレ以外ニドウシテ日本
ガ救ワレルカ　今目覚メズシテイツ救ワレルカ　俺タ
チハソノ先導ニナルノダ　日本ノ新生ニサキガケテ散
ル　マサニ本望ジャナイカ」

この「若手艦長」の挿話は、矢矧艦長だった原為一大佐の回想記『帝国海軍の最後』では次のように記されている。[*4]

豪傑肌の二一駆逐隊司令小滝大佐も声ふるわせて、「連合艦隊司令部は、いったいどこにいるのだ。日吉台の防空壕の中で、一時的に事務を執るのは已むをえないが、沖縄作戦、レイテ作戦の如き国家の興亡を賭する大決戦を何と思っているのか。当然陣頭に立って指揮すべきだ。

東郷元帥を見ろ！　ネルソンを見ろ！　敗戦の後、部下の過失や責任を云々しても、取り返しがつかないのだ。穴から出てきて、肉声で号令せよ」

皮肉たっぷりに意見をのべると、どこからともなく盛んな拍手が起きた。

原はこれを「二一駆逐隊司令小滝大佐」の発言とする。出撃前日の四月五日昼過ぎ、大和での作戦会議を終えた水雷戦隊司令官古村少将の作戦命令の報告に対する発言であり、吉田の記述と同じではない。原の場合、矢矧艦長としてその時その場にいた者の回想であり、伝聞ではない分、より確度が高いと思われる。一方で、「詰問」を受けた側の草鹿は、その時の様子を次のように記している。[*5]

私は長官訓示のあとでみんなを激励した。そのときに私の非常に感じたことは、艦長以上だから心配はないと思ったが、興奮した人はひとりもいない。

「戦艦大和ノ最期」の原型は、昭和二十（一九四五）年の九月に、ほぼ一日で書かれたものである。加筆して雑誌『創元』（昭和二十一年十二月号）に掲載されることになったが、ＧＨＱの検閲で全文削除された（以下「初出テキスト」）。その後、文語を口語に書き換えて発表されたが、さらに加筆修正ののち、昭和二十七（一九五二）年の出版（以下「創元社版」）で現行のテキストに近い形に整えられた。この時点では「若手艦長」詰問の挿話はない。「初出テキスト」にもない。昭和四十九（一九七四）年の北洋社版からであり、これを吉田は決定稿と位置づけている[*6]（以下「決定稿」）。「初出テキスト」では、作戦命令の趣旨を説明した後で、ごく簡潔に次のように記すのみである。

世界海戦史上、空前絶後ノ特攻作戦ナリ　——①
果タシテソノ成否如何　我レニ幾何ノ航空兵力アリヤ——②
必敗論強シ
或ヒハ豊後水道ニテ潜水艦ニ傷付キ、或ヒハ途半バニシテ航空魚雷ニ斃レン、ト
哨戒長臼淵大尉、薄暮ノ洋上ニ眼鏡ヲ向ケシマ、低ク囁ク如ク言フ
「進歩ノナイ者ハ決シテ勝タナイ、負ケルコトガ最上ノ道ダ、ソレ以外ニドウシテ日本ガ救ハレルカ、今目覚メズシテイツ救ハレルカ、俺達ハソノ先導ダ」
「大和」総員ノ士気、ソノ掌中ニアリ

「創元社版」では、①と②の間に、次の一節が加筆されて

いる。

終戦後海軍当局ノ釈明ニヨレバ、敗勢急迫ニヨリ焦リト、巨艦維持ノ困難化（一日分ノ重油消費量ハ駆逐艦三十隻ノソレニ当ル）ノタメ、常識ヲ一擲シテ敢ヘテ採用セル作戦ナリトイフ　アタラ十隻ノ優秀艦ト、数千ノ人命ヲ喪失シ、慚愧ニ堪ヘザル如キ口吻アリ

カ、ル情況ヲ酌量スルモ、ソノ余リニ稚拙、無思慮ノ作戦ナルハ明ラカナリ

「決定稿」では、これにさらに筆を加える。余りにも「稚拙」で「無思慮」の作戦であるがゆえに、伊藤長官以下各艦長が頑強に抵抗し、連合艦隊司令部が直接説得する異例の事態となった。草鹿が伝えた作戦命令に対し、「若手艦長」が詰問する。ここにおいて加筆の意図は明らかであり、根底にあるのは、作戦を命令する側への痛烈な批判である。これに続く臼淵大尉の言葉は、「初出テキスト」から貫かれているこの戦記全体の主題とも言うべき重要な位置にある。特攻を命じられた青年士官たちは、いよいよ出撃するその時に、自身の確実な死と祖国の敗北の意味を理解しようとすることに必死だった。彼らの煩悶や苦悩は、おびただしい論争を生み、「必敗論」をめぐって鉄拳と乱闘の修羅場となった。その帰着点が臼淵の低く囁くように言った言葉となる。兵学校出身の士官は君国のため特攻の名誉のもとに散ることをよしとし、学徒出身の士官は自身の死と日本の敗北が持つ意味を納得するための普遍的な論理を求め、激しく衝突したという。[*7]「決定稿」で吉田が加えた「若手艦長」の挿話は、命令を受けた側からの命令を下した側に対するやり場のない怒りを表すとともに、青年士官たちの論争と彼等の結論（臼淵大尉の言葉）を導くための序章となっている。

吉田は昭和四十九年十一月の『鎮魂戦艦大和』「あとがき」において、昭和二十七年の発刊以後、二十余年を経て再刊するに際し、「その後に公刊された戦闘詳報、戦記等を参照し、不正確な記述、公式記録の引用に増補修正をほどこして決定稿とした」と書いている。[*8]原の『帝国海軍最後』は、初版発行が昭和三十（一九五五）年であるから、吉田の「決定稿」はその後になる。「若手艦長」の挿話の真偽や二つの戦記の影響関係については、ここでは特に詮索しない。吉田が彼自身の主題をより鮮明に表現する意図で、これを書き加えたとすれば、「戦艦大和ノ最期」は「戦記」と言うよりむしろ「戦記文学」と呼ぶのがふさわしい。

問題にしたいのは、「日吉ノ防空壕」が意味する内容である。ここでの「日吉」は、もはや慶應義塾大学のキャン

パスを意味する語から大きく離れ、戦争末期の絶望的な状況下における連合艦隊司令部を象徴する語になっている。では、その「日吉ノ防空壕」の中でいったい何が行われていたのか。時代の大きな変転の中で、「日吉」はどのような運命と向き合っていたのだろうか。

戦後二十五年以上を経た昭和五十七（一九八二）年十一月二十四日の海軍反省会（第三十六回）において、「日吉ノ防空壕」は次のような文脈で語られている。

> 例えば、レイテ沖海戦なんかにおいても、（艦隊側では）自分たちだけ（突撃）なんてけしからんと、バナナのたたき売りみたいなこと（作戦）はやめてくれというふうなことがあった。それからまた沖縄の、大和を旗艦とする特攻艦隊で、沖縄進出のときも、駆逐艦長とかから、そういう意見があって、長官自ら出ていくべきだというようなこと、日吉の防空壕におって、何になるとか、出てこいと、そういうような思想はあったと思うんですよ。だから日本のその伝統的精神から言うと、やっぱり指揮官先頭であると、そのようなことで。

発言者は元海軍大佐・寺崎隆治である。[9] これは寺崎自身の戦争当時の見聞や認識ではなく、戦後に発表された「戦艦大和ノ最期」や『帝国海軍の最後』などによる後付けの知識という可能性もある。この点は注意しなければならないが、「日吉の防空壕におって、何になるとか、出てこい」という考え方の背景には、「指揮官先頭、率先垂範」の海軍の伝統があった。それは「ナニ故ニ豊田長官ミズカラ日吉ノ防空壕ヲ捨テテ陣頭指揮ヲトラザルヤ」（『戦艦大和ノ最期』）、「穴から出てきて、肉声で号令せよ」（『帝国海軍の最後』）に込められた思いと通底する。海から陸《おか》に上った連合艦隊司令部に対する批判は、「穴」という一語に集約され、それは戦争の指導者を表す隠喩《メタファー》となる。

臼淵大尉は吉田と同じ大正十二（一九二三）年に生まれ、この時二十一歳だった。吉田は東京帝大在学中に「学徒出陣」で海軍に入った予備士官だったが、臼淵は旧制横浜一中から海軍兵学校に進んだ正規士官である。学徒出身も職業軍人も、彼ら二十代前半の青年士官たちは、その苦悩の中身が違っても、出撃を前に同じように煩悶し対等の関係で議論した。臼淵の最期について、吉田は次のように記している。[10]

> 臼淵大尉（後部副砲指揮官）直撃弾ニ斃ル
> 智勇兼備ノ若武者、一片ノ肉、一片ノ血ヲ残サズ
> 死ヲモッテ新生ノ目覚メヲ切望シタル彼、真ノ建設ヘ

ノ捨石トシテ捧ゲ果テタルカノ肉体ハ、アマネク虚空
ニ飛散セリ

二　日吉のGF（連合艦隊司令部）

日本海軍は昭和十九（一九四四）年十月のレイテ沖海戦で事実上壊滅した。六月のマリアナ沖海戦で主力空母三隻と五百機近い航空機を喪失、七月にはサイパン島が陥落、連合艦隊司令部（GFと呼称）は九月二十九日に日吉に移り、地下壕の工事を進めた。[*11] この時期の差し迫った問題は、米軍の次の大規模作戦の予測だった。大本営は陸海軍合同で検討を進め、作戦区分を四つに分けて侵攻を迎え撃つ「捷号作戦」を策定した。捷一号は比島（フィリピン）、捷二号は九州南部・南西諸島および台湾方面、捷三号は日本本土、捷四号は北海道方面である。前述のように海軍には「指揮官先頭、率先垂範」の伝統があったが、作戦行動がアジア・太平洋の広大な戦域に広がると、戦局の全体を見渡せ、通信設備に優れた後方からの指揮が求められ、捷号作戦の準備がこれを加速させた。連合艦隊司令部は、こうした動きの中で日吉に移ったことになる。

九月十五日、米軍はペリリュー島に上陸、二十一日にはマニラが空襲され、大本営は捷一号作戦の準備を始めた。十月二日、連合艦隊司令長官豊田副武はフィリピン視察のためマニラに向かった。九日、台湾に移ったが、沖縄・台湾・フィリピン北部への空襲が続き、そこに足止めとなった。十二日、日吉の司令部は長官不在のまま草鹿参謀長を中心に米海軍機動部隊への航空攻撃を決め、基地航空隊に対して捷一号・捷二号作戦を発動した。台湾沖航空戦である。十六日、大本営は空母十一隻・戦艦二隻撃沈の大戦果を発表したが、これは完全な誤報であった。同日、台湾東方沖にほぼ無傷の空母部隊を発見、日吉で戦果報告の検討が行われ、パイロットの事実誤認による過大な戦果報告と結論づけられた。十七日、米軍はフィリピン中部のスルアン島に上陸、本格的な侵攻作戦が開始され、翌十八日、大本営は捷一号作戦を発動した。二十日、米軍がレイテ島に上陸、日本海軍の機動部隊（小澤艦隊）は豊後水道を南下して出撃、豊田がようやく日吉に戻れたのはこの日である。

二十二日、戦艦を主力とする艦隊（栗田艦隊）がボルネオ島のブルネイを出撃、二十三日からレイテ沖海戦が始まった。連合艦隊の作戦は、空母部隊（小澤艦隊）を囮にして敵の攻撃を引き寄せ、その間に戦艦部隊（栗田艦隊）をレイテ湾に突入させるというものだったが、結果的に武蔵を含む戦艦三隻と空母四隻を失った。日吉は捷号作戦のた

めに選ばれた最良の場所だったはずだが、その最も重要な局面において、連合艦隊司令部は中心となる指揮官を欠いていた。二十一日、海軍は神風特別攻撃隊を出撃させた。組織的な特攻の始まりである。司令部が日吉に移って一カ月にも満たない期間での出来事である。

昭和二十（一九四五）年二月十九日、米軍は硫黄島に上陸、四月一日には沖縄本島に上陸した。地上戦は熾烈をきわめ、多くの民間人を巻き込むことになった。海軍はレイテ沖海戦の敗北で艦隊での作戦行動が不可能になり、航空機による特攻を展開、陸軍もこれに呼応した。米空母部隊に対する航空特攻は、三月から六月二十三日の沖縄戦終結までの約四カ月間で最大のピークを迎えた。この期間だけで海軍一五三五機・陸軍八二〇機の計二三五五機が投入され、レイテ戦での最初の特攻から八月十五日の敗戦までの十一カ月間で出撃して帰らなかった機数（未帰還機）は、海軍一九一六機・陸軍一〇〇三機の計二九一九機とされる。沖縄戦では練習機まで投入され、実際に損害を与えることができたのは二三五五機のうちの約二五〇機（全体の十一%）と推定されている。[*12] 目標は空母や戦艦などの主力艦だったが、沖縄戦で実際に沈没させたのは駆逐艦以下の艦艇であった。

陸海軍によるこの大規模な航空特攻を指揮したのは、日吉の連合艦隊司令部であった。三月十九日、陸軍の第六航空軍が連合艦隊の指揮下に入り、陸海軍協力のもと九州の鹿屋や知覧などの基地から出撃が繰り返された。海軍はこれを「菊水作戦」、陸軍は「航空総攻撃」と名付け、四月六日の菊水一号作戦から六月二十日の菊水十号作戦までの十回に及んだ。陸軍少尉上原良司が知覧基地から特攻出撃したのは五月十一日、菊水六号作戦・第七次航空総攻撃である。日吉のキャンパスで学んだ上原は、日吉の連合艦隊司令部から発せられた命令によって出撃したことになる。

戦艦大和の海上特攻（天一号作戦）は、四月六日の航空特攻（菊水一号作戦）と連動したものであった。大和の「戦闘詳報」によれば、戦果は撃墜三機、撃破二十機にすぎず、戦死は艦長以下二四九八名とある。[*13]

海軍の航空特攻の中心は、鹿屋の第五航空艦隊であった。長官宇垣纏《まとめ》の日誌『戦藻録』の三月二十七日には、大和の海上特攻に関連してGF（連合艦隊司令部）への批判が記されている。[*14]

GF命令に基づき1YB（第一遊撃部隊）は明日正午内海を出て佐世保に回航せんとす。その目的、残敵掃蕩に便する点は若干許容すべきも、九州東岸南下により敵機動部隊を誘出し当隊をして攻撃せしめんとする常套の小細工に至りては笑止千万なり。

三月二十六日、第一遊撃部隊（大和および水雷戦隊から成る艦隊）に対して、GFは呉から佐世保への回航を命じた。艦隊を移動させることで敵機動部隊を誘引し、航空特攻を有利に展開するためである。これに対する宇垣の批判は「常套の小細工」「笑止千万」と手厳しい。四月七日の日誌では大和沈没に関して次のように記す。[*15]

全軍の士気を昂揚せんとして反りて悲惨なる結果を招き、痛憤復讐の念を抱かしむるほか何ら得るところなき無暴の挙と言わずして何ぞや。

言うまでもなく宇垣は作戦を指揮する側の中心にいた一人である。一方で、命令を受けて戦いの現場にいた側は、戦闘の直後に次のような言葉で総括している。以下、大和と第二水雷戦隊の「戦闘詳報」の「戦訓」の項から引用する。[*16]

◯「軍艦大和戦闘詳報」四月二十日付、五月九日提出
・戦況逼迫セル場合ニハ兎角焦慮ノ感ニカラレ計画準備ニ余裕ナキヲ常トスルモ特攻兵器ハ別トシテ今後残存駆逐艦等ヲ以テ此ノ種ノ特攻作戦ニ成功ヲ期センガ為ニハ慎重ニ計画ヲ進メ事前ノ準備ヲ可及的綿密ニ行ナフノ要アリ
「思ヒ付キ」作戦ハ精鋭部隊（艦船）ヲモミスミス徒死セシムルニ過ギズ
◯「天一号作戦　海上特攻隊　戦闘詳報」四月十日付
・航空作戦乃至輸送作戦ノ牽制ニ使用スル之を要スルニ作戦ハ飽ク迄冷静ニシテ打算的ナルヲ要ス　徒ニ特攻隊ノ美名ヲ冠シテ強引ナル突入戦ヲ行フハ失フ処大ニシテ得ル処甚ダ少シ
・特攻部隊ノ使用ニ当リテハ如何ニ九死一生ノ作戦ニアリシモ目的完遂ノ道程ニ於テハ最モ合理的ニシテ且自主的ナル如ク細密ナル計画ノ下ニ極力成算アル作戦ヲ実施スル要アリ　思ヒ附的作戦或ハ政略的作戦ニ堕シ貴重ナル作戦部隊ヲ犬死セシメザルコト特ニ肝要ナリ

ここには「失敗」という結果を導く普遍的な問題点が集約されているように見える。加えて、このような激しい言葉を選び、正式な報告書として軍の上層部に上申した事実に驚かされる。『思ヒ付キ』作戦」による「徒死」、「特攻隊ノ美名」を冠した「強引ナル突入作戦」、「思ヒ附的作戦」による「犬死」——この痛烈な言葉の中には、この作戦の、あるいはこの戦争そのものが内包した問題の本質が

あるだろう。これに対し、命令を発した側の豊田は、昭和二十五（一九五〇）年刊の口述記録で次のように語っている。[*17]

私は、成功率は五〇％はないだろう、五分々々の勝算は難かしい、成功の算絶無だとはもちろん考えないが、うまくいったら寧ろ奇蹟だ、というくらいに判断したのだけれど、急迫した当時の戦局において、まだ働けるものを使わずに残しておき、現地におる将兵を見殺しにするということは、どうしても忍び得ない。（中略）今日第三者からは、随分馬鹿げた暴戦だ、むしろ罪悪だとまで冷評を受けているが、当時の私としては、こうするより外に仕方がなかったのだと言う以外に弁解はしたくない……。

「こうするより外に仕方がなかった」というのもまた、「失敗」を導くごくありふれた論理であるが、それは責任者として最も避けるべき「弁解」でもある。これに関連して『戦史叢書　沖縄方面海軍作戦』は、「豊田長官が外の何物にも拘束されず、長官自身で決断したものと解すべきではあるまいか、と思われる」と記している。[*18]

振り返って「日吉ノ防空壕」という語には、指揮官が前線のはるか後方にいることへの強い批判が込められていた。豊田は実際には四月六日に鹿屋に入り、前線に将旗を移しているが、「日吉ノ防空壕」もしくは「穴」という語に込められた思いは、「GF」から発せられる命令そのものに向けられている。「日吉」は陸海軍の特攻を強力に推進する中心点だった。「思ヒ付キ」作戦によって「犬死」を強いられた将兵たちにとって、「日吉」の語は「GF」を意味するだけでなく、「特攻」の指令と同義であり、滅びゆく帝国海軍そのものを象徴している。

大本営は昭和二十（一九四五）年一月二十日の「帝国陸海軍作戦計画大綱」によって「本土決戦」の本格的な準備を始め、沖縄戦はそのための時間稼ぎと位置づけられていた。本土決戦は「決号作戦」と名付けられ、米軍を中心とする連合国軍がこの年の秋に南九州もしくは関東に上陸すると想定した。陸軍は新たに一五〇万人以上を召集して大規模な兵力の増員をはかり、「一億玉砕」「一億総特攻」のスローガンのもと、その準備を急いだ。

海軍は四月二十五日に新たに「海軍総隊」を創設し、連合艦隊・海上護衛総司令部・鎮守府・支那方面艦隊などを束ね、総司令長官は連合艦隊司令長官を兼ねた。五月二十九日、豊田は軍令部総長に転任し、代わって小澤治三郎が海軍総司令長官兼連合艦隊司令長官に任命された。来たるべき大規模な侵攻を水際で阻止するため、海軍は既存の航空機や艦船以外の特攻専用の兵器の開発も進めていた。人間爆弾「桜花」、人間魚雷「回天」、特攻ボート「震洋」、人間機雷「伏龍」などであり、全国に基地を設け、これらの配備を進めた。日吉は本土決戦のために海軍の全作戦部隊を統一して指揮する場所になっていったのである。もし仮に本土決戦が実際に行われたとしたら、ここは帝国海軍の本拠としてどのような戦闘と被害の場になっていただろうか。

三　米軍進駐

日吉は三度の空襲を受けた。ただし米軍が連合艦隊司令部の存在を知り、空襲目標としてここが狙われたとは今のところ軽々には考えにくい。[*19]

昭和二十（一九四五）年八月十五日、日本は無条件降伏した。連合艦隊司令部参謀中島親孝によれば、この時司令部に特に大きな混乱はなかったという。[*20]

> 連合艦隊司令部の最後には、映画の種になるようなことは一つもなかった。終戦反対をとなえたものもひとりも知らない。

その後、連日にわたって関係書類を燃やし続け、海軍は巨大な地下施設を残して去っていった。中島は「足もとから鳥が飛び立つようなありさまであった」と記す。

米軍が日吉に初めて現れたのは、敗戦の三週間後の九月四日である。米軍の日本本土への進駐は八月二十八日に始まった。この日、百数十名の先遣隊が輸送機四十八機で厚木飛行場に着陸、三十日には連合国軍最高司令官マッカーサー元帥が厚木に降り立ち、横浜に進駐した。マッカーサーはホテルニューグランドに入り、司令部を横浜税関ビルに置いた。九月二日、横須賀沖の戦艦ミズーリ上において日本政府代表は降伏文書に調印、これによって日本は正式に占領下に入り、八日には東京への本格的な進駐が開始された。十五日、総司令部（GHQ）を日比谷の第一生命ビルに移し、横浜税関ビルには第八軍の司令部が入って東日本の占領と軍政を担当することになる。

米軍が日吉に最初に来た日は降伏文書調印の二日後、東京進駐の四日前である。慶應義塾の記録には、「九月四日ジープ一台　校舎寄宿舎巡視に来校」とある。[*21]続いて六日の午前十時頃に士官その他三名で来校、第二校舎を巡視し、「寄宿舎今日中貸与申出」、午後二時頃に第八軍第八騎兵隊B隊マックギル少尉以下二十名が南寮を占拠した。午後四時頃には、「日吉軍事占領の命令書」が平松幹夫（後述）に手交され、署名を強要された。九月八日、日吉は「全面接収」され、午後二時頃に第一校舎と第二校舎からの二時間以内の立ち退き命令が出された。米軍の東京進駐のその日である。

米軍はなぜこのように早いタイミングで日吉を「全面接収」したのだろうか。ここが東京と横浜の中間に位置し、軍事的に有効利用できる広い敷地と堅固な建物を有するキャンパスであるというだけでなく、やはりこの場所に海軍がいたことが大きな理由にあったと考えられる。九月当初に米軍が接収した横浜市内の施設の中で、大学キャンパスは他に例がなく、ほとんどが郊外の陸海軍の施設か、司令部が利用するための市街地のビルやホテルであった。[*22] 最初の来校で「校舎寄宿舎」を巡視したのは、そこに軍がいたことを認識していたからだと思われるが、仮にそうだとして、それがいつの段階からなのか、戦時中からか、それとも本土上陸後か、連合艦隊司令部という海軍の中枢機関の存在まで含むものか、日吉の空襲にも関係する大きな問題でもある。

日吉に米軍が来た日については、当事者の記憶によって多少の誤差がある。『三田新聞』昭和二十四（一九四九）年七月十日号（第六一九号）所載の座談会「接収当時の日吉を語る」では、出席者の記憶は九月の二日と六日で揺れている。その中の一人、平松幹夫の後年の回想によれば、進駐は六日で接収は七日であった。[*23] ここでは平松の回想をもとに、接収の際の米軍の動きと第一校舎の様子について確認してみたい。

平松は当時、工学部の英語の教員で、宮城県の多賀城海軍工廠に勤労動員されていた学生を引率して帰京し、第二校舎の二階の一室にいた工学部長に報告に来た。第一校舎の事務から米軍が来たという連絡があり、急いで向かった。米軍がジープで日吉に乗り付けたのは、九月六日の午後であった。鉄兜を被り剣付きのライフルをかまえた兵士の一隊が、第一校舎の玄関ホールに入った。隊長らしい大男が進み出て、令状を突きつけた。学校の責任者ではないからこの書面は受け取れないと言うと、「これは命令であり、承諾を求めるものではない」「明日午前いっぱいに、一切ここから立ち退くのだ」「建物の内部を見せてもらうから、案内せよ」と言った。第一校舎には海軍の備品がまだあり、教室は廊下まで机や椅子・書類などが溢れ、雑然とした状態だった。教室のドアに手をかけるたびに、ライフルの銃口を内部に向けた。校舎には海軍の士官もいたが、誰も出てこなかった。第一校舎を一巡後、ジープに乗せられ寄宿舎に行った。やはり部屋ごとに銃剣を構えて歩いた。第二校舎などの他の施設は見ることなく、一時間ほどで帰った。

この時平松は、寄宿舎が連合艦隊の本拠になっていたことを初めて知った。中寮の二階の一室で「豊田副武」と書かれた小さな木片を拾ったという。翌日の午前中までにすべてを引き払わなければならないため、その後は「てんやわんやの大騒動」になった。海軍はトラックを十台程用意して、次々に荷物を運び始めた。慶應は塾生を含めた関係者を急遽集め、夕方から夜にかけて大八車や人力で運んだ。翌日の午後、ジープの群れが次々に乗りつけ、一教室に二十人くらいが割り当てられ、机や椅子を運び出し、床を水洗いし、折りたたみ式のベッドを並べた。一時間も経たないうちに第一校舎は兵舎となった。銀杏並木の両側にもテントが並び、灯りがともって「まるで縁日の夜店のような賑わい」だったという。キャンパスには衛兵が立ち、以後構内に入ることができなくなった。

前述した『三田新聞』の座談会の発言もあわせると、敗戦直後のこの時期、日吉には海軍の軍人がまだいて、慶應の教職員もいて、塾生もいたということがわかる。米兵の英語はスラングでわかりにくかった。海軍の使用当時は机や椅子を教室に積み上げていたが、米軍は窓から庭に放り出し、雨ざらしになった。

日吉はわずか一日で米軍のものとなった。第八軍の騎兵第一師団と第十一兵団（通信部隊）が入り、第二校舎は職業補導学校の教室に使われ、第一校舎は兵士の宿舎となった。空襲で焼失した工学部の校舎跡（現在大学校舎とメディアセンターのある場所）には料理学校を設け、寄宿舎は独身将校の宿舎となった。[*24] 日吉の米軍図書室の司書として二年間勤務した小松房三は、昭和二十一（一九四六）年三月時点の様子を次のように記録している。[*25]

日吉駅を出てまず衛兵所に行き、並木道を上り切ると、正面に「11th Corp」と書いた看板があった。第一校舎の「東隅の一室」（筆者注／現在の慶應義塾高校事務室か）が中隊事務室になっており、そこに四、五人の下士官と若い中尉がいた。中尉と第二校舎に行き、一階の図書室（旧予科の図書室）の書庫に入ると、予科の図書がぎっしり並んで残っていた。一階の物理・化学教室には顕微鏡や実験道具・ガラス瓶が乱雑に置いてあった。三階の生物学教室の天井には焼夷弾であいた穴があり、乱暴にふさがれ、標本の瓶や剥製の動物が散らばっていた。米軍のトラックを使って三月いっぱいで運び出しを完了しろと言われた。四月に入ると、第二校舎は「情報・教育学校（Information & Education School）」という職業補導学校になり、日本の各地から兵隊が入って来た。第一校舎はその宿舎となった。六月頃になると工学部の焼け跡は広々とした平地になって、バラック兵舎が二十棟位建ち並び、料理学校となってパンやドーナッツを作り始めた。

『三田新聞』昭和二十一年十一月十日号（第五五三号）には、「その後の日吉校舎　米軍将校はお気に入り」と題する取材記事がある。

失はれた日吉への郷愁――これは三田の丘の焼跡に立つとき塾生の誰もが抱く感慨ではなからうか――秋雨のそぼ降る日吉駅を下りた私達の目に映つたのは、あの白亜の見慣れた校舎ではなくて、青黒い迷彩に汚れた四角い怪物だつた、これは光栄ある帝国海軍の御かげである。

キャンパス入り口には白ヘルメットのM・Pが立ち、並木をのぼると左手の工学部校舎の跡は料理学校となり、ジープが行き交い、発電機が唸っている。かつて軍事教練をさせられた中央の広場は、バスケットボールのコートになり、第二校舎は教室になっている。その中に入ると目に入るものはすべて「アメリカアナ」で、ブルーと白の壁で隅々まで掃除が行き届いている。図書室はそのまま使われ、書籍棚には予科の洋書が置かれている。校舎の裏にはクリーニング工場、製氷工場などがある。第一校舎は「G・I」（米兵）のベッドルームになって、一室に十二のベッドとロッカーが置かれている。第一校舎二階の小講堂は映写室、一階の旧教員室は「ゲイム・ルーム」となり、部屋からジャズが洩れてきた。

木造校舎には「ケイオーP・X」（筆者注／Post Exchangeのことで、軍の売店）があり、赤屋根食堂は米軍の失火で三分の二が焼け、ビヤホールになった。寄宿舎は「BOQ」（筆者注／Bachelor Officer Quartersで独身士官の宿舎）となり、その眺望の良さについて同行の大尉は「マドノソト・トテモベッピン」と誉めた。「あの素晴らしかったバス・ルーム」（筆者注／ローマ風呂）は浴槽を埋めて「マントルピース」となり、「山小屋風の談話室」となっている。寄宿舎の中庭と道の途中に「昔の化物のやうな奇怪なもの」がある。これは「陸上艦隊が苦心して作った防空壕の出入口」で、「成程これなら一億みんな玉砕しても金モール連は生残つたであらうと思はれる、今は冒険好きなG・Iの良い御相手だとのこと」と書く。

三年後の昭和二十四（一九四九）年七月十日号（第六一九号）の『三田新聞』には、「残る豊かな慶應色　接収下の日吉訪問記」と題する記事があり、第一校舎について次のように書かれている。校舎北側入り口に入ると、右側に「ユニヴァーシテイクラブ」がある。紅白のシーツのかかったソファーと電気スタンドが並び、薄暗くてなかなか美しい。スタンドのシェードには通信学校のマークに並んでペンの徽章が描かれている。クラブの上の二階にはビリヤードと図書室があり、新刊本が並んでいる。二階・三階は全部G・Iの宿舎となり、教室の番号は予科時代のままで、部屋の中には十数個のベッドが置かれている。二階中央の小講堂は「黒幕にかこまれたスクリーンが目に映える映画室」となっている（写真1～4）。

〈写真1〉米軍接収時の第一校舎［慶應義塾福澤研究センター蔵］
校舎の壁は戦時中のタールの迷彩が剝がれ、汚れている。柱廊の前にはジープやトラックが駐車し、中庭はバスケットボールのコートになっている。

占領期、第一校舎は米兵の兵舎となった。かつて昭和九（一九三四）年五月の竣工時に「雪白厳然たる近世アメリカンスタイルの鉄筋コンクリート三階建」の大校舎と形容され、「理想的新学園」のシンボルであったこの校舎は、戦時中にはコールタールで黒く塗られ、そこで学ぶ学生の目には「でっかい一隻の軍艦」のように映った。いま、それは「青黒い迷彩に汚れた四角い怪物」になっている。そもそも「近世アメリカンスタイル」とは、民主主義の源流である古代ギリシアを範とする古典主義の建築様式（アメリカンボザール）であり、これは「学びの空間のロマンの夢」の表象でもあった。[*26] 学びの場は、そこで学ぶ若者たちを戦場に送り出す場になり、ここに海軍が入り、そして米軍が入った。教室は学問を通して世界に開かれた窓であったが、ここで海軍は世界中の敵国情報を分析した。その部屋の扉を米軍兵士は銃剣のライフルを構えて開け、たった一枚の令状によって教室には兵士のベッドが並んだ。

わずか十一年前に「近世アメリカンスタイル」と形容された校舎が、米兵の兵舎になったというこの皮肉な事実は、この校舎が経験した変転の歴史そのものである。

寄宿舎の南寮と中寮の間には、連合艦隊司令部地下壕に通じる大きなコンクリート製の出入口があり、キャンパス

〈写真2〉キャンパス中央の中庭付近
［慶應義塾福澤研究センター蔵］
中庭のバスケットボールコートには白地で「KEIO」とあり、その奥（東側）の空き地に山積みに放置されているのは机のように見える。ここは現在、日吉記念館が建っている。

には合計で七つの耐弾式竪坑があった。これは地下壕の空気孔であるとともに、非常時の脱出口でもあり、分厚いコンクリートの屋根を乗せたキノコ型の構造物は、確かに「化物のやうな奇怪なもの」に見える（写真5）。真っ暗で迷路のような地下壕は、米兵が「冒険」する恰好の場所でもあった。日吉は学生の街から米軍の街になり、駅周辺には「パンパン」と呼ばれた米兵相手の日本人女性がいたという。[*27]

〈写真3〉米軍の兵舎とジープ
［慶應義塾福澤研究センター蔵］
米軍の兵舎が並ぶ。接収解除後は改修されて教室（カマボコ校舎）として利用された。

慶應義塾は戦争が終わってもなお「日吉」を失ったままの状態が続いた。それはやはりここが海軍によって使われたという特殊な事情と深く関係している。先の平松の回想もまた、米軍が日吉に来た日、彼らは第一校舎と寄宿舎だけを巡視して、第二校舎と工学部の焼け残りの建物は見なかったと記す。この点に関して、「三田リエーゾンクラブ」（筆者注／ビジネスで外国人と接する機会の多い卒業生の会）のメンバーの一人で日吉返還に尽力した横浜礼吉は、次のように書いている。[*28]

日吉は戦争中日本海軍が使用していたところだからその軍施設を接収するのは当然だ、というのが彼等の言い分であった。教育施設だといってみても無駄で、接収の令状の前にノーはあり得なかった。

慶應に関わるすべての者が、「失われた日吉への郷愁」を強く抱いていた。しかしながら、米軍はそこを「教育施設」ではなく、「軍施設」と見ていたのである。

四　接収解除まで

慶應義塾は戦災で三田・四谷・日吉の施設の約六割を失った。三田は図書館と大講堂が焼け、木造校舎のほとんどを焼失、四谷（信濃町の医学部・病院）も木造の病棟の大部分を失った。日吉は工学部の校舎の約八割を焼失したが、

〈写真4〉中庭広場（ロータリー）にあった案内板と米兵［William Stewart氏蔵、慶應義塾福澤研究センター提供］背後に迷彩塗装の第二校舎が見える。右側の矢印（第一校舎側）には「ORDERLY ROOM ACS」「B.O.Q」「KEIO CLUB」「OFFICERS CLUB」「CHAPEL」「POST EXCHANGE」とある。「ORDERLY ROOM ACS」は「中隊事務室」、「B.O.Q」は寄宿舎の独身士官宿舎、「POST EXCHANGE」は「ケイオーP・X」を指すと思われる。「KEIO CLUB」は「ユニヴァーシテイクラブ」のことか。「OFFICERS CLUB」（将校クラブ）は寄宿舎浴場棟を改修した施設を指すか。「CHAPEL」はキリスト教青年会のチャペルで、戦時中は軍令部第三部によって軍事目的（情報文書の翻訳作業等）で使われたが、接収によって本来の祈りの場に戻った。案内板の前に立つのは当時10代の兵士で、自動車整備学校に所属していた。第二校舎ではレーダーやラジオなど通信に関する授業が行われていたらしい。

〈写真5〉キノコ型の耐弾式竪坑　筆者撮影
内部には鉄の梯子があり、壕内の空気坑であるとともに非常時の脱出用に使われた。

第一校舎と第二校舎はほぼ無傷で残った。日吉の残存施設は義塾全体の約五割に相当し、戦後の復興の足掛かりになるはずだったが、接収によって広大な敷地とともに丸ごと手放すことになった。予科は教室を失い、川崎市登戸の仮校舎（陸軍第九技術研究所跡）と麻布三ノ橋の仮校舎（夜間学校であった中央労働学園の校舎を借用）が使われた。「日吉返還」は義塾にとって最重要課題の一つであり、教職員・在校生・卒業生の総力をあげて運動が進められていくことになった。[*29]

その最初の動きは、まず予科で始まった。接収直後の昭和二十（一九四五）年十一月、予科の生徒は自主的に署名運動を行い、翌二十一年四月には学部本科の学生も含め約三千の署名を集め、塾当局や文部省などに援助を求めた。六月には、義塾の卒業生有志が「三田リエーゾンクラブ」を作り、本拠を銀座の交詢社に置いて接収解除の働きかけを行った。義塾は翌二十二年十月に渉外室を設け、平松幹夫や清岡暎一など英語に堪能な教員が交渉にあたった。

　学生新聞の『三田新聞』はほぼ毎号特集記事を組み、さながら日吉返還キャンペーンの様相を呈している。二十一年十一月十日号（第五五三号）の「日吉の返還運動　予科内に昂まる」では次のように記す。

> 五月にやつと見付け出した予科の住家も砕け散つたガラス窓に破れ　落ち□（欠字／筆者注「た」カ）壁　の校舎、冬迫る昨今、予科生も漸く日吉への想ひを馳せる　早く日吉にかへりたい、そのため海軍に進んで校舎を貸した責任者の追求も、其の後一年間の当局者の無為も、まあ一応抜きにして、自らの手で校舎を取り戻すべく、近く日吉校舎返還志気昂揚週間を設け、大々的に運動に入るさうである

予科の生徒は仮校舎の劣悪な環境に強い不満を持ってい

た。[30]それが「失はれた日吉への郷愁」（『三田新聞』同号）と重なり、運動の気運も自ずと高まった。ここで言う「海軍に進んで校舎を貸した責任者の追求」は、きわめて重要な問題提起であるが、おそらく今日に至るまで義塾の内部で進んで検証されていない。日吉の土地および建物の賃借について海軍省と契約を結んだのは昭和十九（一九四四）年三月十日であり、塾長は小泉信三であった。以降、校舎や施設には軍令部第三部や連合艦隊司令部などが入ることになったが、たとえば寄宿舎の改修工事や大規模な地下施設群の築造に関して、どの程度把握していたのだろうか。[31]契約時の期限は昭和二十（一九四五）年三月三十一日までだったが、事実上は海軍による接収と同じだった。それが結果的には「軍施設」として米軍に接収されることにつながった。一度失ったものを取り戻すのは難しい。それにかける労力と時間は膨大なものとなる。義塾にとっての「終戦」は昭和二十（一九四五）年八月十五日とはならず、戦後も引き続きキャンパスをめぐる「戦争」が続いた。接収解除に至る道のりもまた、別の意味での「戦争」だったと言ってよい。

『三田新聞』は、続く二十一年十二月二十五日号（第五五五号）で「塾にとつて日吉は復興の最大眼目」であるにもかかわらず「遅々として進まず又米国へのさ細な意志表示すらも遠慮しちゅうちょしてゐる」と塾当局を批判し、翌二十二年二月二十五日号（第五五八号）では「もうすぐ予科に多くの新入生が入つてくる、だが希望にもえる彼らを迎える学び舎は借り物の薄汚い、狭い、そして或いは工場を改造した不自由極まる建物だ」と仮校舎への不満を書く。

七月十日号（第五六八号）では「日吉問題絶望せず」の見出しで一部に唱えられ始めた「返還絶望論」に言及する。八月十日号（第五六九号）の「忘れ得ぬ丘」と題したコラムでは「共に願うことはこの丘が一日も早くわれわれの手に帰って来ることのみであろう」と書き、九月十日号（第五七〇号）の「日吉返還を要望す」では次のように記す。

日吉校舎返還こそ塾復興の根本的な前提条件であり、塾当局はもちろん、卒業生・塾生こぞって力を尽したが、一向に実現に至らず、今後の見通しも不明である。そして「日吉校舎を返還してもらうことはひとり慶應義塾のためのみでなく、同時にそれは日本の文教のためであり、日本に真の民主主義を確立し、更に世界平和と文化のためであることを当事者に特に強調したい」と述べ、この長文の論説が結ばれる。

もちろん塾当局がこの間に何もしていなかったわけではない。早くも昭和二十（一九四五）年十月十八日には、常任理事の槇智雄がＧＨＱに日吉返還の申請をし、十一月二十日に返還不能の通知を受けている。二十一年に入ると動きは活発になり、二月十二日と三月一日に槇理事から、五月二十日には塾長代理の高橋誠一郎から第八軍司令官のアイケルバーガー中将宛に日吉返還の申請が出された。七月・九月・十月・十一月には日本政府の窓口だった終戦連絡中央事務局の総裁宛に、七月には文部大臣宛に日吉返還斡旋願を提出。八月・十月・十一月にはマッカーサー元帥宛に返還申請書を送るなど、GHQや第八軍司令官、日本政府に対して、繰り返し申請願や斡旋願を提出し、粘り強く交渉している。しかしながら、十二月二十三日にはGHQより返還不能の回答を受け、二十二年五月七日には再びアイケルバーガー宛に解除申請をしたが、六月二十一日には終戦連絡中央事務局を介して却下の通知を受け、まさに八方塞がりの状況に陥っていたのである[*32]。

昭和二十三（一九四八）年四月、新制の高等学校として慶應義塾第一高等学校・第二高等学校が発足した（翌二十四年四月から第一高等学校・第二高等学校が統合し、慶應義塾高等学校となる／以下、特に区別せず高等学校と記す）。四月七日、日吉返還はアイケルバーガーによって正式に拒絶された。これを受け、五月二十七日に義塾から塾長の潮田江次、渉外室の清岡と平松、三田リエーゾンクラブから前述の横浜礼吉の四名が、アイケルバーガーに会見して懇請、六月二十六日と七月二十六日には重ねて「解除不能」の通知を受け、代替地として中野電信隊跡地を示された。

こうした厳しい交渉の状況については、『三田新聞』に加えて、同年六月に高等学校で創刊された『The High School News』から具体的に読み取れる。創刊号の一面は「日吉返還不能で校舎問題暗しょうへ　高等学校宙に迷う」の見出しで始まり、第三号（同年十月）には「高等学校よ何処へ行く　中野電信隊跡も有望　日吉返還も望み無きに有ず」と題された記事が続く。翌二十四（一九四九）年一月、潮田塾長はGHQを訪問して陳情し、三月には第八軍司令官後任のウォーカー中将に嘆願書を提出した。五月に入ると事態は急速に動き、六月二十七日に接収解除が決定され、三十日に塾長から塾内向けに告知された。これによってついに『三田新聞』六月三十日号（第六一八号）の一面は「なつかしの日吉還る　使用は十月より　校舎難一気に解決」の文字で飾られることになった[*33]。この急展開の背景には、米ソの対立による占領政策の転換もあったという。七月七日、GHQから正式な返還の通知があり、十四日には塾長がマッカーサーを訪問、謝意を表した[*34]。翌十五日、三田リエーゾンクラブは解散、米軍の引き上げは九月二十四日、返還式は十月一日に第二校舎の柱廊で行われた（写真6）。

慶應義塾大学は、この年の四月から新制大学となり、予科が再び日吉に戻ることはなかった。『三田新聞』七月十日号（第六一九号）は「日吉返還によせて」「校舎難は一応解決された。だが教育内容はまだ解決されていない」と題する長文の論説を発表する。「校舎難に悩み続け、日吉返還をもつて復興計画の完成であると期していた慶應義塾の関係者にとって、これ程うれしいことはない」としながらも、学生新聞の記者の目は冷静である。戦中戦後の混乱の中で大学生の学力は低下し、私学への補助金や予算は削られ、教育は重大な危機の中にある。日吉返還で懸案の校舎問題は解決したが、肝心なのは教育の中身である。講義は旧態依然たるもの、校舎を再び教室に戻すためには多くの資金が必要となる。戦争の犠牲となって日吉の丘を去り、永久に帰ることのない先輩のためにも、「日吉校舎が特定階級の師弟の遊び場」にならないようにすることが重要であるとする。

〈写真6〉日吉返還式［慶應義塾福澤研究センター蔵］
第八軍横浜地区司令官ガーヴィン准将より金色木製の「返還の鍵」が潮田塾長に手渡された。

第一校舎には高等学校が入り、今日に至っている。新制大学の一、二年生の授業が日吉で始まったのは、翌二十五（一九五〇）年四月からであり、米軍の残した兵舎が教室に転用された。窓からは土埃が入り、トタン屋根で雨の日は騒々しかったという。返還直後の校舎の様子については、高等学校の記録から拾うことができる。英語科教員だった長尾雄によれば、廊下の窓ガラスはところどころ壊れていた。[*35]最初の学校史『十年』所収の座談会「思い出を語る」によれば、教室のドアや鍵が壊れ、窓ガラスには板を張られ、荒れていた。一階中央の職員室はエレベーターが取り付けられ、床に穴をあけてリフトを作り、食堂になっていた。玄関には「面白い落書き」「変ないたずら書き」があり、一階北側廊下の一番隅の教室は、窓に鉄の格子の入った営倉になっていた。[*36]高等学校第一期卒業生の文集には、「校舎の施設が返還されたので、さっそく日吉の校舎に行ったら、窓はガラスが半分程割れ、階段はジープが登り降りしたため、角がボロボロになり、廊下は埃だらけという

〈写真7〉返還後の第一校舎前、昭和25（1950）年頃か。［慶應義塾高等学校蔵］

荒廃ぶりで、まるで古い倉庫のような感じだった」とある。[*37]階段にジープの話について、その真偽の程は全く不明だが、自分たちのもの（校舎）がまるで土足で踏みにじられるように使われていたということの比喩のようにも思われる。〈写真7〉は、高等学校草創期の第一校舎前でのスナップ写真である。看板には英語と日本語が併記され、英語が主、日本語が従に見える。「BY ORDER OF COMMANDING OFFICER」とあり、米軍の部隊長の命令によって、軍人とその家族の車の乗り入れが八時から十七時まで禁止とある。いわゆる接収解除後も、日吉は米軍の一部がキャンパス内に残り、約二千坪の土地が貸与されていた。居住区は「ハットエリア」（「KEIO HUT AREA」）と呼ばれ、キャンパス奥の現在の体育会自動車部の練習場とその周辺にあたる。昭和二十五（一九五〇）年六月十二日付の文書によれば、米軍の通行車両が五月の一カ月で延べ四九八台に及び、高等学校生徒約二七〇〇人と大学生約四〇〇〇人にとって危険なため、正面の銀杏並木の道ではなく迂回路を通行するよう軍責任者の名において掲示を願い出たいとある。[*38]これはそれと関係があるだろう。

日吉から米軍が完全に立ち去ったのは、さらに七年後の昭和三十二（一九五七）年十月三十日であった。[*39]写真右手には迷彩塗装の剝げた第一校舎が、左手にはコンクリートの構造物が写っている。これは軍令部第三部の退避壕の出入口（現存しない）である。道路のコンクリートの舗装は荒れ、海軍と米軍の使用時の様子が察せられる。写真には戦中と戦後、海軍と米軍が同時に存在し、英語表記の看板の後ろに立つ高校生は「平和」の中にいるはずだが、米軍は依然としてまだすぐ近くにいた。

寄宿舎は独身士官の宿舎になっていた。「ローマ風呂」は、円形の浴槽がコンクリートで埋められ、壁は青色のペンキで塗られ、円柱には木製の台（カウンター）が付けられた（写真8）。ここはダンスフロアもしくはバーラウンジだったと言われるが、前述のように（『三田新聞』昭和二十一年十一月十日号）「マントルピース」（暖炉）があり、「山小屋風の談話室」だったとすれば、バーラウンジのイメージが強くなる。[*40]「ローマ風呂」の手前の脱衣場は、やはり青を基調に塗られ、天井と壁の一部は赤で、この青と赤の色合いは、浴場施設としては異様である。赤色の壁面の中央には翼を広げた白い鳥（おそらくは米国のシンボルの白頭鷲）が描かれ、その左右に白い星のマークが並ぶ（写真9）。

浴場棟に入ってすぐの入り口ホールには、やはり青く塗られた円柱があり、その表面の一部が剝げて、薄いベニヤの下に貼られた紙が露出している。この柱は明らかに「張りぼて」で、竣工時の図面では確認できず、米軍が取り付けた可能性が高い。下張りの紙は仏典の切れはしで、『菩薩戒義疏』の一部であることが確認できる（写真10）。こ

〈写真8〉現在の浴場棟（ローマ風呂）　筆者撮影
予科時代のローマ風呂に関しては、本書第四章参照

〈写真9〉現在の浴場棟（脱衣場）　筆者撮影
正面中央に翼を広げた白い鷲、左右に青色の星が並ぶ。二階部分には螺旋階段で登る。

〈写真 10〉柱の仏典　筆者撮影

れは中国・隋の高僧で天台の開祖とされる智者大師の講説を門人が記した大乗菩薩戒の注釈書で、「殺戒」「盗戒」「婬戒」など十の「禁戒」に続く四十八の「軽戒」のうち、二十二番「憍慢不請法戒」の一部である。[*41] 前後の文脈に関係なく（紙面の裏表も関係なく）切り取られ、ここに無造作に貼られている。

寄宿舎はかつて「東洋一」と呼ばれ、浴場棟を含めたすべてが谷口吉郎設計によるすぐれたモダニズム建築である。ローマ風呂からは高台の眺望が楽しめ、快適さと清潔さを旨とする慶應の学生寮のシンボル的な空間でもあった。その浴槽は埋められ、建物全体の内壁が青と赤に塗り変えられた。白頭鷲と星の図柄は、ここに米軍がいたことを示す確かな証しであり、それが風雨にさらされた廃屋に残置されている。この貴重な占領期の遺構を現在の保存状態の中で見る時、キャンパスの「戦争」がまだ終わっていないことを痛感する。「驕慢」を戒めた高僧の講話の切れ端は、もちろん偶然使われたものに違いないが、象徴的な意味合いにおいて、ここに関係する者たちに向けられているように見える。それは米軍であろうか、連合艦隊司令部であろうか、それともかつて多くの学生を戦場に送り出し、自らのキャンパスを失ったこの学塾に対してであろうか。

五　キャンパスの戦争遺跡

「日吉ノ防空壕」は戦後長く忘れられた。その存在が社会的に広く知られ、歴史的価値が議論されるようになるまで長く時間がかかった。海軍が日吉に残した総延長五キロに及ぶ複数の地下施設を総称して、今日我々は「日吉台地下壕」と呼んでいる。これが第一級の戦争遺跡であることに疑いはないが、現在のところ国や自治体から文化財や史跡の指定を受けていない。かろうじて横浜市教育委員会が周辺地域を「埋蔵文化財包蔵地」に登録しているにとどまる。明治以降の近代日本に関係する戦争遺跡は国内外で数十万を超えるといわれるが、国や自治体の指定・登録文化財は全国で三百件程度にすぎない。[*42] その背景には、戦争に関係したいわゆる「負の遺産」に対する歴史的評価の難しさもあり、日吉台地下壕も例外ではない。特に連合艦隊司令部地下壕は特攻に代表される戦争末期の絶望的な作戦が発令された起点であり、加害の事実と深く関わっている。

日吉の地下壕群は、現在そのほとんどが出入口を塞がれ、一部破壊され、埋め戻され、地下水が深くたまった箇所もあり、立ち入り困難な状況にある。唯一連合艦隊司令部地下壕のみが慶應義塾によって整備され、見学可能な状態で保存されている。日吉台地下壕の戦争遺跡としての最大の特徴は、その主要な部分が大学のキャンパスの中に現存していることにある。二〇〇八年九月、第一校舎の裏手（東側）の通称「蝮谷」に新体育館が建設される際、航空本部等地下壕の出入口が発見された。慶應義塾は発掘調査を行い、有識者による諮問委員会を設置し、地下壕の保存と活用に関する答申（提言）を受けた。[*43]

・日吉台地下壕は、日本近代史研究のみならず、世代を超えたコミュニケーションの触媒となることで戦争の記憶を後世に伝えることを可能にする、高い学術的・教育的価値をもつ文化財として評価しなければならないのである。

・地下壕及び蝮谷の景観の多くが保存された場合、今後の活用計画を具体化しておくことも大切である。大学・大学院だけでなく一貫教育校も含めた塾内の教育・研究活動に活用するのはもちろんのこと、外部の研究者にも調査・研究の道を開き、塾内外の多くの人々が見学・利用できるような、谷戸内及び地下壕内の整備を進めて行くことが必要である。授業・講義での活用や、一般の方々を対象とした見学会の実施等、ソフト面の整備も不可欠である。

・地下壕の調査・研究が進み、その活用の体制が整備されてくれば、近現代史研究のみならず、歴史教育、平和教育に対する慶應義塾独自の取り組みも可能になってくるはずである。

戦時中に海軍が作った軍事施設は、学びの場である大学のキャンパスに本来存在する必要がないものであり、文字通りの「負の遺産」である。これを前提としたうえで、この軍事的な遺構をどのように保存し、どのように調査・研究を進め、学術的・教育的に活用していくのか。キャンパスに存在する戦争遺跡の今日的な意義は、そこにある。

二〇一〇年には、慶應義塾大学において三田史学会主催のシンポジウム『キャンパスの戦争遺跡――研究・教育資源としての日吉台地下壕――』が開催され、ここにおいて地下壕は明確に研究・教育の「資源」として位置付けられた。[*44] 答申から十年以上が経ち、いま問題なのは、はたしてこの「資源」を有効に活用できているのかどうかということである。日吉台地下壕をめぐる近現代史の研究はもちろんのこと、歴史教育・平和教育における「慶應義塾独自の取り組み」について、その具体的な実践の中身が問われる段階に入っている。[*45]

キャンパスの戦争遺跡は、地下壕に限るものではない。寄宿舎、ローマ風呂、チャペル、第一校舎、第二校舎といった地上の施設もまたそこに含まれる。予科の出陣生徒五百余名の壮行会が行われた陸上競技場も、広い意味で戦争遺跡と言っていいだろう。そこには送り出した側の言葉があり、送り出された人々の思いがあった。[*46] このように研究・教育の「資源」としての戦争遺跡の範囲は広い。ところが実際には、地上の施設への関心は必ずしも高いわけではない。寄宿舎の南寮と浴場棟は、二〇一一年に横浜市から歴史的建造物の認定を受け、南寮はリフォームされ現在も学生寮として使われているが、中寮と北寮は立ち入り禁止の状態にある。浴場棟も同様で、認定対象であるにもかかわらず前述のように荒れるに任せた状態にある。第一校舎と第二校舎は一九九一年に「かながわの建築物百選」に選ばれ、現在も高校と大学の校舎として使われている。ただしここで学ぶ者たちや働き教える人々が、日常の中でかつてここにあった「戦争」に思いを馳せることはまずない。そのほとんどは、自分がいまいる場所の足元に積み重ねられた歴史に目を向けないまま、「日吉」というキャンパス空間を通り過ぎていく。

軍事施設としての日吉台地下壕は、地下壕のみで機能していたわけでなく、地上の施設と常に一体であった。連合艦隊司令部が日吉に来たのは、小高い丘の上に堅固な鉄筋コンクリート造の建物(寄宿舎)があったからであり、司令長官や幕僚たちは通常は中寮一階の地上の作戦室を使い、空襲警報が出ると地下の作戦室に移った。地上と地下を結ぶ一二六段の階段は、両者が切り離せない関係にあることを示している。第一校舎と軍令部第三部退避壕との関係も同様である。[*47] キャンパスの戦争遺跡は地上の施設を含んだ総体として立体的に把握すべきであり、研究・教育の「資源」は、この場所に残る、あるいはここに関連するすべての戦争の痕跡をあわせたものでなければならない。

連合艦隊司令部には、作戦を立案し命令を発する帝国海軍の頂点を形成する者たちがいた。軍令部第三部が第一校舎に入ったのが昭和十九（一九四四）年三月、連合艦隊司令部が寄宿舎に入ったのが九月、ここから昭和二十（一九四五）年八月十五日の敗戦までの約一年は、特攻に象徴される絶望的な作戦や、沖縄戦、本土空襲、原爆投下などによって一般市民を含む二百万人以上の犠牲者を出した時間と重なった。このような状況の中で、戦争をなぜやめることができなかったのか。「日吉」を考えることは、戦争の終結に関わる指導者たちの決断のあり方に向き合うことにもなる。

一方で、キャンパスの戦争遺跡を地域社会全体の中でとらえると、「命令を発する側」や「加害」の視点からだけでは把握しきれなくなる。ここに住む人々は、ある日突然海軍に土地を買い上げられ、曳家で家を移され、壕の掘削で出た大量の廃土を田畑に捨てられた。空襲で日吉の街が燃え、民家が燃え、大切な家族が亡くなった。地下には、そこが連合艦隊司令部であることも知らずに、遠い前線から届く電信音を聴く十代の少年兵たちがいた。彼らは常に空腹で、上官の体罰と隣り合わせでもあった。予科の生徒は教室を奪われ、工学部の校舎は空襲で焼けた。ここは「加害」とともに「被害」の場でもあったのである。地上の校舎には学徒出陣の予備士官や外国語に堪能な軍属、日系二世、若い女性の理事生が入り、米軍の将校や兵士が入った。地下壕の設営部隊の兵士の数は千の単位となり、民間業者の作業員や朝鮮人労働者の飯場もあった。このように研究・教育の「資源」としてのキャンパスの戦争遺跡は、実に多様で重層的な相を示している。*48

第一校舎に関して言えば、この大きな白い箱（建物）の中にどのような人々がいて、そこで何を考え、何が行われ、どのような記録や記憶が残されているのか、その一つ一つの集積が、そのまま研究・教育の「資源」となる。特攻出撃の前夜に二十二歳の陸軍少尉・上原良司が残した言葉は、いま同じ校舎で学ぶ若者にとって、決して無関係なものではないだろう。学びの場は学徒を戦場に送り出す場になり、そこで発せられた言葉は、同じ教壇に立つ者にとって、自身の言葉を見つめ直すきっかけにもなる。銀杏並木や欅並木、陸上競技場、樹木や森などを含めたキャンパスの景観全体も、戦争に関わる歴史的風景である。予科の生徒が教室に向かって歩いた道は、軍事教練で分列行進した道でもあり、戦時下には海軍の軍人や軍属が歩き、戦後は米軍のジープが走った。最初はほんの若木だった銀杏の木々は、そうした人間の営みに関係なく成長し、大樹となったいまはそこを現代の大学生や高校生が歩いている。

キャンパスが経験したこの変転は、戦前・戦中・戦後の激動の日本史そのものである。竣工以来八十有余年を経た重厚な校舎と、かつてそこにいた人々と、その人々が残した言葉、そしていま同じ場所にいる自分、これらを一つのつながりの中で、一つのまとまりの関係でとらえようとする時、そのまなざしは必然的に自分自身の内部へと向かうだろう。自分がいまいるこの場所で過去と現在を往還し、自分がここで学ぶ意味や自分自身のこれからを考える。キャンパスにある戦争遺跡の教育的な活用の意義は、そこにあると思うのである。

註

＊1 吉田満「戦艦大和ノ最期」『鎮魂戦艦大和』講談社、一九七四年、三二六頁

＊2 土方貞彦「連合艦隊司令部付として日吉慶応寄宿舎に赴任して」『ＫＥＩＯせいきょう教職員版』第六七号、一九九四年一月

＊3 以下、引用は前掲『鎮魂戦艦大和』三二三～三二七頁

＊4 原為一『帝国海軍の最後』河出書房新社、二〇一一年、一七一頁

＊5 草鹿龍之介『連合艦隊参謀長の回想』光和堂、一九七九年、三五七頁

＊6 「戦艦大和ノ最期」の発表の経緯と各テキストの関係については、千早耿一郎『「戦艦大和」の最期、それから』（ちくま文庫、二〇一〇年）二四～七四頁に詳しい。本稿では、「初出テキスト」は『吉田満著作集』上巻（一九八六年）、「創元社版」は『戦艦大和の最期』創元社（一九五二年）、「決定稿」は吉田満『鎮魂戦艦大和（下）』電子書籍版（講談社、二〇〇四年）所収の北洋社版テキストに拠った。なお、同じ一九七四年刊行の『鎮魂戦艦大和』所収テキストにも「若手艦長」詰問の挿話が記載されている。

＊7 吉田満「臼淵大尉の場合」前掲『鎮魂戦艦大和』三二一頁

＊8 前掲『鎮魂戦艦大和』四三〇頁

＊9 戸高一成編『証言録　海軍反省会4』ＰＨＰ研究所、二〇一三年、三六三頁。参加者の中には連合艦隊司令部の情報参謀・中島親孝がいる。中島に関しては、本書第七章でふれた。

＊10 前掲『鎮魂戦艦大和』三五六頁

＊11 本書第七章参照

＊12 山田朗『日本の戦争Ⅱ　暴走の本質』（新日本出版社、二〇一八年）一七四～一九五頁に拠る。

＊13 「軍艦大和戦闘詳報」『連合艦隊海空戦戦闘詳報18特別攻撃隊戦闘詳報Ⅱ』アテネ書房、一九九六年

＊14 宇垣纏『戦藻録』下、ＰＨＰ研究所、二〇一九年、三六六頁

＊15 右同書、三八一頁

＊16 前掲『連合艦隊海空戦戦闘詳報18』所収、一一頁および一〇一～一〇三頁。前者は軍艦大和、後者は第二水雷戦隊司令部（第二艦隊司令部）からの報告となる。

＊17　豊田副武『最後の帝国海軍』中公文庫、二〇一七年、一九一～一九二頁

＊18　防衛庁防衛研修所戦史室『戦史叢書　沖縄方面海軍作戦』朝雲新聞社、一九六八年、六二七頁

＊19　日吉の空襲については、本書第七章でふれた。日吉地区が空襲を受けた理由について、日吉台地下壕保存の会編『日吉台地下壕保存の会資料集1　日吉は戦場だった』(二〇一五年)、手塚尚『『日吉はなぜ空襲に遭ったのか』という問いを受けて周辺被災地の現地調査から見た都市空襲」『空襲通信』第十一号(二〇〇九年)で検討されているが、明確な答えは出ていない。京浜湾岸部の工業地帯への大規模な空襲、および現在の武蔵小杉周辺の内陸部の工業地帯への空襲の余波(いわゆる「はみだし空襲」)であったと考えるのが、いまのところ穏当であろう。ただし地下壕の工事によって出入口付近に出された土砂の堆積は上空から見れば明らかであり、大規模な地下施設の存在を米軍が認識していた可能性はある。この点に関しては、米軍側の資料のさらなる調査と検証が必要である。

＊20　中島親孝『連合艦隊作戦室から見た太平洋戦争』光人社NF文庫、一九九七年、二三九～二四〇頁。中島によれば、連合艦隊司令部の自決者は陸軍との兼務参謀・晴気誠陸軍大佐一人で、終戦前後は参謀本部に行っていたことが多く、自決の動機や模様は聞くすべがなかったという。

＊21　慶應義塾渉外室作成文書「日吉接収より返還までの経緯(昭和二十年九月～昭和二十四年十月)」(慶應義塾福澤研究センター蔵)に拠る。標題の通り、接収から返還までの経緯を時系列に整理したもので、添え書きには「本表に記載したものは、正式文書、事務日誌、備忘録、手記、個人の日誌等いづれも何等か書証のあるものに限り採録し、単なる記憶によるものは一切除きました」とある。

＊22　栗田尚弥編著『米軍基地と神奈川』(有隣新書、二〇一一年)所収「横浜市内の主な接収米軍施設一覧」(八六～八八頁)に拠る。九月初旬に接収した陸海軍の施設は以下の通りとなる。海軍横浜航空隊(富岡町)・海軍第二工廠造兵部谷戸田充填所(六浦町)・海軍通信隊(深谷町)・陸軍兵器補給廠(奈良町)

＊23　平松幹夫「日吉接収当時の思い出」『塾監局小史』(慶應義塾職員会編、一九六〇年)所収。なお、接収の日については、慶應義塾に残る当時の記録から見て、「九月八日」としてよい。たとえば、昭和二十一年八月に塾長代理の高橋誠一郎が内閣総理大臣吉田茂宛に提出した「米軍接収の本塾校舎返還の件幹旋願」(慶應義塾福沢研究センター蔵)には、「経過説明」として「一、昭和二十年九月八日　米第八軍第十一軍団に接収され、昭和廿一年三月以降は、第八軍情報教育部管轄の学校校舎として使用されて居ります。」とある。本書でも接収の日を「九月八日」とする。

＊24　『慶應義塾百年史』下巻(慶應義塾、一九六八年、三〇七頁)、及び前掲『塾監局小史』六三頁、「米軍接収の本塾校舎返還の件幹旋願」を参照。

＊25 小松房三「米軍進駐当時の思い出」前掲『塾監局小史』所収

＊26 本書第一章参照

＊27 寺田貞治「連合艦隊司令部日吉台地下壕について（16）」『KEIOせいきょう教職員版』第四九号、一九八九年

＊28 横浜礼吉「日吉返還の苦心談」前掲『塾監局小史』所収

＊29 『慶應義塾史事典』（慶應義塾、二〇〇八年）の「戦災」「日吉接収　および返還運動」「仮校舎」の項を参照

＊30 ＊36の慶應義塾高等学校『十年』（三一頁）によれば、三ノ橋の校舎は「汚い学校」で、教室はベニヤ板で仕切られ、隣の教員の声が聞こえ、近くの工場の作業の音もうるさかったという。

＊31 「賃貸借契約書」には、「甲は賃貸土地建物に対し、加工其の他変替を来さんとするときは、事前に乙の承諾を得るものとす。」とある。甲は海軍省経理局長山本丑之助、乙は財団法人慶應義塾長小泉信三である（『慶應義塾百年史』中巻（後）、慶應義塾、一九六四年、九〇五～九〇八頁）。

＊32 前掲「日吉接収より返還までの経緯（昭和二十年九月～昭和二十四年十月）」に拠る。

＊33 ＊28の横浜礼吉の回想記によれば、返還決定までの間に渉外室が作成した書類は百通を超えたという。陳情に関係する書類は、草稿や朱入れの修正、米軍の英文の文書も含め、慶應義塾福澤研究センターでかなりの分量が保管されている。

＊34 この時マッカーサーは次のように言った。「日吉には軍の修理工場があって、あそこでいろいろの軍需品の修理をしてミリオン・ダラア節約できたものだ。そんな関係で第八軍は返すのを欲しなかった。しかし、他の場所が見つかったので、やっと納得したのだ。何しろ四年間あそこに居たのだからね。」（『慶應義塾と戦争Ⅲ　慶應義塾の昭和二十年』展の冊子、慶應義塾福澤研究センター「慶應義塾と戦争」アーカイブ・プロジェクト、二〇一五年に拠る）

＊35 長尾雄「日吉の回想」『The High School News』一九四九年十一月号（第一一号）。なお、米軍の失火によって赤屋根食堂は一部を残して焼け（昭和二十一年三月十三日）、相撲・空手・拳闘部の道場と弓術部の道場が全焼していた（同二十三年七月四日）。

＊36 『十年』慶應義塾高等学校、一九五九年、二八頁～三八頁

＊37 『慶應義塾高等学校第一回卒業生名簿&記念誌』一九八一年、一二八頁。一方でこれと正反対の記録もある、『三田新聞』昭和二十一年十一月十日号では、キャンパスの様子について「美しくなつた日吉、これが私達の学校だつたのかと思はず目をみはる程きれいに手入れされてゐる」、第二校舎については「ブルーの白と壁、隅々まで掃除の行きとどいた――と云ふより皆が汚さない廊下の清掃」と記されていて興味深い。

＊38 昭和二十五（一九五〇）年六月十二日付の日吉事務室から渉外室平松幹夫宛の文書「進駐軍自動車通行に関する件」（慶應義塾福澤研究センター蔵）に拠る。なお同月二十日付の日吉事務室から渉外室への別の要望書「進駐軍蒲鉾兵舎給水に

関する件」（慶應義塾福澤研究センター蔵）によれば、この時点で十世帯が居住しており、水道料金を義塾だけでなく米軍にも負担してもらうよう交渉を依頼している。

＊39　慶應義塾福澤研究センター編『創立百二十五年　慶應義塾年表』慶應義塾、一九八五年、一五一頁

＊40　記録映画「日吉」は、一九四九年～五十年にかけての米軍接収時から返還後のキャンパスの様子を撮影したものである（企画・慶應義塾、製作・映画研究会、慶應義塾福澤研究センター蔵）。そこには浴場棟の内部の映像もあり、それを見る限りローマ風呂の上は高さのある円形のテーブルのようなものになっており、周囲にハイチェアーが置かれている。そこから想像する限り、ダンスホールというよりバーラウンジと呼ぶ方がふさわしいように思われる。

＊41　岩野真雄編『国訳一切経』律疏部二、大東出版社、一九三八年、五九頁

＊42　二〇二〇年十一月現在で、三〇六件である。「戦争遺跡保存全国ネットワークニュース」№五〇（二〇二〇年十二月）に拠る。

＊43　「日吉台地下壕に関する諮問委員会答申書」平成二十一年一月二十一日より抜粋、二〇〇九年

＊44　「シンポジウム　キャンパスのなかの戦争遺跡　―研究・教育資源としての日吉台地下壕―」『史学』第八〇巻第二・三号、二〇一一年六月）

＊45　教育における取り組みについては、学徒出陣七十五年シンポジウム・研究報告「慶應義塾と戦争」（慶應義塾福澤研究センター主催、二〇一八年十二月二日、於慶應義塾大学三田キャンパス）において、筆者が「日吉台地下壕と教育」と題して口頭発表した。

＊46　本書第五章参照

＊47　地上と地下の作戦室、第一校舎と軍令部第三部退避壕の関係については、本書第七章で詳述した。

＊48　日吉の多様性と重層性については、本書第七章で詳述した。

おわりに

本書は日吉キャンパスの開設から十五年間の記録である。それは日中戦争からアジア・太平洋戦争を経た激動の昭和史の記録であり、モノ（校舎／施設）、コト（出来事）、ヒト（人々）、コトバ（言葉）を通して、忘れられていく「場所の記憶」を現代によみがえらせるものでもある。小林秀雄によれば歴史とは上手に「思い出す」ことである。「思い出す」ものである以上、今を生きる心の中にそれがなければ歴史ではなく、歴史を知ることは、自分自身を知ることにつながる。それは歴史家の言う「歴史」とは趣きを異にするものである。

本書を構成する各章の初出は、以下のとおりとなる。

第一章　「日吉第一校舎ノート（一）一九二三―一九三四」『慶應義塾高等学校紀要』第四十五号、二〇一四年十二月

第二章　「日吉第一校舎ノート（二）クラシックとモダン」『慶應義塾高等学校紀要』第四十六号、二〇一五年十二月

第三章　「日吉第一校舎ノート（三）予科の教育（前編）」『慶應義塾高等学校紀要』第四十七号、二〇一六年十二月

第四章　「日吉第一校舎ノート（四）予科の教育（後編）」『慶應義塾高等学校紀要』第四十八号、二〇一七年十二月

第五章　「日吉第一校舎ノート（五）学徒出陣まで」『慶應義塾高等学校紀要』第四十九号、二〇一八年十二月

第六章　「日吉第一校舎ノート（六）上原良治の『自由』」『慶應義塾高等学校紀要』第五十号、二〇

一九年十二月
第七章　「日吉第一校舎ノート（七）陸の海軍」『慶應義塾高等学校紀要』第五十一号、二〇二〇年十二月
第八章　「日吉第一校舎ノート（八）キャンパスの戦争」『慶應義塾高等学校紀要』第五十二号、二〇二一年十二月

振り返れば、二〇一三年三月に慶應義塾福澤研究センターではじめて所蔵資料の閲覧をさせていただき、その年の十二月に発行の『日吉台地下壕保存の会会報』（第一一三号）で第一章の原型となった小論の連載を開始しているから、今日までに約十年の歳月をかけたということになる。

一連の私の論考は、狭く言えば「校舎論」である。日本の一私立大学の、一キャンパスにある一校舎に注目した研究に、そもそも発表の機会などあるはずがない。マイナーと言えば、これほどマイナーな対象はなく、既存の研究分野の枠内には収まりきらないものでもある。それを字数や形式を特に気にすることなく、八回にわたって発表し続けることができたのは、ひとえに勤務校の紀要と日吉台地下壕保存の会会報のおかげである。この二つがなければ、このような形で活字として残すことはできなかった。

私の研究をもう少し広くとらえれば、大学史、慶應義塾史、日吉キャンパス史であり、戦争遺跡の研究である。もっと広くとらえるならば、戦争論になるだろう。私の本来の専門は古代国文学、それも折口信夫の学統に連なる民俗学的な国文学研究であるから、本書の内容に関して言えば、そのことごとくが専門の外側にある。「第一校舎」の先行研究はもとよりあるはずもなく、知的関心の赴くままに複数の未知の領域に分け入ることになった。

私が初めてアジア・太平洋戦争に向き合ったのは、折口信夫を通してであった。日本が戦争に敗れ、折口はその理由を日本人の宗教心の欠如に求め、「神　やぶれたまふ」（『近代悲傷集』）と歌った。硫黄島の戦いで養嗣子の春洋を亡くした悲しみと、神道の宗教化を説いた戦後の神道論を通して、折口の戦中・戦

後の詩作と思考を読み解いた（拙稿「静かな生活——戦後の折口信夫論」『三田文学』二〇〇二年冬季号）。当時はニューヨークで暮らし、九・一一の同時多発テロで揺れた米国社会を間近に見ていた。あれから二十年が経ち、宗教や民族、人種をめぐる対立や内戦がなくなる気配は一向になく、今年の二月にはロシアがウクライナに侵攻し、国家間の戦争が起こった。折口信夫という一人の老文学者を通して見た戦争を、いま日吉キャンパスを通して見つめている。その意味で言えば、私自身の問題意識の根幹は、何も変わっていないと言っていいのかもしれない。

近年、日吉の地下壕は社会に広く知られるようになった。日吉台地下壕保存の会による見学会の参加者は年間で二千名を超え、地域の小学校の歴史教育や平和教育の場としても定着している。他県から修学旅行で訪れる学校もある。二〇一五年には神奈川県立歴史博物館で特別展『陸にあがった海軍』が行われ、二か月で一万五千人を超える来場者を集めた。慶應義塾大学では教養研究センターが講座「日吉学」を開講し、毎年テーマを変えながら、歴史・戦争・自然・地質・景観・地理などの複眼的な視点からキャンパスを含む「日吉」という地域全体に光を当てている。

本書第七章の執筆は、新型コロナウイルスの世界的な流行が始まった時期と重なった。その対応を巡って右往左往するこの国のリーダーたちのありようを見るにつけ、戦争末期の連合艦隊司令部と二重写しになった。その感覚は私の中で今も続いている。本書を上梓する現在もなおコロナ禍は収まらず、ロシアが始めた戦争の出口も見えない。戦争をなぜ始めたのかという問題は、戦争をなぜやめられないのかという問題と表裏一体である。「日吉」という場所で考えるべきことの本質は、やはりそこになるのではないかと思う。

第一校舎は今年で築八十八年となった。全校生徒二千名を超える高校生が日々ここで学んでいる。昭和九（一九三四）年に竣工したこの古い校舎は、使われることで保存されている「リビングヘリテージ」（生きている遺産）である。耐震構造や老朽化を理由に多くの近代建築が取り壊されていく中で、用途を違えることなく、これまでも、これからも学びの場として使われていく。これに関連してきわめて個人的なことになるが、昭和九年は私にとって大切な三人、恩師の井口樹生先生、岳父、父が生まれた年である。恩師と岳父はすでに他界し、父だけが校舎と同じ時間を生きている。私がこの校舎に関心をもったそもそもの理由は、「昭和九年」に竣工したからである。ここに流れた八十八年という時間は、父の人生の時間と重なっている。本書で取り上げたのは、その中のわずか十五年に過ぎないが、生まれて青春の入り口に立つまでの時間は、恩師と岳父、そして父がそれぞれの場所で生きた時間であり、時代であった。本書は元号と西暦を併記し、平成以前についてはその順で統一した。当時その時代を生きていた人々にとっては、やはり「大正」や「昭和」という時間感覚がふさわしいと思うからである。

本書を刊行するまでの約十年で、実に多くの方々から温かいご助言と励ましをいただいた。心よりお礼を申し上げたい。建築史家の吉田鋼市氏（横浜国立大学名誉教授）からは近代建築に関する的確なご教示をいただいた。写真家の芳賀日出男氏は折口信夫の門下生でもあり、ご自身の予科や海軍時代の思い出とともに、教室での折口についてもお聞きすることができた。上原良司の妹の登志江さんにお会いしたことで、上原を特攻で美化された特別な存在と思えなくなった。慶應義塾福澤研究センターには貴重な資料を閲覧し、写真を使用する便宜を図っていただいた。日吉台地下壕に関しては、日吉台地下壕保存の会による長年の調査の蓄積が最も重要な先行研究であった。慶應義塾大学出版会の及川健治氏には本書刊行の意義について深くご理解いただき、校正の段階で適切なご指示を頂戴した。

本書の刊行にあたり、慶應義塾高等学校グローバルリーダー協育資金のうち、「アーカイブ・プロジェクト」活動に関連する出版補助を受けた。関係各位に感謝を申し上げる。

本書の表紙カバーには芳賀氏の予科時代の写真を使わせていただいた。芳賀氏は今月十二日に一〇一歳で逝去された。この数年、戦争体験をお聞きした方々の訃報に接することが多くなっている。語り継いでいくことの重さを強く感じている。

二〇二二年十一月十九日

阿久澤　武史

網戸武夫『建築・経験とモラル　曾禰達蔵・中條精一郎・中村順平・久米権九郎と私』住まいの図書館出版局、一九九九年
網戸武夫『情念の幾何学　形象の作家中村順平の生涯』建築知識、一九八五年
アラン・ブーロー『鷲の紋章学――カール大帝からヒトラーまで』松村剛訳、平凡社、一九九四年
安藤広道編『慶應義塾大学日吉キャンパス一帯の戦争遺跡の研究』二〇一一～二〇一三年度科学研究費補助金研究成果報告書、二〇一四年
石田潤一郎、中川理編『近代建築史』昭和堂、一九九八年
伊藤整『太平洋戦争日記（一）』新潮社、一九八三年
井上寿一『戦前昭和の社会　1926-1945』講談社現代新書、二〇一一年
今村武雄『小泉信三伝』文春文庫、一九八七年
岩田真治『カラーでよみがえる東京――不死鳥都市の一〇〇年』NHK出版、二〇一五年
上原良司（中島博昭編）『新版　あゝ祖国よ恋人よ――きけわだつみのこえ』信濃毎日新聞社、二〇〇五年
宇垣纏『戦藻録（下）』PHP研究所、二〇一九年
海野弘『アール・デコの時代』美術公論社、一九八五年
海野弘『モダン都市東京――日本の一九二〇年代』中公文庫、一九八八年
大貫恵美子『学徒兵の精神誌――「与えられた死」と「生」の探究』岩波書店、二〇〇六年
岡田裕之『日本戦没学生の思想――〈わだつみのこえ〉を聴く』法政大学出版局、二〇〇九年
『海軍施設系技術官の記録』同刊行委員会、一九七二年
加藤三明・山内慶太・大澤輝嘉編著『慶應義塾歴史散歩　キャンパス編』慶應義塾大学出版会、二〇一七年
神奈川県立歴史博物館『陸にあがった海軍』図録、二〇一五年
木方十根『「大学町」出現　近代都市計画の錬金術』河出書房新社、二〇一〇年
草鹿龍之介『連合艦隊参謀長の回想』光和堂、一九七九年
楠茂樹・楠美佐子『昭和思想史としての小泉信三――民主と保守の超克』ミネルヴァ書房、二〇一七年
倉科岳志『クローチェ　1866-1952』藤原書店、二〇一〇年
倉科岳志『イタリア・ファシズムを生きた思想家たち　クローチェと批判的継承者』岩波書店、二〇一七年

栗田尚弥編著『米軍基地と神奈川』有隣新書、二〇一一年
栗原俊雄『特攻――戦争と日本人』中公新書、二〇一五年
黒川創『鶴見俊輔伝』新潮社、二〇一八年
『慶應義塾史事典』慶應義塾、二〇〇八年
『慶應義塾大学日吉寮開設五十周年記念誌』慶應義塾大学寮和会、一九八七年
『慶應義塾百年史』中巻（後）、慶應義塾、一九六四年
『慶應義塾百年史』下巻、慶應義塾、一九六八年
『慶應義塾一五〇年史資料集2』慶應義塾、二〇一六年
慶應義塾職員会編『塾監局小史』慶應義塾、一九六〇年
慶應義塾高等学校『十年』慶應義塾高等学校、一九五九年
慶應義塾大学文学部民族学考古学研究室『日吉遺跡群蝮谷地区発掘調査報告書』二〇一一年
慶應義塾福澤研究センター編『創立百二十五年　慶應義塾年表』慶應義塾、一九八五年
慶應義塾大学民族学考古学研究室『慶應義塾大学日吉キャンパス一帯の戦争遺跡の研究Ⅱ』二〇一六〜二〇一九年度科学研究費補助金研究成果報告書、二〇二〇年
ケネル・ルオフ『紀元二千六百年　消費と観光のナショナリズム』木村剛久訳、朝日新聞出版、二〇一〇年
小泉信三『海軍主計大尉小泉信吉』文春文庫、一九七五年
小泉信三『読書論』岩波新書、一九五〇年
『小泉信三全集』第十三巻、文藝春秋、一九六八年
『小泉信三全集』第二十二巻、文藝春秋、一九六八年
『小泉信三全集』第二十六巻、文藝春秋、一九六八年
小林澄兄『労作教育思想史』丸善、一九三四年
小谷賢『日本軍のインテリジェンス――なぜ情報が活かされないのか』講談社選書メチエ、二〇〇七年
実松譲『日米情報戦記』図書出版社、一九八〇年
実松譲『米内光政秘書官の回想』光人社、一九八九年
十菱駿武・菊池実編『しらべる戦争遺跡の事典』柏書房、二〇〇二年
白井厚・浅羽久美子・翠川紀子編、慶大経済学部白井ゼミナール調査『証言　太平洋戦争下の慶應義塾』慶應義塾大学出版会、二〇〇三年）

白井厚監修『共同研究　太平洋戦争と慶應義塾　本文編』慶應義塾大学出版会、二〇〇九年
白井厚編『いま特攻隊の死を考える』岩波ブックレット№五七二、岩波書店、二〇〇二年
白井厚編『大学とアジア太平洋戦争――戦争史研究と体験の歴史化』日本経済評論社、一九九六年
『戦後七十年企画　長野県民の１９４５――疎開・動員体験と上原良司――』長野県立歴史館、二〇一五年
高木俊朗『戦記作家高木俊朗の遺言Ⅱ』文藝春秋、二〇〇六年
『高松宮日記』第七巻、中央公論社、一九九七年
宅嶋徳光『くちなしの花――ある戦歿学生の手記』光人社ＮＦ文庫、二〇一五年
竹内洋『学歴貴族の栄光と挫折』講談社学術文庫、二〇一一年
竹内洋『教養主義の没落――変わりゆくエリート学生文化』中公新書、二〇〇三年
千早耿一郎『「戦艦大和」の最期、それから――吉田満の戦後史』ちくま文庫、二〇一〇年
鶴見俊輔・加藤典洋・黒川創『日米交換船』新潮社、二〇〇六年
東京都庭園美術館編『アール・デコ建築意匠　朝香宮邸の美と技法』鹿島出版会、二〇一四年
同時代建築研究会『悲喜劇　一九三〇年代の建築と文化』現代企画室、一九八一年
都倉武之・亀岡敦子・横山寛編『長野県安曇野市　上原家資料Ⅰ』慶應義塾福澤研究センター、二〇一九年
徳川夢声『夢声戦争日記（一）』中公文庫、一九七七年
戸高一成編『証言録　海軍反省会４』ＰＨＰ研究所、二〇一三年
豊田副武『最後の帝国海軍――軍令部総長の証言』中公文庫、二〇一七年
中島親孝『聯合艦隊作戦室から見た太平洋戦争――参謀が描く聯合艦隊興亡』光人社ＮＦ文庫、一九九七年
西田雅嗣『ヨーロッパ建築史』昭和堂、一九九八年
日本戦没学生記念会編『きけわだつみのこえ　日本戦没学生の手記』岩波文庫、一九九五年
野原一夫『回想学徒出陣』文藝春秋、一九八一年
橋本一夫『幻の東京オリンピック――一九四〇年大会　招致から返上まで』講談社学術文庫、二〇一四年
秦郁彦『旧制高校物語』文春新書、二〇〇三年
羽仁五郎『クロォチェ』河出書房、一九三九年
羽仁五郎『抵抗の哲学――クロォチェ』現代評論社、一九七二年
羽仁五郎『羽仁五郎　私の大学』日本図書センター、二〇〇一年
林尹夫『わがいのち月明に燃ゆ』ちくま文庫、一九九三年

原為一『帝国海軍の最後』河出書房新社、二〇一一年
平沼亮三・松本興『スポーツ生活六十年／聖火をかかげて』大空社、一九九四年
日吉台地下壕保存の会編『戦争遺跡を歩く日吉』二〇一八年
日吉台地下壕保存の会編『日吉台地下壕保存の会資料集1　日吉は戦場だった』、二〇一五年
日吉台地下壕保存の会編『本土決戦の虚像と実像』高文研、二〇一一年
日吉台地下壕保存の会編『学び・調べ・考えよう　フィールドワーク日吉・帝国海軍大地下壕』平和文化、二〇一九年
福間良明・山口誠編『「知覧」の誕生――特攻の記憶はいかに創られてきたのか』柏書房、二〇一五年
藤森照信『日本の近代建築（上）：幕末・明治篇』岩波新書、一九九三年
藤森照信『日本の近代建築（下）：大正・昭和篇』岩波新書、一九九三年
『藤原工業大学――教育の軌跡――第一期生の記録（創立六十周年記念）』藤原工業大学第一期生同期会、一九九九年
古川隆久『皇紀・万博・オリンピック――皇室ブランドと経済発展』中公新書、一九九八年
保阪正康『「特攻」と日本人』講談社現代新書、二〇〇五年
防衛庁防衛研修所戦史室『戦史叢書　大本営海軍部・連合艦隊〈6〉』朝雲新聞社、一九七一年
防衛庁防衛研修所戦史室『戦史叢書　沖縄方面海軍作戦』朝雲新聞社、一九六八
堀田善衛『若き日の詩人たちの肖像（上）』集英社文庫、一九七七年
増田彰久・藤森照信『アール・デコの館――旧朝香宮邸』ちくま文庫、一九九三年
安岡章太郎『僕の昭和史』新潮文庫、二〇〇五年
八束はじめ・小山明『未完の帝国　ナチス・ドイツの建築と都市』福武書店、一九九一年
山田朗『日本の戦争Ⅱ　暴走の本質』新日本出版社、二〇一八年
吉田鋼市『アール・デコの建築――合理性と官能性の造形』中公新書、二〇〇五年
吉田鋼市『日本のアール・デコ建築入門』王国社、二〇一四年
吉田満『鎮魂戦艦大和』講談社、一九七四年
吉田満『戦艦大和の最期』創元社、一九五二年
吉田裕『日本軍兵士――アジア・太平洋戦争の現実』中公新書、二〇一七年
吉野源三郎『君たちはどう生きるか』岩波文庫、一九八二年
『連合艦隊海空戦戦闘詳報18特別攻撃隊戦闘詳報Ⅱ』アテネ書房、一九九六年

＊その他、雑誌掲載論文等については、各章の「註」を参照

著者略歴
阿久澤武史（あくざわ　たけし）
1988年慶應義塾大学文学部国文学専攻卒業。90年同大学院文学研究科修士課程修了。同年慶應義塾高等学校国語科教諭として赴任。96年慶應義塾ニューヨーク学院教諭。2002年～現在 慶應義塾高等学校教諭。慶應義塾大学教養研究センター所員（大学で「日吉学」を担当）。福澤諭吉記念慶應義塾史展示館所員。日吉台地下壕保存の会会長。日吉台地下壕をはじめ慶應義塾日吉キャンパス内の戦争遺跡ならびにその時代の塾史研究に携わる。2022年10月慶應義塾高等学校長に就任。専門は古代国文学、戦争遺跡研究、慶應義塾史。
主な論文に「太安萬侶論─その家職と古事記撰録─」（『藝文研究』第59号、1991年3月）、「『歌儛所』の時代─大歌所前史の研究─」（『三田国文』第22号、1995年12月）、「静かな生活─戦後の折口信夫論─」（『三田文学』第68号、2002年3月）などがある。

キャンパスの戦争
──慶應日吉 1934─1949

2023年3月10日　初版第1刷発行
2023年7月10日　初版第2刷発行

著　者────阿久澤武史
発行者────大野友寛
発行所────慶應義塾大学出版会株式会社
〒108-8346　東京都港区三田2-19-30
TEL〔編集部〕03-3451-0931
〔営業部〕03-3451-3584 <ご注文>
〔　〃　〕03-3451-6926
FAX〔営業部〕03-3451-3122
振替 00190-8-155497
https://www.keio-up.co.jp/
装　丁────鈴木　衛
印刷・製本──中央精版印刷株式会社
カバー印刷──株式会社太平印刷社

Printed in Japan　ISBN 978-4-7664-2867-4

慶應義塾大学出版会

慶應義塾 歴史散歩 キャンパス編

加藤三明・山内慶太・大澤輝嘉 編著

「こんな歴史が、あの場所に！」
読んで知る、歩いて楽しむ、
歴史に学ぶ慶應義塾のキャンパス・ガイドブック

160年を超える歴史を持つ慶應義塾の各キャンパスは、史跡や歴史的建造物で溢れています。それらの遺産に様々な角度から光を当て、意外なトリビアも解説。気軽に読んで、気軽に歩いて、楽しく学べる、キャンパス・ガイドブックです！

A5判／並製／208頁
三田/日吉・矢上キャンパス
折込散歩地図付き
ISBN 978-4-7664-2469-0
定価2,750円（本体 2,500円）

◆主要目次◆